DE LA
PROPRIÉTÉ.

PARIS. — TYPOGRAPHIE DE HENRI PLON
IMPRIMEUR DE L'EMPEREUR
RUE GARANCIÈRE, 8.

DE LA
PROPRIÉTÉ

PAR

M. A. THIERS

NOUVELLE ÉDITION

AUGMENTÉE

D'UN CHOIX DE MAXIMES ET PENSÉES

EXTRAITES DE

L'HISTOIRE DU CONSULAT ET DE L'EMPIRE.

PARIS

LHEUREUX ET Cie, ÉDITEURS

34, RUE DE SEINE

1868

AVANT-PROPOS.

Puisque la société française en est arrivée à cet état de perturbation morale, que les idées les plus naturelles, les plus évidentes, les plus universellement reconnues, sont mises en doute, audacieusement niées, qu'il nous soit permis de les démontrer comme si elles en avaient besoin. C'est une tâche fastidieuse et difficile, car il n'y a rien de plus fastidieux, rien de plus difficile que de vouloir démontrer l'évidence. Elle se montre, et on ne la démontre pas. En géométrie, par exemple, il y a ce qu'on appelle les axiomes, auxquels on s'arrête, quand on y est arrivé, en laissant éclater leur évidence même. Ainsi on vous dit : Deux lignes parallèles ne doivent jamais se rencontrer. On vous dit encore : La ligne droite est le chemin le plus court d'un point à un autre. — Parvenu à ces vérités, on ne raisonne plus, on ne discute plus, on laisse la clarté du fait agir sur l'esprit, et on s'épargne la peine d'ajouter que si les deux lignes devaient se rencontrer, c'est qu'elles ne seraient pas à une distance constamment égale l'une de l'autre, c'est-à-dire point parallèles. On s'épargne encore la peine d'ajouter que si la ligne tracée d'un point à un autre n'était pas la plus courte, c'est qu'elle ne serait pas exactement droite. En un mot on s'arrête à l'évidence, on ne va pas au delà.

Nous en étions là aussi à l'égard de certaines vérités morales, que nous regardions comme des axiomes indémontrables à cause de leur clarté même. Un homme travaille et recueille le prix de son travail; ce prix c'est de l'argent, cet argent il le convertit en pain, en vêtement, il le consomme enfin, ou s'il en a trop il le prête, et on lui en sert un intérêt dont il vit; ou bien encore il le donne à qui lui plaît, à sa femme, à ses enfants, à ses amis. Nous avions regardé ces faits comme les plus simples, les plus légitimes, les plus inévitables, les moins susceptibles de contestation et de démonstration. Il n'en était rien pourtant. Ces faits, nous dit-on aujourd'hui, étaient des actes d'usurpation et de tyrannie. On cherche à le persuader à la multitude émue, étonnée, souffrante; et tandis que nous reposant sur l'évidence de certaines propositions, nous laissions le monde aller de soi, comme il allait au temps où un grand politique a dit : *Il mondo va da se,* nous l'avons trouvé miné par une fausse science, et il faut, si on ne veut pas que la société périsse, prouver ce que, par respect pour la conscience humaine, on n'aurait jamais autrefois entrepris de démontrer. Eh bien, soit; il faut défendre la société contre de dangereux sectaires, il faut la défendre par la force contre les tentatives armées de leurs disciples, par la raison contre leurs sophismes, et pour cela nous devons condamner notre esprit, celui de nos contemporains, à une démonstration lente, méthodique, des vérités jusqu'ici les plus reconnues. Oui, raffermissons les convictions ébranlées, en cherchant à nous rendre compte des principes les plus élémentaires. Imitons les Hollandais, qui en apprenant qu'un insecte rongeur et inaperçu a envahi leurs digues, courent à ces digues pour détruire l'insecte qui les dévore. Oui, courons aux digues! Il ne s'agit plus d'embellir les demeures qu'habitent nos familles; il s'agit d'empêcher qu'elles ne s'écroulent dans les abîmes, et pour cela il faut porter la main aux fondements mêmes qui leur servent d'appui.

Je vais donc porter la main aux fondements sur lesquels la société repose. Je prie mes contemporains de m'aider de leur patience, de me soutenir de leur attention, dans la pénible argumentation à laquelle je vais me livrer, pour eux bien plus que pour moi, car déjà parvenu de la jeunesse à l'âge mûr, de l'âge mûr à cet âge qui sera dans peu d'années la vieillesse, témoin de plusieurs révolutions, ayant vu faillir les institutions et les caractères, n'attendant rien, ne désirant rien d'aucun pouvoir sur la terre, ne demandant à la Providence que de mourir avec honneur s'il faut mourir, ou de vivre entouré de quelque estime s'il faut vivre, je ne travaille pas pour moi, mais pour la société en péril, et si dans tout ce que je fais, je dis, j'écris, je cède à un sentiment personnel, c'est, je l'avoue, à l'indignation profonde que m'inspirent des doctrines filles de l'ignorance, de l'orgueil et de la mauvaise ambition, de celle qui veut s'élever en détruisant, au lieu de s'élever en édifiant. J'en appelle donc à la patience de mes contemporains. Je tâcherai d'être clair, bref, péremptoire, en leur prouvant ce qu'ils n'auraient jamais cru qu'il fallût leur prouver, c'est que ce qu'ils ont gagné hier est à eux, bien à eux, et qu'ils peuvent, ou s'en nourrir ou en nourrir leurs enfants. Voilà où nous sommes arrivés, et où nous ont conduits de faux philosophes coalisés avec une multitude égarée.

Le fond de cet ouvrage était conçu et arrêté dans ma tête il y a trois années. Je me reproche de ne l'avoir pas publié alors, avant que le mal eût étendu plus loin ses ravages. Les préoccupations d'une vie partagée entre les opiniâtres recherches de l'histoire et les agitations de la politique m'en ont seules empêché. Retiré il y a trois mois à la campagne, et jouissant là du repos que m'avaient procuré les électeurs de mon pays natal, j'ai rédigé cet écrit qui n'était qu'en projet dans mon esprit. L'appel fait par l'Institut à tous ses membres, me décide à le publier. Je déclare cependant que je n'ai point soumis ce travail à la classe des sciences politiques et morales à laquelle j'appartiens. Je lui obéis en le publiant, mais je ne l'en rends nullement responsable, et si c'est son ordre que j'exécute, c'est ma pensée seule que j'exprime, et que j'exprime dans mon langage libre, véhément, sincère, comme il a toujours été, comme il sera toujours.

Paris, septembre 1848.

LIVRE PREMIER.
DU DROIT DE PROPRIÉTÉ.

CHAPITRE PREMIER.

ORIGINE DE LA CONTROVERSE ACTUELLE.

Comment il a pu se faire que la propriété fût mise en question dans notre siècle.

Qui a pu faire que la propriété, instinct naturel de l'homme, de l'enfant, de l'animal, but unique, récompense indispensable du travail, fût mise en question? Qui a pu nous conduire à cette aberration, dont on n'a vu d'exemple dans aucun temps, dans aucun pays, pas même à Rome, où, lorsqu'on disputait sur la loi agraire, il s'agissait uniquement de partager les terres conquises sur l'ennemi? Qui a pu le faire? On va le voir en quelques lignes.

Vers la fin du dernier régime, les hommes qui combattaient le gouvernement fondé en 1830, se partageaient en diverses classes. Les uns ne voulant pas le détruire, voulant le sauver au contraire, ne plaçaient point la question dans la forme même de ce gouvernement, mais dans sa marche. Ils demandaient la liberté véritable, celle qui garantit les affaires du pays de la double influence des cours et des rues, une sage administration financière, une puissante organisation de la force publique, une politique prudente mais nationale. D'autres, ou convaincus, ou ardents, ou aimant à se distinguer de ceux avec lesquels ils combattaient, s'en prenaient à la forme même du gouvernement, et désiraient la république, sans toutefois oser le dire. Parmi ces derniers, les plus sincères consentaient à attendre que l'expérience de la monarchie constitutionnelle fût faite complétement, et ils s'y prêtaient avec une parfaite loyauté. Les plus pressés, cherchant à se distinguer des républicains eux-mêmes, tendaient à la république avec plus d'impatience, et, pour se composer un langage, parlaient sans cesse des intérêts du peuple, oubliés, méconnus, sacrifiés. D'autres, cherchant à se faire remarquer à des signes plus éclatants encore, affectaient de mépriser toutes les discussions politiques, demandaient une révolution sociale, et, entre ces derniers même, il y en avait qui, plaçant le but plus loin, voulaient une révolution sociale complète, absolue.

La querelle s'est envenimée en se prolongeant, et enfin, lorsque la royauté trop tard avertie a voulu transmettre le pouvoir des uns aux autres, au milieu du trouble général elle l'a laissé échapper de ses mains. Il a été recueilli. Ceux qui le possèdent aujourd'hui, éclairés par un commencement d'expérience, ne sont pas pressés de tenir des engagements imprudents, que beaucoup d'entre eux d'ailleurs n'ont pas pris. Mais ceux qui n'ont pas le pouvoir, et qu'aucune expérience n'a éclairés, persistent à demander une révolution sociale. Une révolution sociale! Suffit-il de la vouloir pour l'accomplir? En eût-on la force, qu'on peut quelquefois acquérir en agitant un peuple souffrant, il faut en trouver la matière? Il faut avoir une société à réformer. Mais si elle est réformée depuis longtemps, comment s'y prendre? Ah! vous êtes jaloux de la gloire d'accomplir une révolution sociale, eh bien! il fallait naître soixante ans plus tôt, et entrer dans la carrière en 1789. Sans tromper, sans pervertir le peuple, vous auriez eu alors de quoi exciter son enthousiasme, et après l'avoir excité de quoi le soutenir! Dans ce temps-là en effet tout le monde ne payait pas l'impôt. La noblesse n'en supportait qu'une partie, le clergé aucune, excepté quand il lui plaisait d'accorder des dons volontaires. Tout le monde ne subissait pas les mêmes peines quand il avait failli. Il y avait pour les uns le gibet, pour les autres mille manières d'éviter l'infamie ou la mort les mieux méritées. Tous ne pouvaient, quel que fût leur génie, arriver aux fonctions publiques, soit par empêchement de naissance, soit par empêchement de religion. Il existait, sous le titre de droits féodaux, une foule de dépendances, n'ayant pas pour origine un contrat librement consenti, mais une usurpation de la force sur la faiblesse. Il fallait faire cuire son pain au four du seigneur, faire moudre son blé à son moulin, acheter exclusivement ses denrées, subir sa justice, laisser dévorer sa récolte par son gibier. On ne pouvait pratiquer les diverses industries qu'après certaines admissions préalables, réglées par le régime des jurandes et des corporations. Il existait des douanes de province à province, des formes intolérables pour la perception de l'impôt. La somme de cet impôt était écrasante pour la masse de la richesse. Indépendamment de propriétés magnifiques dévolues au clergé et soumises à la mainmorte, il fallait lui payer, sous le nom de dîmes, la meilleure partie des produits agricoles. Il y avait tout cela pour le peuple en particulier, et, quant à la généralité de la nation, les censeurs pour ceux qui étaient tentés d'écrire, la Bastille pour les caractères indociles, les parlements pour Labarre et Calas, et des intervalles de plusieurs siècles entre les états généraux qui auraient pu réformer tant d'abus.

Aussi, dans l'immortelle nuit du 4 août, toutes les classes de la nation, magnifiquement représentées dans l'Assemblée constituante, pouvaient venir immoler quelque chose sur l'autel de la patrie. Elles avaient toutes, en effet, quelque chose à y apporter : les classes privilégiées leurs exemptions d'impôt, le clergé ses biens, la noblesse ses droits féodaux et ses titres, les provinces leurs constitutions séparées. Toutes les classes, en un mot, avaient un sacrifice à offrir, et elles l'accomplirent au milieu d'une joie inouïe. Cette joie était non pas la joie de quelques-uns, mais la joie de tous, la joie du peuple affranchi de vexations de tout genre, la joie du tiers état relevé de son abaissement, la joie de la noblesse elle-même, vivement sensible alors au plaisir de bien faire. C'était une ivresse sans mesure, une exaltation d'humanité qui nous portait à embrasser le monde entier dans notre ardent patriotisme.

On n'a pas manqué depuis quelque temps d'agiter tant qu'on a pu les masses populaires : a-t-on produit l'élan de 1789? Assurément non. Et pourquoi? C'est que ce qui est fait n'est plus à faire, c'est que, dans une nuit du 4 août, on ne saurait quoi sacrifier. Y a-t-il, en effet, quelque part un four ou un moulin banal à supprimer? Y a-t-il du gibier qu'on ne puisse tuer quand il vient sur votre terre? Y a-t-il des censeurs autres du moins que la multitude irritée, ou la dictature qui la représente? Y a-t-il des Bastilles? Y a-t-il des incapacités de religion ou de naissance? Y a-t-il quelqu'un qui ne puisse parvenir à tous les emplois? Y a-t-il d'autre inégalité que celle de l'esprit, qui n'est pas imputable à la loi, ou celle de la fortune, qui dérive du droit de propriété? Essayez maintenant, si vous pouvez, une nuit du 4 août, élevez un autel de la patrie, et dites-nous ce que vous y apporterez? Des abus, oh! certainement il n'en manque pas, il n'en manquera dans aucun temps. Mais quelques abus sur un autel de la patrie élevé en plein vent, c'est trop peu! il faut y apporter d'autres offrandes. Cherchez donc, cherchez dans cette société défaite, refaite tant de fois depuis quatre-vingt-neuf, et je vous défie de trouver autre chose à sacrifier que la propriété. Aussi n'y a-t-on pas manqué, et c'est là l'origine déplorable des controverses actuelles sur ce sujet.

Tous les partisans d'une révolution sociale ne veulent pas, il est vrai, sacrifier la propriété au même degré. Les uns la veulent abolir en entier, d'autres en partie; ceux-ci se contenteraient de rémunérer autrement le travail, ceux-là voudraient procéder par l'impôt. Mais tous, qui plus, qui moins, s'attaquent à la propriété, pour tenir l'espèce de gageure qu'ils ont faite en promettant d'accomplir une révolution sociale. Il faut donc combattre tous ces systèmes odieux, puérils, ridicules, mais désastreux, nés comme une multitude d'insectes de la décomposition de tous les gouvernements, et remplissant l'atmosphère où nous vivons. Telle est l'origine de cet état de choses, qui nous vaudra même si la société est sauvée, ou le mépris ou la compassion de l'âge suivant. Dieu veuille qu'il y ait place pour un peu d'estime, en faveur de ceux qui auront résisté à ces erreurs, éternelle honte de l'esprit humain!

CHAPITRE II.

DE LA MÉTHODE A SUIVRE.

Que l'observation de la nature humaine est la vraie méthode à suivre pour démontrer les droits de l'homme en société.

Avant de chercher à démontrer que la propriété est un droit, un droit sacré comme la liberté d'aller, de venir, de penser et d'écrire, il importe de se fixer sur la méthode de démonstration à suivre en cette matière.

Quand on dit : L'homme a le droit de se mouvoir, de travailler, de penser, de s'exprimer librement, sur quoi se fonde-t-on pour parler de la sorte? Où a-t-on pris la preuve de tous ces droits? Dans les besoins de l'homme, disent quelques philosophes. Ses besoins constituent ses droits. Il a besoin de se mouvoir librement, de travailler pour vivre, de penser, quand il a pensé de parler suivant sa pensée, donc il a le droit de faire ces choses! Ceux qui ont raisonné ainsi ont approché de la vérité et ne l'ont pas atteinte, car il résulterait de leur manière de raisonner que tout besoin est un droit, le besoin vrai comme le besoin faux, le besoin naturel, simple, comme le besoin provenant d'habitudes perverses. S'il y a, en effet, des besoins vrais, il y en a de faux, qui naissent de fausses habitudes. L'homme, en se livrant à ses passions, se crée des besoins exagérés et coupables, tels que ceux du vin, des femmes, de la dépense, de la paresse, du sommeil, de l'activité désordonnée, des révolutions, des combats, de la guerre. Homme de plaisir, il lui faudra la femme de tout le monde; grossier amateur du vin, il lui faudra des torrents de boisson qui l'abrutiront; conquérant, il lui faudra la terre entière à ravager. Si les besoins étaient la source des droits, César à Rome aurait eu le droit de prendre la femme des Romains, leur liberté, leur bien, leur gloire, et dans ce cas le vice aurait fait le droit.

Je sais bien que les philosophes qui ont raisonné ainsi ont distingué et ont dit : Les vrais besoins font les droits. Alors reste à chercher quels sont les besoins vrais, à discerner les vrais des faux, à quoi on arrive, comment? par l'observation de la nature humaine.

L'exacte observation de la nature humaine est donc la méthode à suivre pour découvrir et démontrer les droits de l'homme.

Montesquieu a dit : Les lois sont les rapports des choses. J'en demande pardon à ce vaste et grand esprit, il aurait peut-être parlé plus exactement en disant : Les lois sont la permanence des choses. Newton observe les corps graves; il voit une pomme tomber d'un arbre, suivant le langage terrestre des habitants de notre planète. Rapportant ce fait à un autre, à celui de la lune attirée vers la terre, de la terre attirée vers le soleil, il aperçoit dans un fait particulier et insignifiant, un fait général, permanent, et il dit : Les corps graves sont attirés les uns vers les autres, proportionnément à leur masse, et il appelle ce phénomène la loi de gravitation.

J'observe l'homme, je le compare à l'animal, je vois que, loin d'obéir à de vulgaires instincts, tels que manger, boire, s'accoupler, dormir, se réveiller, recommencer encore, il sort de ces étroites limites, et qu'à toutes ces manières de se comporter il en ajoute de bien plus relevées, de bien plus compliquées. Il a un esprit pénétrant; avec cet esprit il combine les moyens de satisfaire à ses besoins; il choisit entre ces moyens, ne se borne pas à saisir sa proie au vol comme l'aigle, ou à l'affût comme le tigre, il cultive la terre, apprête ses aliments, tisse ses vêtements, échange ce qu'il a produit avec ce qu'a produit un autre homme, commerce, se défend ou attaque, fait la guerre, fait la paix, s'élève au gouvernement des États, puis, s'élevant plus haut encore, arrive à la connaissance de Dieu. A mesure qu'il est plus avancé dans ces diverses connaissances, il se gouverne moins par la force brutale et plus par la raison, il est plus digne de participer au gouvernement de la société dont il est membre, et tout cela considéré, après avoir reconnu en lui cette sublime intelligence, qui se développe en s'exerçant, après avoir vu qu'en l'empêchant de l'exercer je la lui fais perdre, je le rabaisse, je le rends malheureux et presque digne de son malheur comme l'esclave, je me récrie et je dis : L'homme a droit d'être libre, parce que sa noble nature exactement observée me révèle cette loi que l'être pensant doit être libre, comme la pomme en tombant a révélé à Newton que les corps graves tendaient les uns vers les autres.

Je défie donc qu'on trouve une autre façon de constater les droits, une autre que la saine et profonde observation des êtres. Quand on a bien observé leur manière constante de se comporter, on conclut à la loi qui les régit, et de la loi on conclut au droit. Cependant je dois ajouter encore une remarque, sans laquelle je donnerais prise à la contradiction. De la loi qui porte les corps graves les uns vers les autres, en conclurez-vous, me demandera-t-on, en conclurez-vous au droit? Direz-vous : La terre a le droit de graviter vers le soleil? Non, je réponds avec Pascal : Terre, tu ne sais pas ce que tu fais. Si tu m'écrases, tu ne le sais pas, et je le sais. Je suis donc ton supérieur! —

Non, le droit est le privilége des êtres moraux, des êtres pensants. Je serais presque tenté de dire, mais je ne l'oserais point, que le chien qui vous sert, qui vous aime, a le droit d'être bien traité, parce que cette bête aimante et dévouée se jette à vos pieds et les baise tendrement. Et pourtant je manquerais, en m'exprimant ainsi, à la parfaite justesse du langage. Si vous devez quelque chose à cette créature attachante, c'est parce que vous comprenez ce qu'il lui faut. Quant à elle, elle n'a droit à rien, parce qu'elle désire sans savoir. Ce mot de droit n'appartient qu'aux relations des êtres pensants entre eux. Tous les êtres ont des lois dans cet univers, les êtres moraux comme les êtres physiques, mais les lois, pour les premiers, constituent des droits. Après avoir observé l'homme, je vois qu'il pense, qu'il a besoin de penser, d'exercer cette faculté, qu'en l'exerçant elle se développe, s'agrandit, et je dis qu'il a droit de penser, de parler, car penser, parler, c'est la même chose. Je le lui dois si je suis gouvernement, non pas comme au chien dont je viens de faire mention, mais comme à un être qui sait ce qu'il en est, qui a le sentiment de son droit, qui est mon égal, à qui je donne ce que je sais lui être dû, et qui reçoit fièrement ce qu'il sait lui appartenir. En un mot, c'est toujours la même méthode, c'est-à-dire l'observation de la nature. Je vois que l'homme a telle faculté, tel besoin de l'exercer, je dis qu'il faut lui en donner le moyen, et, comme la langue humaine est infiniment ménagée, et révèle dans ses nuances infinies les nuances infinies des choses, quand il s'agit d'un corps grave, je dis qu'il tend à graviter parce qu'il y est forcé. Je dis du chien : Ne le maltraitez pas, car il sent vos mauvais traitements, et son aimable nature ne les a pas mérités. Arrivé à l'homme, mon égal devant Dieu, je dis : Il a droit. Sa loi à lui prend ce mot sublime.

Partons donc de ce principe que la propriété, comme tout ce qui est de l'homme, deviendra droit, droit bien démontré, si l'observation de la société révèle le besoin de cette institution, sa convenance, son utilité, sa nécessité, si, enfin, je prouve qu'elle est aussi indispensable à l'existence de l'homme que la liberté elle-même. Parvenu à ce point, je pourrai dire : La propriété est un droit, aussi légitimement que je dis : La liberté est un droit.

CHAPITRE III.

DE L'UNIVERSALITÉ DE LA PROPRIÉTÉ.

Que la propriété est un fait constant, universel dans tous les temps et dans tous les pays.

La méthode d'observation étant reconnue la seule bonne pour les sciences morales, aussi bien que pour les sciences physiques, j'examine d'abord la nature humaine dans tous les pays, dans tous les temps, à tous les états de civilisation, et partout je trouve la propriété comme un fait général, universel, ne souffrant aucune exception.

Les publicistes, dans le dernier siècle, voulant distinguer entre l'état naturel et l'état civil, se plaisaient à imaginer une époque où l'homme errait dans les forêts et les déserts, n'obéissant à aucune règle fixe, et une autre époque où il s'était aggloméré, réuni, et lié par des contrats appelés lois. On qualifiait du titre de droit naturel les conditions supposées de ce premier état, du titre de droit civil les conditions réelles et connues du second. C'est là une pure hypothèse, car l'homme n'a été découvert nulle part dans l'isolement, même parmi les sauvages les plus grossiers, les plus stupides de l'Amérique et de l'Océanie. De même que parmi les animaux il y en a qui, gouvernés par l'instinct, vivent en troupe, tels que les herbivores qui paissent en commun, tandis que les carnivores vivent isolés pour chasser sans rivaux, de même l'homme a toujours été aperçu en société. L'instinct, la première, la plus ancienne des lois, le rapproche de son semblable, et le constitue un animal sociable. Que ferait-il, s'il en était autrement, de ce regard intelligent par lequel il interroge et répond avant de savoir parler? Que ferait-il de cet esprit qui conçoit, généralise, qualifie les choses, de cette voix qui les désigne par des sons, de cette parole enfin, instrument de la pensée, lien et charme de la société? Un être si noblement organisé, ayant le besoin et le moyen de communiquer avec ses semblables, ne pouvait être fait pour l'isolement. Ces tristes habitants de l'Océanie, les plus semblables aux singes que la création nous présente, consacrés à la pêche, la moins instructive de toutes les manières d'être pour l'homme, ont été trouvés rapprochés les uns des autres, vivant en commun, et communiquant entre eux par des sons rauques et sauvages.

Toujours encore on a trouvé l'homme ayant sa demeure particulière, dans cette demeure sa femme, ses enfants, formant de premières agglomérations qu'on appelle familles, lesquelles, juxtaposées les unes aux autres, forment des rassemblements ou peuplades, qui, par un instinct naturel, se défendent en commun, comme elles vivent en commun. Voyez les cerfs, les daims, les chamois paissant tranquillement dans les belles clairières de nos forêts européennes, ou bien sur les plateaux verdoyants des Alpes et des Pyrénées : qu'un souffle d'air porte à leurs sens si fins un son qui les avertisse, ils donnent de la voix ou du pied un signe d'émotion, qui à l'instant se communique à la troupe, et ils fuient en commun, car leur défense est dans la merveilleuse légèreté de leurs jambes. L'homme, né pour créer et braver le canon, l'homme au lieu de fuir se jette sur les armes plus ou moins perfectionnées qu'il a imaginées, prend un bois à l'extrémité duquel il place une pierre tranchante, et, armé de cette lance grossière, se serre à son voisin, fait tête à l'ennemi, résiste ou cède tour à tour, suivant la direction qu'il reçoit du plus adroit, du plus hardi des membres de la peuplade.

Tous ces actes s'accomplissent d'instinct, avant qu'on ait rien écrit ni sur les lois ni sur les arts, avant qu'on soit convenu de rien. Les règles instinctives de cet état primitif, les plus rudimentaires de toutes, les plus générales, les plus nécessaires, peuvent bien être appelées droit naturel. Or la propriété existe dès ce moment, car on n'a jamais vu que, dans cet état, l'homme n'eût pas sa cabane ou sa tente, sa femme, ses enfants, avec quelques accumulations des produits de sa pêche, de sa chasse ou de ses troupeaux, en forme de provisions de famille. Et si un voisin ayant des instincts précoces d'iniquité veut lui ravir quelques-uns des biens modestes composant son avoir, il s'adresse à ce chef plus fort, plus adroit, autour duquel il a pris l'habitude de se ranger pendant le combat, lui demande redressement, protection, et celui-ci prononce en raison des notions de justice développées dans la peuplade.

Chez tous les peuples, quelque grossiers qu'ils soient, on trouve donc la propriété, comme un fait d'abord, et puis comme une idée, idée plus ou moins claire suivant le degré de civilisation auquel ils sont parvenus, mais toujours invariablement arrêtée. Ainsi le Sauvage chasseur a du moins la propriété de son arc, de ses flèches, et du gibier qu'il a tué. Le nomade qui est pasteur, a du moins la propriété de ses tentes, de ses troupeaux. Il n'a pas encore admis celle de la terre, parce qu'il n'a pas encore jugé à propos d'y appliquer ses efforts. Mais l'Arabe qui a élevé de nombreux troupeaux, entend bien en être le propriétaire, et vient en échanger les produits contre le blé qu'un autre Arabe, déjà fixé sur le sol, a fait naître ailleurs. Il mesure exactement la valeur de l'objet qu'il donne contre la valeur de celui qu'on lui cède, il entend bien être propriétaire de l'un avant le marché, propriétaire du second après. La propriété immobilière n'existe pas encore chez lui. Quelquefois seulement, on le voit pendant deux ou trois mois de l'année se fixer sur des terres qui ne sont à personne, y donner un labour, y jeter du grain, le recueillir, puis s'en aller en d'autres lieux. Mais pendant le temps qu'il a employé à labourer, à ensemencer cette terre, à la moissonner, le nomade entend en être le propriétaire, et il se précipiterait avec ses armes sur celui qui lui en disputerait les fruits. Sa propriété dure en proportion de son travail. Peu à peu cependant le nomade se fixe et devient agriculteur, car il est dans le cœur de l'homme d'aimer à avoir son *chez lui*, comme aux oiseaux d'avoir leurs nids, à certains quadrupèdes d'avoir leurs terriers. Il finit par choisir un territoire, par le distribuer en patrimoines où chaque famille s'établit, travaille, cultive pour elle et sa postérité. De même que l'homme ne peut laisser errer son cœur sur tous les membres de la tribu, et qu'il a besoin d'avoir à lui sa femme, ses enfants, qu'il aime, soigne, protége, sur lesquels se concentrent ses craintes, ses espérances, sa vie enfin, il a besoin d'avoir son champ, qu'il cultive, plante, embellit à son goût, enclôt de limites, qu'il espère livrer à ses descendants couvert d'arbres qui n'auront pas grandi pour lui, mais pour eux. Alors à la propriété mobilière du nomade succède la propriété immobilière du peuple agriculteur; la seconde propriété naît, et avec elle des lois compliquées, il est vrai, que le temps rend plus justes, plus prévoyantes, mais sans en changer le principe, qu'il faut faire appliquer par des juges et par une force publique. La propriété résultant d'un premier effet de l'instinct, devient une convention sociale, car je protége votre propriété pour que vous protégiez la mienne, je la protége ou de ma personne comme soldat, ou de mon argent comme contribuable, en consacrant une partie de mon revenu à l'entretien d'une force publique.

Ainsi l'homme insouciant d'abord, peu attaché au sol qui lui offre des fruits sauvages ou de nombreux animaux à dévorer, sans qu'il ait beaucoup de peine à se donner, s'assied à cette table chargée de mets naturels, et où il y a place pour tous, sans jalousie, sans dispute, tour à tour s'y asseyant, la quittant, y revenant comme à un festin toujours servi par un maître libéral, maître qui n'est autre que Dieu lui-même. Mais peu à peu il prend goût à des mets plus recherchés; il faut les faire naître ; il commence à y tenir parce qu'ils valent mieux, parce qu'il a fallu beaucoup travailler pour les produire. Il se partage ainsi la terre, s'attache fortement à sa part, et si des nations la lui disputent en masse il combat en corps de nation; si dans l'intérieur de la cité où il vit, son voisin lui dispute sa parcelle, il plaide devant un juge. Mais sa tente et ses troupeaux d'abord, sa terre et sa ferme ensuite, attirent successivement ses affections, et constituent les divers modes de sa propriété.

Ainsi à mesure que l'homme se développe, il devient plus attaché à ce qu'il possède, plus propriétaire en un mot. A l'état barbare, il l'est à peine ; à l'état civilisé, il l'est avec passion. On a dit que l'idée de la propriété s'affaiblissait dans le monde. C'est une erreur de fait. Elle se règle, se précise, et s'affermit loin de s'affaiblir. Elle cesse, par exemple, de s'appliquer à ce qui n'est pas susceptible d'être une chose possédée, c'est-à-dire à l'homme, et dès ce moment l'esclavage cesse. C'est un progrès dans les idées de justice, ce n'est pas un affaiblissement dans l'idée de la propriété. Par exemple encore le seigneur pouvait seul dans le moyen âge tuer le gibier, nourri sur la terre de tous. Quiconque aujourd'hui rencontre un animal sur sa terre le peut tuer, car il a vécu chez lui. Chez les anciens la terre était la propriété de la république ; en Asie elle est celle du despote ; dans le moyen âge elle était celle des seigneurs suzerains. Avec le progrès des idées de liberté, en arrivant à affranchir l'homme on affranchit sa chose ; il est déclaré, lui, propriétaire de sa terre, indépendamment de la république, du despote ou du suzerain. Dès ce moment la confiscation se trouve abolie. Le jour où on lui a rendu l'usage de ses facultés, la propriété s'est individualisée davantage, elle est devenue plus propre à l'individu lui-même, c'est-à-dire plus propriété qu'elle n'était.

Autre exemple. Dans le moyen âge, ou dans les États despotiques, on concédait à l'homme la surface de la terre, mais on ne lui en accordait pas le fond. Le droit de creuser des mines était un droit régalien, qu'on déléguait à prix d'argent, et temporairement, à quelques extracteurs de métaux. Avec le progrès du temps on a compris que l'intérieur de la terre pouvant être le théâtre d'un travail nouveau, devait devenir le théâtre d'une propriété nouvelle, et on a constitué la propriété des mines, de façon qu'aujourd'hui il y a deux propriétés sur la terre, une au-dessus, celle du laboureur, une au-dessous, celle du mineur.

La propriété est donc un fait général, universel, croissant et non décroissant. Les naturalistes en voyant un animal qui, comme le castor ou l'abeille, construit des demeures, déclarent sans hésiter que l'abeille, le castor sont des animaux constructeurs. Avec le même fondement, les philosophes, qui sont les naturalistes de l'espèce humaine, ne peuvent-ils pas dire que la propriété est une loi de l'homme, qu'il est fait pour la propriété, qu'elle est une loi de son espèce! Et ce n'est pas dire assez que de prétendre qu'elle est une loi de son espèce, elle est celle de toutes les espèces vivantes. Est-ce que le lapin n'a pas son terrier, le castor sa cabane, l'abeille sa ruche? Est-ce que l'hirondelle, joie de nos climats au printemps, n'a pas son nid qu'elle retrouve, qu'elle n'entend pas céder; et si elle avait le don de la pensée, ne serait-elle pas révoltée elle aussi des théories de nos sophistes? L'animal qui pâture, vit paisiblement en troupe, comme les nomades du désert, dans certains pâturages dont il ne s'éloigne jamais, car chez lui la propriété se manifeste par l'habitude. Le carnassier, le lion, semblable au Sauvage chasseur, ne peut pas vivre en troupe, il se nuirait ; il a un arrondissement de destruction, où il entend habiter seul, et d'où il expulse tout autre carnassier qui voudrait partager son gibier. Lui aussi, s'il savait penser, il se proclamerait propriétaire. Et, revenant à l'homme, regardez l'enfant, gouverné par l'instinct non moins que l'animal ! Voyez avec quelle naïveté se révèle chez lui le penchant à la propriété ! J'observe quelquefois un jeune enfant, héritier unique d'une fortune considérable, comprenant déjà qu'il n'aura point à partager avec des frères le château où sa mère le conduit tous les étés, se sachant donc seul propriétaire du beau lieu où s'écoule son enfance ; eh bien ! à peine arrivé, il veut dans ce château même avoir son jardin, où il cultivera des légumes qu'il ne mangera point, des fleurs qu'il ne songera point à cueillir, mais où il sera maître, maître dans un petit coin du domaine, en attendant qu'il le soit du domaine tout entier !

Après avoir vu dans tous les temps, dans tous les pays, l'homme s'approprier tout ce qu'il touche, d'abord son arc et ses flèches, puis sa terre, sa maison, son palais, instituer constamment la propriété comme prix nécessaire du travail, si on raisonnait pour lui ainsi que Pline ou Buffon l'ont fait pour les animaux, on n'hésiterait pas à déclarer, après avoir observé une manière d'être si générale, que la propriété est une loi nécessaire de son espèce. Mais cet animal n'est pas un animal ordinaire, il est roi, roi de la création, comme on aurait dit jadis, et on lui conteste ses titres : on a raison, il faut les examiner de plus près. Le fait, dit-on, n'est pas le droit; la tyrannie aussi est un fait, un fait très-général. Il faut donc prouver que le fait de la propriété est un droit, et en mérite le titre. C'est déjà beaucoup du reste d'avoir montré que ce fait est croissant au lieu d'être décroissant, car la tyrannie s'affaiblit, disparaît au lieu de s'étendre. Toutefois poursuivons, et vous verrez que ce fait est le plus respectable, le plus fécond de tous, le plus digne d'être appelé un droit, car c'est par lui que Dieu a civilisé le monde, et mené l'homme du désert à la cité, de la cruauté à la douceur, de l'ignorance au savoir, de la barbarie à la civilisation.

CHAPITRE IV.

DES FACULTÉS DE L'HOMME.

Que l'homme a dans ses facultés personnelles une première propriété incontestable, origine de toutes les autres.

La propriété, ai-je dit, est un fait universel : soumettons ce fait au jugement intime de la conscience humaine, et examinons si ce penchant à s'approprier ou le poisson que l'homme a pêché, ou l'oiseau qu'il a abattu, ou le fruit qu'il a fait naître, ou le champ qu'il a longtemps arrosé de ses sueurs, est de sa part un acte d'usurpation, un larcin commis au préjudice de l'espèce humaine.

Prenons les choses de haut, pour ne rien laisser d'inexploré. Regardons d'abord à notre personne, et le plus près d'elle que nous pourrons. Mon vêtement est bien près de moi ; je pourrais, si je l'ai tissu, ou payé à celui qui l'a tissu, prétendre qu'il est à moi, car apparemment ce vêtement qui me garantit du froid ou du chaud n'est pas un excès de jouissance qu'on doive considérer comme préjudiciable au reste de l'humanité. Mais je veux commencer de plus près encore l'examen de ce qui m'appartient ou ne m'appartient pas, et je m'arrête à considérer mon corps, et dans mon corps le principe vivant qui l'anime.

Je sens, je pense, je veux : ces sensations, ces pensées, ces volontés, je les rapporte à moi-même. Je sens qu'elles se passent en moi, et je me regarde bien comme un être séparé de ce qui l'entoure, distinct de ce vaste univers qui tour à tour m'attire ou me repousse, me charme ou m'épouvante. Je sens bien que j'y suis placé, mais je m'en distingue parfaitement, et je ne confonds ma personne ni avec la terre qui me porte, ni avec les êtres plus ou moins semblables à moi qui m'approchent, et avec lesquels je serais tenté quelquefois de me confondre, tant ils me sont chers, tels que ma femme ou mes enfants. Je me distingue donc de tout le reste de la création, et je sens que je m'appartiens à moi-même.

Que les philosophes, cherchant à s'enquérir de la réalité de nos connaissances, se demandent si tout ce spectacle de l'univers est réel ou ne l'est pas, si Dieu se joue ou ne se joue pas de ma crédulité, en plaçant autour de moi des spectres qui m'abusent, et qui n'ont rien de réel : qu'importe au sujet que je traite! Ce rocher de granit contre lequel ma barque est près d'échouer, ce cheval emporté qui va se précipiter sur moi, ne seraient ni granit ni cheval, seraient une vaine image, une vapeur colorée, qu'il n'en serait ni plus ni moins pour la vérité qui nous occupe! Ce granit qui menace ma barque, ce cheval qui menace ma personne, je crois assez en eux pour me détourner; la sensation que j'en attends est suffisante pour me déterminer. Dès lors, prenant au sérieux le spectacle du monde, et laissant aux métaphysiciens le soin d'en discuter la réalité, je me place dans cette réalité même, et je m'approprie d'abord ma personne, les sensations qu'elle éprouve, les jugements qu'elle porte, les volontés qu'elle conçoit, et je crois pouvoir dire, sans être ni un tyran ni un usurpateur : La première de mes propriétés, c'est moi, moi-même...

Cette reconnaissance opérée, je m'écarte un peu de cet intérieur, de ce centre de mon être, j'en sors, et, sans aller bien loin, je regarde mes pieds, mes bras, mes mains. Je suis encore là, certainement, à la limite la plus rapprochée de mon existence, et je dis : Ces pieds, ces bras, ces mains sont à moi, incontestablement à moi. — On me disputera peut-être les chevaux qui me prêtent leurs pieds agiles pour franchir l'espace. Au nom du genre humain dépossédé, on voudra peut-être me les enlever, en me disant qu'ils sont non à moi, mais à tous. Soit, je le veux bien. Mais ces pieds, ces mains, on n'a pas encore imaginé de me dire qu'ils appartiennent à la totalité de l'espèce humaine : on aurait beau le dire, je ne le croirais pas. Si quelqu'un y touchait, si quelqu'un marchait méchamment sur l'un de mes pieds, je m'irriterais, et si j'étais assez fort je me jetterais sur l'offenseur pour me venger.

Ces pieds, ces mains, ces organes variés qui me mettent en rapport avec l'univers, sont donc à moi, c'est-à-dire que je m'en sers sans cesse, sans scrupule, sans remords d'avoir le bien d'autrui, que je ne songe à les céder à qui que ce soit, à moins que je ne veuille aider celui que j'aime, et qui est privé de l'usage de ses membres. Mais toujours est-il que je ne les confonds avec ceux de personne.

Maintenant ces pieds, ces mains, qui me servent à me porter ou à saisir les objets dont j'ai besoin, ces yeux qui me servent à voir, cet esprit qui me sert à discerner toutes choses, et à en user avantageusement pour moi, ces pieds, ces mains, ces yeux, cet esprit, qui sont à moi, non à un autre, sont-ils égaux à ceux de tous mes semblables? Assurément non. Je remarque dans mes facultés et celles de mes semblables de notables différences, j'observe que les uns par suite de ces différences sont dans la misère ou l'abondance, dans l'impossibilité de se défendre ou dans le cas de dominer les autres.

Est-il vrai en effet que celui-ci a beaucoup de force physique, celui-là très-peu? que l'un est fort, mais maladroit? l'autre faible, mais plein d'intelligence? que l'un fera peu de besogne, l'autre beaucoup? que celui-ci est propre à tel emploi, celui-là à tel autre? Est-il vrai, oui ou non, qu'en mettant de côté les inégalités traditionnelles de la naissance, de la fortune, en prenant deux ouvriers dans un atelier quelconque, l'un va déployer une adresse extrême, une diligence infatigable, gagner trois ou quatre fois plus que l'autre, accumuler ces premiers gains, en former un capital avec lequel il spéculera à son tour, et deviendra peut-être immensément riche? Ces facultés heureuses, physiques ou morales, sont certainement à lui. On ne le niera pas, et sans erreur de langage, on pourra dire qu'elles sont sa propriété. Mais cette propriété est inégale, car avec certaines facultés celui-ci reste pauvre toute sa vie, avec certaines autres celui-là devient riche et puissant. Elles sont la cause essentielle de ce que l'un a peu, l'autre beaucoup.

Voilà donc une première espèce de propriété qui ne sera pas taxée d'usurpation : moi d'abord, puis mes facultés, physiques ou intellectuelles, mes pieds, mes mains, mes yeux, mon cerveau, en un mot mon âme et mon corps.

C'est là une première propriété incontestable, impartageable, à laquelle personne n'a jamais songé à appliquer la loi agraire ; dont personne n'a jamais songé à se plaindre ni à moi, ni à la société, ni à ses lois ; pour laquelle on peut m'envier, me haïr, mais dont on ne songera jamais à m'enlever une partie pour la donner à d'autres, et pour laquelle on ne fera de querelle qu'à Dieu, en l'appelant Dieu injuste, Dieu méchant, Dieu impuissant, reproches au-dessus desquels il saura probablement se mettre, et dont je ne renonce pas à le justifier avant la fin de ce livre.

CHAPITRE V.

DE L'EMPLOI DES FACULTÉS DE L'HOMME OU DU TRAVAIL.

Que de l'exercice des facultés de l'homme il naît une seconde propriété, qui a le travail pour origine, et que la société consacre dans l'intérêt universel.

L'homme a donc des facultés fort inégales, par rapport à celles de tel ou tel autre membre de son espèce, mais qui sont incontestablement à lui. Maintenant qu'en fera-t-il? Dieu les lui a-t-il données comme la voix à l'oiseau pour chanter vainement dans les bois, occuper son oisiveté, ou exciter la rêverie du promeneur solitaire? Peut-être en fera-t-il un jour la voix d'Homère ou du Tasse, de Démosthène ou de Bossuet ; mais en attendant Dieu lui a imposé d'autres soins que celui de chanter la nature ou de déplorer la chute des empires. Il l'a destiné à travailler, à travailler rudement, d'un soleil à un autre soleil, à arroser la terre de ses sueurs.

Nudus in nudâ humo, tel est l'état dans lequel il l'a jeté sur la terre, dit Pline l'Ancien. C'est à force de travail que l'homme pourvoit à tout ce qui lui manque. Il faut qu'il se vête, en arrachant au tigre ou au lion la peau qui les recouvre pour en couvrir sa nudité ; puis les arts se développant, il faut qu'il file la toison de ses moutons, qu'il en rapproche les fils par le tissage, pour en faire une toile continue qui lui serve de vêtement. Cela ne lui suffit pas, il faut qu'il se dérobe aux variations de l'atmosphère, qu'il se construise une demeure où il échappe à l'inégalité des saisons, aux torrents de la pluie, aux ardeurs du soleil, aux rigueurs de la gelée. Après avoir vaqué à ces soins, il faut qu'il se nourrisse, qu'il se nourrisse tous les jours, plusieurs fois par jour ; et tandis que l'animal privé de raison, mais couvert d'un plumage ou d'une fourrure qui le protégent, trouve s'il est oiseau des fruits mûrs suspendus aux arbres, s'il est quadrupède herbivore une table toute servie dans la prairie, s'il est carnassier un gibier tout préparé dans ces animaux qui pâturent, l'homme est obligé de se procurer des aliments en les faisant naître, ou en les disputant à des animaux plus rapides ou plus forts que lui. Cet oiseau, ce chevreuil dont il pourrait se nourrir ont des ailes ou des pieds agiles. Il faut qu'il prenne une branche d'arbre, qu'il la courbe, qu'il en fasse un arc, que sur cet arc il pose un trait, et qu'il abatte cet animal pour s'en emparer, puis enfin qu'il le présente au feu, car son estomac répugne à la vue du sang et des chairs palpitantes. Voici des fruits qui sont amers, mais il y en a de plus doux à côté : il faut qu'il les choisisse, afin de les rendre par la culture plus doux et plus savoureux. Parmi les grains il y en a de vides ou de légers, mais dans le nombre quelques-uns de plus nourrissants : il faut qu'il les choisisse, qu'il les sème dans une terre grasse qui les rendra plus nourrissants encore, et que par la culture il les convertisse en froment. Au prix de ces soins l'homme finit par exister, par exister supportablement, et, Dieu aidant, beaucoup de révolutions s'opérant sur la terre, les empires croulant les uns sur les autres, les générations se succédant, se mêlant entre elles du nord au midi, de l'orient à l'occident, échangeant leurs idées, se communiquant leurs inventions, de hardis navigateurs allant de cap en cap, de la Méditerranée à l'Océan, de l'Océan à la mer des Indes, de l'Europe en Amérique, rapprochant les produits de l'univers entier, l'espèce humaine arrive à ce point, que sa misère s'est changée en opulence, qu'au lieu de peaux de bêtes elle porte des vêtements de soie et de pourpre, qu'elle vit des aliments les plus succulents, les plus variés, produits souvent à quatre mille lieues du sol où ils sont consommés, et que sa demeure, pas plus élevée d'abord que la cabane du castor, a pris les proportions du Parthénon, du Vatican, des Tuileries.

Cet être si dépourvu qui n'avait rien, se trouve

dans l'abondance. Par quel moyen? par le travail, le travail opiniâtre et intelligent.

Il est nu, privé de tout, en paraissant sur la terre; mais il a des facultés, des facultés inégalement réparties entre les êtres de son espèce; il les emploie, et par cet emploi il arrive à posséder ce qui lui manquait, à être maître des éléments, et presque de la nature. L'homme a donc ses facultés pour s'en servir, non pour en jouer, comme l'oiseau joue de ses ailes, de son bec ou de sa voix. Le temps du loisir viendra un jour; cette voix, il en fera celle d'un chanteur mélodieux; ces pieds, ces mains, les pieds, les mains d'un danseur agile, mais il faut qu'il travaille durement, longtemps, avant d'en arriver à ces loisirs. Il faut qu'il travaille pour exister. Voilà où conduit l'observation de son être, comme l'observation du castor, du mouton, du lion, conduit à dire que l'un est un animal constructeur, l'autre un herbivore, le troisième un carnassier.

Poussons plus avant. Il faut que l'homme travaille. Il le faut absolument, afin de faire succéder à sa misère native le bien-être acquis de la civilisation. Mais pour qui voulez-vous qu'il travaille? pour lui ou pour un autre?

Je suis né dans une île de l'Océanie. Je me nourris de poisson. J'aperçois qu'à telles heures du jour, le poisson fréquente telles eaux. Avec les brins tordus d'un végétal je forme des fils, puis de ces fils un filet, je le jette dans l'eau, et j'enlève le poisson. Ou bien je suis né en Asie Mineure, dans ces lieux où l'on dit que s'arrêta l'arche de Noé, et que le grain appelé froment se montra pour la première fois aux hommes. Je me voue à la culture. J'enfonce un fer en terre. Je présente cette terre ainsi remuée à l'air fécondant; j'y jette du grain, je veille autour pendant qu'il pousse; je le recueille quand il est mûr, je le broie, je le soumets au feu, j'en fais du pain.

Ce poisson que j'ai pêché avec tant de patience, ce pain que j'ai fabriqué avec tant d'effort, à qui sont-ils? A moi qui me suis donné tant de peine, ou bien au paresseux qui dormait pendant que je m'appliquais à la pêche ou à la culture? Le genre humain tout entier répondra que c'est à moi, car enfin il faut que je vive, et de quel travail vivrai-je, si ce n'est du mien? Si, au moment où je vais porter à ma bouche ce pain que j'ai fabriqué, un paresseux se jetait sur moi et me l'enlevait, que me resterait-il à faire, sinon à me jeter à mon tour sur un autre, à lui rendre ce qu'on m'aurait fait? celui-ci le rendrait à un troisième, et le monde au lieu d'être un théâtre de travail deviendrait un théâtre de pillage. De plus, comme piller est un acte prompt et facile si l'on est fort, tandis que produire est un acte lent, difficile, exigeant l'emploi de toute la vie, le pillage serait préféré à la pêche, à la chasse, à la culture. L'homme resterait tigre ou lion, au lieu de devenir citoyen d'Athènes, de Florence, de Paris ou de Londres.

Ainsi l'homme n'a rien en naissant, mais il a des facultés variées, puissantes, dont l'emploi peut lui procurer tout ce qui lui manque. Il faut qu'il les emploie. Mais quand il les a employées, il est d'une équité évidente que le résultat de son travail lui profite à lui, non à un autre, devienne sa propriété, sa propriété exclusive. Cela est équitable, et cela est nécessaire, car il ne travaillerait pas, il s'occuperait à piller, s'il n'était pas sûr de recueillir le fruit de son travail; son semblable en ferait autant, et ces pillards, se rejetant les uns sur les autres, ne trouveraient bientôt plus à piller que la nature elle-même. Le monde resterait barbare.

Les arts, en effet, même les plus imparfaits, exigent au moins pour un temps la certitude de la possession. Le poisson dont vit le Sauvage pêcheur ne se montre qu'à quelques époques de l'année dans les parages où on le pêche. Le buffle ou le castor, dont vit le Sauvage de l'Amérique, ont aussi des habitudes passagères, dont il faut profiter et savoir épier le retour. Enfin, la terre ne produit qu'une moisson qu'il faut attendre pendant une année. Que résulte-t-il de ces conditions de la nature des choses? C'est qu'il faut que l'homme puisse accumuler les fruits de sa pêche, de sa chasse, de sa culture, et que personne dans l'intervalle ne puisse les lui enlever, car autrement il ne se donnerait pas la peine de les produire. Il ne ferait que ce qui serait nécessaire pour vivre au moment même où il serait sollicité par la faim. Il ne cultiverait aucun art, il vivrait toute l'éternité de ce qui pourrait se cueillir rapidement, et s'ensevelir à l'instant même dans l'asile inviolable de son estomac, c'est-à-dire de glands, ou de quelques oiseaux tués avec une pierre et une fronde. Mais tout art qui exige du temps, de la réflexion, de l'accumulation, il y renoncerait, s'il n'avait la certitude d'en recueillir les produits. Il y en a un surtout, le premier de tous, l'agriculture, qu'il abandonnerait à jamais, si la possession de la terre ne lui était assurée. Car cette terre féconde, il faut s'attacher à elle, s'y attacher pour la vie, si on veut qu'elle réponde par sa fécondité à votre amour. Il faut y fixer sa chaumière, l'entourer de limites, en éloigner les animaux nuisibles, brûler les ronces sauvages qui la couvrent, les convertir en une cendre féconde, détourner les eaux infectes qui croupissent sur sa surface pour les convertir en eaux limpides et vivifiantes, planter des arbres qui en écartent ou les ardeurs du soleil ou le souffle des vents malfaisants, et qui mettront une ou deux générations à croître; il faut enfin que le père y naisse et y meure, après le père le fils, après le fils les petits-fils! Qui donc se donnerait tous ces soins, si la certitude qu'un usurpateur ne viendra pas détruire ces travaux, ou sans les détruire s'en emparer pour lui, n'excitait, ne soutenait l'ardeur de la première, de la seconde, de la troisième génération? Cette certitude, qu'est-elle, sinon la propriété admise, garantie par les forces de la société?

Ces exemples sont tous empruntés à l'état primitif des sociétés. Mais en se développant l'homme ne change pas. Il a beau se mieux vêtir, se mieux loger, se mieux nourrir, il a beau se couvrir d'or et de pourpre, vivre dans les palais construits par le Bramante, y savourer les mets les plus recherchés, il a beau élever son âme jusqu'à Platon, il a toujours le même cœur, il est exposé aux mêmes misères, et il lui faut les mêmes mobiles pour en sortir. S'il s'arrêtait un instant dans son effort sur la nature, elle redeviendrait sauvage. On avait négligé quelques jours, par une criminelle jalousie de peuple à peuple, la prodigieuse route qui traverse le Simplon, et la nature, roulant incessamment des blocs de glace, des torrents de neige, même de simples filets d'eau, sur ce plan continu attaché au flanc des Alpes, l'avait bientôt rendu impraticable. S'il suspendait un seul moment ses efforts, l'homme serait vaincu par la nature ; et si un seul jour il cessait d'être stimulé par l'attrait de la possession, il laisserait retomber nonchalamment ses bras et dormirait à côté des instruments de son travail abandonné.

Tous les voyageurs ont été frappés de l'état de langueur, de misère et d'usure dévorante, des pays où la propriété n'était pas suffisamment garantie. Allez en Orient, où le despotisme se prétend propriétaire unique, ou, ce qui revient au même, remontez au moyen âge, et vous verrez partout les mêmes traits : la terre négligée, parce qu'elle est la proie la plus exposée à l'avidité de la tyrannie, et réservée aux mains esclaves qui n'ont pas le choix de leur profession ; le commerce préféré, comme pouvant échapper plus facilement aux exactions ; dans le commerce, l'or, l'argent, les joyaux recherchés comme les valeurs les plus faciles à cacher ; tout capital prompt à se convertir en ces valeurs, et quand il se résout à se prêter, se donnant à un taux exorbitant, se concentrant dans les mains d'une classe proscrite, laquelle affichant la misère, vivant dans des maisons hideuses au dehors, somptueuses au dedans, opposant une constance invincible au maître barbare qui veut lui arracher le secret de ses trésors, se dédommage en lui faisant payer l'argent plus cher, et se venge ainsi de la tyrannie par l'usure.

Au contraire, que par les progrès du temps, ou la sagesse du maître, la propriété soit respectée, à l'instant la confiance renaît, les capitaux reprennent leur importance relative, la terre valant tout ce qu'elle est destinée à valoir redevient féconde, l'or, l'argent, si recherchés, ne sont plus que des valeurs incommodes et perdent de leur prix; la classe qui les détenait, restée habile, a recouvré la dignité avec la sécurité; elle ne cache plus sa richesse, elle la montre avec confiance et la prête à un intérêt modique. L'activité est universelle et continue; l'aisance générale la suit, et la société, épanouie comme une fleur à la rosée et au soleil, s'étale de toutes parts aux yeux charmés qui la contemplent. Et si on voulait attribuer cet état prospère des sociétés civilisées à la liberté, dont Dieu me préserve de contester la vertu bienfaisante! je répondrais que c'est à la propriété respectée qu'on doit ces beaux résultats, car Venise n'était pas libre, mais ses tyrans respectant le travail, elle était devenue la plus riche esclave de la terre.

Je me résume donc, et je dis : L'homme a une

première propriété dans sa personne et ses facultés; il en a une seconde, moins adhérente à son être, mais non moins sacrée, dans le produit de ces facultés, qui embrasse tout ce qu'on appelle les biens de ce monde, et que la société est intéressée au plus haut point à lui garantir, car sans cette garantie point de travail, sans travail pas de civilisation, pas même le nécessaire, mais la misère, le brigandage et la barbarie.

CHAPITRE VI.

DE L'INÉGALITÉ DES BIENS.

Que de l'inégalité des facultés de l'homme naît forcément l'inégalité des biens.

Il résulte de l'exercice des facultés humaines, fortement excitées, que ces facultés étant inégales chez chaque homme, l'un produira beaucoup, l'autre peu, que l'un sera riche, l'autre pauvre, qu'en un mot l'égalité cessera dans le monde. Il est bien entendu que je ne parle pas de cette égalité qui consiste à vivre sous les mêmes lois, à obéir aux mêmes autorités, à encourir les mêmes peines, à obtenir les mêmes récompenses, à subir enfin les mêmes conditions sociales, et qu'on appelle l'égalité devant la loi, mais de cette égalité qui consisterait à posséder la même somme de biens, qu'on eût été habile ou malhabile, laborieux ou paresseux, heureux ou malheureux dans son travail. La première est nécessaire, incontestable, et toute société où elle manque n'est que tyrannie. Voyons ce qu'il faut penser de la seconde.

D'abord revenons au premier fait dont nous sommes partis. Ces facultés inégales, consistant en plus de force musculaire ou plus de force intellectuelle, en certaines aptitudes du corps ou de l'esprit, quelquefois de l'un et de l'autre, comme chez ce mécanicien adroit qui de ses mains ajuste si bien les ressorts d'une machine, chez ce sculpteur habile qui taille si exactement dans le marbre l'image qui est dans sa tête, chez ce guerrier qui joint à un coup d'œil si prompt, si sûr, un grand courage, une forte santé, ces facultés à la fois physiques et morales sont à l'homme à qui Dieu les donna. Il les tient de Dieu, de ce Dieu que je nommerai comme il vous plaira, dieu, fatalité, hasard, auteur enfin quel qu'il soit, auteur des choses, les laissant faire ou les faisant, les souffrant ou les voulant. Vous avouerez qu'il est le principal coupable, le principal auteur du mal, si mal il y a, dans les inégalités dont vous seriez disposé à vous plaindre. Même avant que le temps, de longs travaux accumulés, les transmissions de génération en génération, aient ajouté aux premières inégalités naturelles de nouvelles inégalités conventionnelles, vous avouerez que, même à l'état sauvage, l'homme bien doué a de grands avantages. S'agit-il de chasser? il est plus adroit, il a deux fois plus à manger que son voisin. S'agit-il de se défendre? il est plus fort, il a deux fois plus de moyens de résister. L'inégalité paraît donc au début même de l'existence sociale, elle se montre au premier jour, et les inégalités ultérieures de la société la plus riche ne sont que l'ombre allongée d'un corps déjà bien élevé.

Quand il s'agit de droit, un peu ou beaucoup ne font pas une différence appréciable. L'égalité des biens est ou n'est pas le droit de l'humanité : si elle est ce droit, l'égalité serait autant violée aux premiers jours des sociétés, quand le Sauvage plus adroit, plus intelligent, est plus riche en produits de sa chasse ou de sa pêche, mieux pourvu des moyens de se défendre ou de soumettre les autres, que lorsque plus tard ce Sauvage devenu membre d'une société civilisée, est un seigneur immensément riche, à côté d'un pauvre homme privé du nécessaire.

Mais moi, qui m'en rapporte aux faits visibles pour augurer des volontés de Dieu, c'est-à-dire des lois de la création, je déclare que puisque l'homme est inégalement doué, Dieu a voulu sans doute qu'il eût des jouissances inégales, et que quand il a donné à l'un une ouïe, une vue, un odorat très-fins, à l'autre les sens les plus obtus, à celui-ci le moyen de produire et de manger beaucoup, à celui-là des bras et un estomac débiles; que quand il a fait de l'un le brillant Alcibiade, doué de toutes les facultés à la fois, de l'autre le crétin idiot et goîtreux de la vallée d'Aoste, il a fait tout cela pour qu'il en résultât des différences dans la manière d'être de ces individus si diversement dotés. Lorsque, étendant encore plus ma vue, je vais de l'homme au cheval et au chien, du cheval et du chien à la taupe, au polype, au végétal; lorsque, dans une même forêt, je vois à côté du chêne superbe une humble fougère, entre les chênes eux-mêmes quelques-uns plus heureux, que la terre, la pluie, le soleil ont favorisés, qui ont grandi entre tous, puis entre eux un plus heureux encore qui a échappé au fer du bûcheron ou aux éclats de la foudre, et qui élève au milieu de la forêt sa tête majestueuse, je me dis que ces inégalités furent probablement la condition de ce plan sublime, qu'un grand génie a défini *l'unité dans la variété, la variété dans l'unité.*

Mais ce pittoresque de l'univers qui vous séduit, me dira-t-on, pourrait bien être une iniquité, car César, dans l'ordre moral, peut être fort intéressant à considérer, il n'en est pas moins un tyran, tyran séduisant, plein de génie, mais un tyran.

Je comprends l'objection.

Quoique bien certainement on soit fondé à rapporter à la création elle-même le principe de toute inégalité humaine, cependant il est vrai que Dieu nous livre quelquefois son œuvre, en nous chargeant de la modifier, de la régler, comme un maître livre à son apprenti un travail commencé à terminer. Ainsi il a permis qu'il y eût un César, c'est-à-dire un être plus fort, capable d'opprimer les autres, mais il nous a prescrit de contenir cet être, de lui opposer des lois. Soit : mais voyons si ce penchant à travailler beaucoup, par suite à posséder beaucoup, est l'un de ces penchants despotiques, nécessaires à contenir, à réprimer. Là est toute la question.

Cet homme qui travaille activement et accumule, fait-il du mal à quelqu'un? Il laboure avec ardeur, avec constance, à côté d'un autre qui creuse à peine la terre. Il a des greniers pleins, à côté de son voisin qui les a vides ou à demi pleins. A-t-il fait du mal à ce voisin? Son abondance lui a-t-elle été dérobée? Oh! dans ce cas il y aurait larcin, violence, mal causé à autrui. Mais il a travaillé, travaillé plus ou mieux qu'un autre. Il n'a donc pas nui comme celui qui usurpe ou opprime. Il y a un peu plus de grains sur le sol, un peu plus de richesse dans la société, et voilà tout. Quel tort en s'enrichissant lui-même a-t-il fait autour de lui? Aucun assurément.

Quel intérêt la société aurait-elle à l'empêcher? Aucun; elle serait insensée, car elle aurait, sans nul profit, diminué sur le sol la masse des choses utiles ou nécessaires à l'homme.

Il n'y a donc point de mal, ni pour vous, ni pour elle, et elle doit laisser l'homme exercer ses facultés tant qu'il lui plaira.

Il est vrai toutefois que cette opulence vous cause un mal, c'est celui de la comparaison. Elle vous offusque, elle excite votre envie. C'est un mal certainement, et bien cruel, j'en conviens, mais qui n'est pas sans compensation, et la société, toutes choses mûrement examinées, déclare la compensation tellement grande, que dans tous les temps, dans tous les pays, elle a cru sage de laisser l'envie souffrir, et la prospérité des individus s'accroître en raison de leur

DU DROIT DE PROPRIÉTÉ.

habileté ou de leur application au travail. Cette compensation, du reste, la voici.

C'est par la voie de l'échange que les hommes se procurent la plupart des objets dont ils ont besoin. Ainsi ils ne font pas tous toutes choses. Ils en font certaines auxquelles ils s'appliquent exclusivement, et arrivent ainsi à les mieux faire. Ils donnent ensuite une partie de celles qu'ils ont produites, pour se procurer celles qu'ils ont laissé à d'autres le soin de produire, et il en résulte ce qui suit. Quand il y a plus de grains, par exemple, ou plus de tissus, les uns et les autres sont à meilleur marché. Il y en a plus pour tout le monde. Celui donc qui se livrant à son goût, à son habileté pour le travail, s'expose, en devenant plus riche, à choquer votre envie, a contribué à la prospérité commune, et notamment à la vôtre. Si, grâce à ses efforts, il y a plus de grains, ou plus de fer, ou plus de tissus, ou plus d'outils, ou plus d'argent, il y a plus de tout cela pour tous. L'abondance qu'il a contribué à créer est au profit de l'humanité, et la société lui permet de grandir, en résultât-il une inégalité par rapport à d'autres qui travaillent moins bien ; elle le lui permet parce que la prospérité générale grandit avec sa prospérité à lui. Elle arrêterait l'individu qui voudrait opprimer ses semblables, mais celui qui emploiera ses facultés à multiplier sur le sol les objets utiles à l'homme, aliments, vêtements, habitations, qui rendra ces objets plus abondants, meilleurs, plus sains, dût-il, pour lui ou ses enfants, convertir ses aliments en mets recherchés, ses vêtements en pourpre, sa maison en palais, elle l'autorise, l'encourage, sans s'inquiéter du contraste, sans compatir aux peines de l'envieux, car l'envieux lui-même paye son pain, ses habits, son logement à meilleur marché, et s'il veut à son tour produire, il payera l'intérêt de l'argent à plus bas prix. Le travail lui sera plus facile.

Le principe de l'égalité sainement entendue n'infirme donc en rien le principe de la propriété, quelque inégale que celle-ci puisse devenir par la supériorité du travail de l'un sur l'autre, et jusqu'ici du moins la chaîne de nos raisonnements s'allonge sans s'affaiblir.

CHAPITRE VII.

DE LA TRANSMISSION DE LA PROPRIÉTÉ.

Que la propriété n'est complète que si elle est transmissible par don ou hérédité.

Que l'homme jouisse du produit de son travail, qu'il mange le fruit cueilli sur les arbres qu'il a plantés, rien n'est plus légitime, disent les sectaires que je combats. Ils accordent ainsi la propriété personnelle à celui qui l'a créée par son travail. La nature en effet plus forte qu'eux les confond, les oblige à se taire, en présence de ce fait si simple, si visiblement irréprochable, de l'homme portant à sa bouche le fruit qu'il a fait naître. Ils vont même plus loin dans leurs concessions, ils admettent que l'homme possédera plus ou moins, suivant qu'il aura été dans sa vie plus ou moins habile, plus ou moins laborieux, que l'un dès lors aura beaucoup, l'autre peu, et ils accordent par conséquent cette première inégalité de biens, résultant de l'inégalité naturelle des facultés de l'homme. Mais là s'arrêtent leurs concessions. Que l'homme jouisse du fruit de son travail, s'écrient-ils, rien de mieux; mais que le fruit de ce travail se transmette à un autre, que cet autre en jouisse dans l'oisiveté, et dans les vices que l'oisiveté engendre, voilà ce qui répugne à la plus simple équité; voilà même ce qui contrarie le résultat que la société avait en vue en consacrant la propriété, celui d'exciter le travail; voilà enfin ce qui ajoute aux inégalités naturelles que Dieu a établies entre les hommes en les douant inégalement, des inégalités artificielles qui font qu'un fils paresseux, incapable, parce qu'il a hérité d'un père laborieux et capable, vit au sein de toutes les jouissances, tandis qu'à côté de lui un autre individu, privé du même avantage, vit dans la plus profonde misère. La propriété étendue jusqu'à devenir héréditaire, arrive ainsi à des conséquences qui sont en contradiction avec son principe, et qui ne sauraient être admises.

C'est effectivement le point, non pas difficile mais compliqué, du sujet que je traite, car la question, semblable à un fleuve qui en s'éloignant de sa source forme des détours plus nombreux, la question s'étend, se développe, se mêle à une foule d'autres. Néanmoins, ce que les adversaires de la propriété nient, je l'affirme; ce qu'ils contestent, je le soutiens comme indispensable, et voici mes assertions en regard des leurs.

La propriété est ou n'est pas;

Si elle est, elle entraine le don;

Si elle entraine le don, elle l'entraine pour les enfants comme pour les indifférents;

Elle l'entraine durant la vie du père, comme à sa mort;

Loin de favoriser l'oisiveté par cette extension, elle ne devient au contraire un stimulant puissant, infini du travail, qu'à la condition de pouvoir se transmettre du père aux enfants;

Enfin les inégalités nouvelles et plus grandes qui en résultent sont absolument nécessaires, et composent l'une des harmonies les plus belles, les plus fécondes de la société humaine.

En un mot, la propriété ne donne tous ses effets, les meilleurs, les plus féconds, qu'à la condition d'être complète, et de devenir de personnelle héréditaire.

Telles sont les propositions que je vais, dans les chapitres suivants, m'efforcer de rendre claires jusqu'à exclure, je l'espère, toute contestation.

CHAPITRE VIII.

DU DON.

*Que le don est l'une des manières nécessaires d'user
de la propriété.*

Vous accordez que je puis jouir moi-même de ce que j'ai produit, que je puis appliquer à mes besoins, à mes plaisirs, les fruits de mon travail personnel. Mais les donner à un autre, serait-ce un attentat, un larcin, un danger pour la société de mes semblables?

D'abord supposez que j'aie produit plus que je ne puis consommer, ce qui arrive à tout homme habile et laborieux, que voulez-vous que je fasse de ce surplus? J'ai mes greniers pleins de blé, mes fruitiers pleins de fruits, mes celliers pleins de vins; la laine de mes troupeaux m'a fourni plus de vêtements que je n'en puis user, tout cela parce que j'ai cultivé mes champs avec plus d'intelligence et d'activité qu'un autre : que voulez-vous que je fasse de cette abondance? Que je mange plus que je n'ai faim, que je boive plus que je n'ai soif, ou bien que je jette ces excédants à une nouvelle voirie établie pour cet usage, ou bien enfin, ce qui est plus simple, que je ne les crée pas du tout? Si vous ne me permettez pas d'user du surplus de mon travail à mon gré, l'une de ces trois conséquences est forcée, ou que je consomme au delà de mes besoins, ou que je détruise, ou que je ne crée pas. Mais voici une manière d'employer le superflu de mon bien, que je soumets à votre jugement.

J'aperçois à la limite de mon champ un malheureux expirant de fatigue et de faim. J'accours à cette vue, je verse dans son gosier un peu de ce vin dont j'avais trop; je présente à sa bouche un de ces fruits dont je ne savais que faire; je jette sur ses épaules un de ces vêtements dont j'avais plusieurs, et je vois la vie renaître en lui, le sourire de la reconnaissance empreindre son visage, et j'éprouve en mon cœur une jouissance plus vive que celle que je ressentais dans ma bouche lorsque je savourais les fruits de mon champ. Est-ce que par hasard vous entendriez régler à ce point l'emploi de mon bien que je ne pusse en user de la manière qui m'est la plus douce? Est-ce qu'après m'avoir accordé les jouissances physiques de la propriété, vous m'en refuseriez les jouissances morales, les plus nobles, les plus vives, les plus utiles de toutes? Quoi donc, odieux législateur, vous me permettriez de manger, de dissiper, de détruire mon bien, vous ne me permettriez pas de le donner! Moi, moi seul, voilà le triste but que vous assigneriez aux pénibles efforts de ma vie! Vous abaisseriez ainsi, vous désenchanteriez, vous arrêteriez mon travail. Au reste, jugez du fait par les conséquences. Je vous disais ailleurs que si chaque homme pouvait se jeter sur son voisin pour lui enlever les aliments dont il va se nourrir, celui-ci en faisant de même à l'égard d'un autre, la société ne serait bientôt plus qu'un théâtre de pillage au lieu d'être un théâtre de travail. Supposez au contraire que chaque homme qui a trop donnât à celui qui n'a pas assez, le monde deviendrait un théâtre de bienfaisance. Et ne craignez pas toutefois que l'homme pût jamais aller trop loin dans cette voie et rendît son voisin oisif en se chargeant de travailler pour lui. Ce qu'il y a de bienfaisance dans le cœur de l'homme, est tout juste au niveau des misères humaines, et c'est tout au plus si les discours incessants de la morale et de la religion parviennent à égaler le remède au mal, le baume à la blessure.

Ainsi le don est la plus noble manière d'user de la propriété. C'est, je le répète, la jouissance morale ajoutée à la jouissance physique. — Assez, assez, me diront mes contradicteurs; vous démontrez ce qui n'a pas besoin de démonstration. — J'en conviens, mais poursuivons, et on sera peut-être obligé de m'en dire autant de tout le reste.

CHAPITRE IX.

DE L'HÉRÉDITÉ.

Que du don résulte pour le père la faculté de donner à ses enfants, pendant sa vie ou à sa mort.

On m'accorde que le don est l'une des manières nécessaires, incontestables d'user de la propriété.

Maintenant faisons un pas de plus. Quoi! je pourrais donner aux indifférents, à ceux qui ne sont rien pour moi, mais dont la souffrance m'a touché, et je ne pourrais pas donner à ma femme, à mes enfants, à ma femme qui partagea ma vie, à mes enfants qui sont issus d'elle et de moi, à ces êtres qui me sont plus chers que ma propre personne! Quand ils ont faim, quand ils ont froid, si je ne suis pas dépravé, j'ai plus faim, j'ai plus froid en eux qu'en moi. Leurs besoins sont les miens, et me stimulent plus que les miens même. Dès lors ne me permettrez-vous pas de choisir entre les besoins que j'éprouve, de satisfaire d'abord ceux que je ressens plus vivement, et d'apaiser une faim plus pénible pour moi que celle qui se fait sentir dans mon propre estomac? Vous me permettrez donc de nourrir mes enfants avant de me nourrir moi-même. Ce n'est pas tout d'ailleurs. Ces enfants, il faut bien que pendant une partie de leur vie quelqu'un les soutienne, car pendant un quart au moins de cette vie, ils sont trop faibles pour pouvoir se suffire. Dans l'état sauvage, par exemple, il faut monter aux arbres pour cueillir des fruits; dans la société civilisée on ne trouve le pain qu'après l'avoir gagné. Mais si quelqu'un doit les nourrir, qui se chargera de ce soin, si ce n'est moi, moi leur père, moi l'auteur de leurs jours? L'aigle, l'hirondelle me donnent cet exemple, qu'apparemment vous me permettrez de suivre! — Assez, assez, me diront encore mes contradicteurs, vous démontrez ce qui n'a pas besoin d'être démontré. — Mais où donc faut-il que j'aille dans cette voie, pour trouver ce qui a besoin de démonstration?

La propriété n'est pas si je ne puis la donner aussi bien que la consommer : on m'accorde ce point. Si je puis la donner aux indifférents, à plus forte raison pourrai-je la donner à mes enfants, qui même en ont un indispensable besoin pendant une partie de leur vie : on m'accorde cet autre point. Je puis par conséquent donner à autrui, et dans autrui je puis, je dois préférer mes enfants. Où donc commence la difficulté? Au moment où je vais mourir, c'est-à-dire que je pourrais donner à toutes les époques de ma vie, excepté à celle de ma mort. Quoi! ce serait là l'unique différence entre le droit que je réclame et celui qu'on me conteste! Mais cette différence serait ou nulle, ou barbare, ou impossible.

Entrez dans l'asile domestique, placez-vous dans cet intérieur sacré, et dites-moi si vous pouvez y pénétrer, d'une manière assez certaine, assez supportable, pour empêcher que le père ne livre à son fils ce qu'il veut lui-léguer au moment de sa mort? Si vous permettez à un père de donner de son vivant et non à sa mort, il aura soin de se dépouiller de son vivant même. Il donnera un jour, une heure avant d'expirer, de la main à la main, les biens mobiliers, facilement transmissibles au chevet d'un mourant, tels qu'argent, pierres précieuses, ou valeurs de papier inventées pour la commodité du commerce. Les valeurs immobilières, plus difficiles à transmettre, telles que terres, maisons, objets encombrants, il les donnera un an, deux ans, dix ans avant que d'expirer, ou bien il les vendra, et les avilira pour les convertir en valeurs transmissibles à volonté. En un mot, il aura obvié à votre loi en se dépouillant de son vivant. Mais, de cette obligation que vous lui aurez imposée de se dessaisir avant de mourir, il naîtra deux conséquences. Le bon père pourra être puni de sa bonté, le mauvais père récompensé de son égoïsme. Le bon père, se dépouillant avant sa mort, trouvera peut-être un fils ingrat, ne pourra pas planter un arbre, creuser un ruisseau, dans ce champ qu'il aura donné à son fils, et vivra comme un étranger au milieu de cette opulence qu'il aura créée, et dont il se sera privé avant le temps, de peur que son fils ne pût la recueillir. Le mauvais père, au contraire, qui n'aura pas voulu se dessaisir, ou le lâche père qui n'aura pas su envisager l'idée de la mort pour assurer l'avenir de ses enfants, jouira de son bien, en jouira en maître jusqu'à la fin de ses jours. Ainsi le bon père aura été dépossédé, le mauvais aura possédé jusqu'à sa dernière heure!

A ces odieux résultats n'allez-vous pas m'arrêter encore et me dire : Assez, assez! — Oui, il faut s'arrêter, car il est évident que la nature ayant mis dans le cœur de l'homme, et surtout de celui qui est bon, un penchant invincible à transmettre ce qu'il possède à son fils, l'asile domestique étant impénétrable, le père donnera à ses enfants, quoi qu'on fasse, la plus grande partie de ses biens, de la main à la main, les dénaturera pour les rendre plus facilement transmissibles, ou, s'il ne peut les dénaturer, s'en dépouillera avant sa mort, pour être plus assuré d'en faire un usage conforme à son cœur. Dès lors le législateur, certain de produire des monstruosités s'il s'obstine à contrarier la nature, et d'être d'ailleurs désobéi en voulant la contrarier, dispensera le père de ces odieuses précautions, et accordera qu'à sa mort ses biens passeront de plein droit à ses enfants ; il accordera en un mot l'hérédité de la propriété.

Et voyez combien seraient absurdes les conséquences d'une prescription contraire ! Le père, vous ai-je dit, ne pourrait pas donner les terres, les maisons, les objets saisissables, mais il donnerait malgré vous les objets mobiliers, insaisissables, transmissibles de la main à la main, une heure avant d'expirer ! La transmission du père au fils existerait pour certaines choses et non pour certaines autres ! Mais il y en a de bien plus précieuses, dont toutes les prescriptions du monde n'empêcheraient pas la transmission. Celui-ci est un ouvrier habile, il a un secret pour tremper les métaux ; celui-là est médecin et il a un secret pour guérir : l'empêcherez-vous à son lit de mort de se pencher à l'oreille de son fils et de lui assurer une fortune en lui disant un mot ? Un autre fut un grand politique, il eut la prudence en partage ; un autre encore fut un grand capitaine, il eut la gloire. Empêcherez-vous le premier de transmettre sa prudence à son fils par les leçons de toute sa vie ? Empêcherez-vous le second de lui léguer sa gloire, seulement en lui léguant son nom ? Un troisième, mêlé à toutes les affaires de sa patrie, a des opinions religieuses et politiques qui lui sont chères; vous ne l'empêcherez pas apparemment de les inculquer à ses enfants. Et quand les choses morales, qui doivent être les plus précieuses de toutes à vos yeux, si vous n'êtes pas un législateur voué au culte de la matière, se transmettent inévitablement, les choses matérielles, parce qu'elles sont matérielles, ne se transmettraient pas! L'argent peut-être, le diamant, comme les plus transmissibles après ces choses morales, passeraient aussi d'une génération à l'autre; la terre seule, quand le père n'aurait pas songé à s'en dépouiller, serait retenue au passage! Songez-vous bien à ces monstruosités? N'en êtes-vous pas confus, sophiste intrépide?

Je tiens donc comme surabondamment démontrées les propositions suivantes :

Le don reconnu l'une des manières nécessaires d'user de la propriété, le don est inévitable, surtout au profit des enfants;

Il est inévitable à toutes les époques de l'existence du père, et il faut, en accordant de plein droit la transmission de ses biens à ses enfants, au moment de sa mort, le dispenser de se dépouiller pendant sa vie.

CHAPITRE X.

DE L'INFLUENCE DE L'HÉRÉDITÉ SUR LE TRAVAIL.

Que la faculté de transmettre la propriété du père au fils rend infinie l'ardeur au travail, et complète le système de la propriété.

Il y a toujours deux points de vue auxquels il faut alternativement se placer dans le sujet que je traite, et qu'on trouve, grâce aux admirables combinaisons de la nature, toujours en parfaite concordance ; ces points de vue sont l'équité et l'utilité sociale. L'équité, c'est la question considérée du point de vue de l'individu ; l'utilité sociale, c'est la question considérée du point de vue de la société elle-même. L'équité crie que l'homme qui a travaillé doit posséder en paix le fruit de son travail, et qu'il ne faut pas exiger qu'il s'en dépouille avant sa mort pour en procurer la transmission à ses enfants. L'utilité sociale veut impérieusement que l'homme soit assuré de conserver le produit de son travail pour qu'il travaille, car, sans le travail constant, opiniâtre de tous ses membres, la société resterait misérable. Cette même utilité sociale veut tout aussi impérieusement qu'il puisse transmettre à ses enfants, car autrement il ne serait animé que d'une demi-ardeur pour le travail. En un mot, la propriété, comme je l'ai annoncé, n'a tous ses effets utiles que si elle est complète, c'est-à-dire personnelle et héréditaire tout à la fois.

Il ne me faudra pas plus de développement pour établir ce point de vue, qu'il ne m'en a fallu pour établir les précédents.

On veut que l'homme travaille, et, afin qu'il travaille, on lui assure la possession de ce qu'il produit. C'est beaucoup que cette première assurance toute personnelle à lui, mais ce n'est pas assez. Il y a là de quoi le faire travailler un tiers, une moitié peut-être de sa vie, mais il n'y a pas de quoi le faire travailler sa vie entière, surtout de quoi lui procurer la plus grande des douceurs du travail, celle de transmettre son bien à ses enfants.

L'homme a des vices, il en a de tout genre. Il en montre d'atroces quelquefois à l'égard de ses semblables ; mais il n'en a presque jamais à l'égard de ses enfants : c'est que voulant assurer la conservation de l'espèce humaine, la nature prévoyante a profondément enfoncé dans son cœur l'amour paternel, et a fait de ce sentiment non une vertu, mais un instinct irrésistible. Le père qui vole, qui tue, donne souvent à ses enfants le bien qu'il a dérobé, et consacre à les défendre la férocité qu'il a déployée contre autrui. Aussi observez la plupart des pères, arrivés à un certain âge : pour qui travaillent-ils encore? pour qui travaillent-ils sans cesse, même quand leurs forces commencent à défaillir? Ils travaillent pour leurs enfants, et ils sont heureux de leurs pénibles labeurs, à la seule pensée que les êtres sortis de leurs entrailles en recueilleront le prix.

Voyez ces industriels habiles, qui ont enrichi la société de leurs ingénieuses découvertes, ou de leurs audacieuses expéditions commerciales, à qui on doit de payer tantôt le coton, tantôt le lin, la laine, le sucre à moitié prix, observez leurs goûts, le genre de leurs plaisirs, et vous découvrirez bientôt ce qui les fait agir. La plupart du temps, ce sont des hommes simples, de goûts modestes, à qui la nature donna le génie, mais à qui la société négligea de donner l'éducation, et qui, après avoir amassé une fortune immense, après avoir procuré à leurs enfants des palais, des châteaux, des ameublements magnifiques, des tableaux chefs-d'œuvre de l'art, des tables somptueusement servies, des chevaux bondissant d'ardeur, des parcs remplis de gibier, sourient du plaisir que leurs enfants prennent à ces objets, jouissent de les en voir jouir, puis vont jouir eux-mêmes à leur façon, invariablement la même, en retournant à leurs ateliers, à leurs magasins, à leurs vaisseaux, heureux d'imaginer que toutes ces richesses qu'ils goûtent si peu s'accroîtront encore au profit de ces enfants, dans la personne desquels ils deviennent sensibles à toutes les délicatesses qu'ils ne savent point apprécier, et qu'ils n'ont jamais connues. Supposez que tout ce qu'ils amassent de la sorte ils fussent privés de le transmettre à leurs descendants, ils se seraient arrêtés au milieu de leur carrière, au moment où leurs facultés étaient le plus actives. Plus même ils étaient capables et habiles, plus tôt ils se seraient arrêtés, car plus tôt ils auraient acquis ce qu'il fallait à leurs goûts simples et bornés, et, de peur d'avoir des enfants oisifs, vous auriez commencé par assurer l'oisiveté de leur père.

Ce serait donc une fâcheuse manière de s'y prendre, pour n'avoir pas d'oisifs en ce monde, que d'ôter aux pères la principale raison qui les porte à travailler. On ne manquera pas de dire sans doute, que les hommes laborieux dont je parle, ayant voué leur vie au travail, auraient continué à travailler, même quand ils n'auraient pas eu d'enfants, uniquement par habitude ou par émulation. Il en serait peut-être ainsi pour quelques-uns, lesquels deviennent ces oncles riches, sujets de si nombreuses et si tristes comédies. Mais cette ardeur de travail qu'ils ont contractée, où donc en ont-ils pris l'habitude? Dans une société où la propriété, admise à tous les degrés, a excité l'ardeur de tout le monde, et comme un cheval, faisant partie d'un attelage au galop, s'emporte avec les autres, ils courent, parce qu'à côté d'eux tout le monde court. Ils n'auraient ni contracté ce goût, ni éprouvé cette émulation de travail dans une société refroidie, glacée par l'interdiction barbare de léguer son bien à ses enfants. Ils auraient fait comme le cheval ardent, qui va au pas avec des chevaux qui marchent au pas. Mais enfin en supposant que quelques-uns, pressés par le besoin de s'occuper, travaillassent uniquement pour travailler, législateur barbare, au cœur sec, jouant la sensibilité, vous leur auriez ôté la plus grande douceur du travail! Jetez les yeux sur cet homme riche et sans enfants, que la nature a privé de cette satisfaction profonde, quelquefois si douloureuse par cela même qu'elle est si vive, voyez son vide, son désenchantement, ses dégoûts, à mesure qu'il avance dans la vie. Le soir, quand il a fermé ses caisses, compté ses trésors, il ne sait quoi faire, et s'il lui reste un moment à donner à la réflexion, c'est pour se demander comment il emploiera ces richesses si péniblement amassées. Mais il est fatigué de sa journée, il s'endort, se réveille, recommence le lendemain à travailler, s'étourdit par le gain, et, le soir venu, éprouve le même vide que la veille. Alors il s'adresse à un frère, à une sœur, leur demande les enfants qu'ils ont engendrés, les adopte, les approche de son cœur, essaye de les aimer, de se faire illusion, de se persuader qu'il les a engendrés lui-même. Ou bien, s'il n'a pas de neveux, il va quelquefois s'adresser à une pauvre femme des champs, pour lui emprunter un objet d'amour qui serve de but aux efforts de sa vie!

Ce vide de l'homme privé d'enfants serait donc le sort de tous ceux qui, par habitude ou besoin de s'occuper, arroseraient la terre de leurs sueurs, et travailleraient à enrichir la société? Mais c'est là une vaine illusion. Dans votre société glacée, toutes les ardeurs seraient éteintes, toutes les émulations bornées, vous n'auriez pas de ces ambitions qui s'embrasent du feu qui les entoure. L'homme n'ayant plus que lui-même pour but, s'arrêterait au milieu de sa carrière, dès qu'il aurait acquis le pain de sa vieillesse, et comme je vous le disais, de peur de produire l'oisiveté du fils, vous auriez commencé par ordonner l'oisiveté du père!

Est-il vrai d'ailleurs qu'en permettant la transmission héréditaire des biens, le fils soit forcément un oisif, dévorant dans la paresse et la débauche la fortune que lui légua son père? Premièrement, le bien dont vivra l'oisiveté supposée de ce fils, que représente-t-il après tout? Un travail antérieur, qui aura été celui du père, et en empêchant le père de travailler pour obliger le fils à travailler lui-même, tout ce que vous gagnerez c'est que le fils devra faire ce que n'aura pas fait le père. Il n'y aura pas eu un travail de plus. Dans le système de l'hérédité, au contraire, au travail illimité du père se joint le travail illimité du fils, car il n'est pas vrai que le fils s'arrête parce que le père lui a légué une portion plus ou moins considérable de biens. D'abord il est rare qu'un père lègue à son fils le moyen de ne rien faire. Ce n'est que dans le cas de l'extrême richesse qu'il en est ainsi, et j'en parlerai bientôt. Mais ordinairement, dans la plupart des professions, ce n'est qu'un point de départ plus avancé dans la carrière, que le père ménage à son fils, en lui léguant son héritage. Il l'a poussé plus loin, plus haut, il lui a donné de quoi travailler avec de plus grands moyens, d'être fermier quand lui n'a été que valet de ferme, ou d'équiper dix vaisseaux quand il ne pouvait en équiper qu'un, d'être banquier quand il ne fut que petit escompteur, ou bien de changer de carrière, de s'élever de l'une à l'autre, de devenir notaire, médecin, avocat, d'être Cicéron ou Pitt, quand il ne fut lui-même que simple chevalier comme le père de Cicéron, ou cornette de régiment comme le père de M. Pitt. En un mot, il l'a conduit à un point plus avancé de la lice, le bénit en le voyant partir, et meurt heureux en le voyant s'y élancer d'un pas rapide. Le motif qui l'avait poussé à s'y avancer le plus loin possible, pousse son fils à en faire autant. De même qu'il songeait à ses enfants, et à cette idée devenait infatigable, son fils songe aussi à ses propres enfants, et à cette idée devient infatigable à son tour. Dans le système de l'interdiction de l'hérédité, le père se serait arrêté, et le fils également : chaque génération bornée dans sa fécondité, comme une rivière dont on retient les eaux par un barrage, n'aurait donné qu'une partie de ce qu'elle en avait en elle, et se serait interrompue au quart, à la moitié du travail dont elle était capable. Dans le système de l'hérédité des biens, au contraire, le père travaille tant qu'il peut, jusqu'au dernier jour de sa vie; le fils qui était sa perspective en trouve une pareille dans ses enfants, et travaille pour eux comme on a travaillé pour lui, ne s'arrête pas plus que ne s'est arrêté son père, et tous penchés vers l'avenir comme un ouvrier sur une meule, font tourner, tourner sans cesse cette meule d'où s'échappent le bien-être de leurs petits-enfants, et non-seulement la prospérité des familles, mais celle du genre humain.

Concluons : en instituant la propriété personnelle la société avait donné à l'homme le seul stimulant qui pût l'exciter à travailler. Il lui restait une chose à faire, c'était de rendre ce stimulant infini. C'est ce qu'elle a voulu en instituant la propriété héréditaire.

CHAPITRE XI.

DU RICHE.

Que les agglomérations de biens résultant de la propriété tant personnelle qu'héréditaire, composent ce qu'on appelle la richesse, laquelle remplit dans la société plusieurs fonctions indispensables.

Il résulte de la propriété garantie à l'individu et à ses enfants, des accumulations de richesses, plus ou moins promptes, auxquelles une seule génération suffit quelquefois pour se former, lorsqu'il se rencontre un homme heureusement doué, mais auxquelles il en faut ordinairement plusieurs, et il s'élève de la sorte de grandes fortunes, qui attirent les regards comme ces énormes meules de grains placées le long des routes au bord de champs fertiles. Ce spectacle, je le sais, blesse la vue de certaines gens, mais qu'y faire ?

Je répéterai ici ce que j'ai déjà dit ailleurs des premières inégalités de biens provenant, dès le début même des sociétés, de l'inégalité naturelle des facultés humaines, c'est qu'il faut les souffrir, parce que ces parts plus grandes de la richesse générale n'ont été dérobées à personne, que pour les empêcher il aurait fallu arrêter l'homme et lui dire : Ne travaillez pas tant ; et qu'en fin de compte chacun en profite, même l'envieux, car s'il y a plus d'aliments, de vêtements, d'habitations, tous ces objets nécessaires à la vie sont à meilleur marché pour tout le monde.

C'est donc une puissante considération pour laisser faire ces travailleurs obstinés, puisqu'ils ne prennent rien à personne, et qu'ils donnent quelque chose à tous. Reste l'effet aux yeux. Eh bien, si cette richesse offusque les uns, elle excite les autres, les encourage, les soutient, les anime, et la société trouve tant d'avantages à l'encouragement qui en résulte pour la généralité de ses membres, qu'elle doit bien passer sur le dépit inspiré à quelques-uns d'entre eux. Maintenant n'a-t-elle pour souffrir la richesse que ces raisons, qui sont déjà bien bonnes, il me semble? N'en a-t-elle pas d'autres? Il est facile d'en juger.

Sans doute on ne veut pas dans la société un seul travail, le travail manuel. On veut aussi que l'homme puisse appliquer le compas sur le papier, pour mesurer la marche des astres, et apprendre à traverser les mers; on veut qu'il puisse rester penché une partie du jour sur les annales des nations, pour découvrir la cause de la prospérité ou de la chute des empires, et apprendre à les gouverner. Eh bien, ce n'est pas l'homme qui d'un soleil à l'autre demeurera courbé sur le sol ou sur une machine, qui pourra trouver ces loisirs. Quelquefois, il est vrai, un paysan sera Sforce, un ouvrier d'imprimerie sera Franklin, mais ces exceptions sont rares. Ce sont les fils des hommes voués au travail manuel, qui, élevés au-dessus de leur condition par un père laborieux, monteront les

4.

degrés de l'échelle sociale, et parviendront aux sublimes travaux de l'intelligence.

Le père était paysan, ouvrier dans une manufacture, matelot sur un navire. Le fils, si le père a été laborieux et économe, le fils sera fermier, manufacturier, capitaine de navire. Le petit-fils sera banquier, notaire, médecin, avocat, chef d'État peut-être. Les générations s'élèvent ainsi les unes au-dessus des autres, végètent en quelque sorte, semblables à cet arbre qui à chaque retour de la belle saison pousse des rejetons nouveaux, lesquels, frais, tendres et verts comme l'herbe au printemps, prennent à l'automne la couleur et la consistance du bois, puis devenus petites branches l'année suivante se couvrent à leur tour d'autres rejetons, finissent avec le temps par être grosses branches, par remplacer même le tronc principal, et, pareil phénomène se produisant en tous sens, embrassent enfin le sol de leur magnifique ombrage.

Ainsi s'opère la végétation humaine, et peu à peu se forment ces classes riches de la société, qu'on appelle oisives, qui ne le sont pas, car le travail de l'esprit vaut le travail des mains, et doit lui succéder, si on veut que la société ne reste point barbare. Je reconnais que parmi ces riches, il y en a qui, indignes fils de sages pères, la nuit au milieu des festins, entourés de courtisanes, enivrés de boissons qui troublent leur esprit, consomment dans l'oisiveté et la débauche, leur jeunesse, leur santé, leur fortune. Cela n'est que trop réel ; mais ils seront bientôt punis. Leur jeunesse flétrie avant le temps, leur fortune détruite avant le terme de leur carrière, ils passeront tristes, défigurés et pauvres, devant ces palais que leur avaient légués leurs pères, que leur folle prodigalité aura livrés aux mains de riches plus sages, et en une génération on aura vu le travail récompensé dans le père, l'oisiveté punie dans le fils! O envie, implacable envie, n'êtes-vous pas consolée?

D'ailleurs les enfants du riche sont-ils tous oisifs, débauchés, dissipateurs? Il est bien vrai qu'ils ne travaillent pas comme celui qui laboure, file ou forge. Mais encore une fois, n'y a-t-il donc que le travail des mains? Ne faut-il pas, je le répète, qu'il y ait des hommes voués à étudier la nature, à découvrir ses lois pour en user au profit de l'espèce humaine, pour apprendre à employer l'eau, le feu, les éléments, pour apprendre à constituer, à gouverner les sociétés? Il est encore vrai que ce n'est pas le riche qui fait le plus souvent ces sublimes découvertes, bien que ce soit lui quelquefois; mais c'est lui qui les encourage, c'est lui qui contribue à former ce public instruit pour lequel travaille le savant modeste et pauvre, c'est lui qui a de vastes bibliothèques, c'est lui qui lit Sophocle, Virgile, Dante, Galilée, Descartes, Bossuet, Molière, Racine, Montesquieu, Voltaire. Si ce n'est lui, c'est chez lui, autour de lui, qu'on les lit, les goûte, les apprécie, et qu'on réunit cette société éclairée, polie, au goût exercé et fin, pour laquelle le génie écrit, chante et couvre la toile de couleurs! Quelquefois ce riche est lui-même un bon juge, quelquefois il est aussi l'un de ces esprits éminents qui ne se bornent pas à jouir des œuvres du génie, mais qui en produisent d'éclatantes. Il est le riche Salluste, le riche Sénèque, le riche Montaigne, le riche Buffon, le riche Lavoisier, il est aussi l'homme d'État éminent qui préside aux destinées de sa patrie.

Ainsi, un simple filateur de coton accumule des richesses immenses; il est Anglais et s'appelle Peel. Consacrant sa vie à ses ateliers, il est peu versé dans la connaissance des affaires d'État, mais il prodigue à son fils tous les genres de savoir, et ce fils s'élevant au-dessus de son père, joignant aux connaissances les plus étendues l'influence de la fortune, devient l'un des premiers hommes d'État d'Angleterre, et se plaçant entre les vieilles races et les nouvelles, gouverne sa patrie avec un heureux mélange d'esprit ancien et d'esprit nouveau. Est-ce donc un spectacle odieux, que celui d'un père qui, après avoir employé ses facultés d'une manière lucrative, fournit à son fils le moyen de les employer d'une manière moins lucrative, mais plus noble et plus élevée? N'est-il pas bon, n'est-il pas nécessaire qu'après l'un de ces emplois vienne l'autre? Laissez-moi vous citer encore d'autres exemples qui en leur temps dépitèrent bien des envieux!

Dans la république la plus féconde en richesses et en chefs-d'œuvre, car elle donna au monde Dante, Pétrarque, Boccace, Machiavel, Galilée, Ghiberti, Brunelleschi, Léonard de Vinci, Michel-Ange, dans cette république qui répandit en Europe le drap, la soie, le velours, l'orfévrerie, le florin, le crédit, il y eut une famille de marchands illustres, qui ont légué leur nom à l'un des trois grands siècles de l'humanité, les Médicis! Trouvez-vous bien mauvais les exemples qu'ils ont donnés au monde?

Jean de Médicis, en 1400, fonda la fortune de sa famille. Doux, prudent, laborieux, possédant au plus haut degré le génie du négoce, il amassa des richesses immenses, et répugnant comme un sage aux affaires publiques, même un peu mélancolique suivant Machiavel, il conseilla à ses enfants de ne jamais s'approcher du gouvernement. Souvenez-vous, leur dit-il à son lit de mort, que je ne suis jamais allé au *palais vieux* (c'était le palais du gouvernement) qu'après y avoir été appelé (*che chiamato*).

Ses conseils furent heureusement peu suivis. Son fils, Côme, entouré des plus savants maîtres, instruit dans les sciences, les arts, la politique, doué d'un génie hardi, se mêla, malgré les avis de son père, aux affaires publiques, fut proscrit, rappelé avec enthousiasme, ne gouverna pas, mais influença trente années la république florentine, fit bâtir par Michelozzo le ravissant palais de sa famille (1), vécut avec Masaccio, Brunelleschi, Ghiberti, Donatello, le Pogge, fonda des écoles de grec à Florence, accrut encore la fortune de sa famille, et toutefois en étant politique et savant resta négociant. Ce négociant cependant

(1) Le palais Ricardi.

quittait son comptoir à certaines fêtes, pour aller dans la charmante retraite de Caffagiolo, y lire, devinez quoi! y lire des Dialogues de Platon, que le Pogge lui avait traduits, et qu'il avait payés par une grosse somme d'or. Son fils Pierre lui survécut à peine, et la gloire de sa maison passa à son petit-fils, à celui que la postérité n'a cessé d'aimer, d'admirer, sous le nom de Laurent le Magnifique. Celui-là, plus désobéissant encore aux conseils de son aïeul, négligea tout à fait le commerce, et ne fut que savant et politique. Élevé avec Politien et Pic de la Mirandole, poëte, chevalier, excellant dans tous les exercices du corps, laid comme Socrate et séduisant comme Alcibiade, homme d'État aussi sage que négociateur irrésistible, il sauva sa patrie menacée d'une coalition générale, lui ramena, lui soumit par la douceur de sa domination toutes les cours d'Italie, les fit vivre quinze ans dans un repos profond, que les historiens italiens ont appelé l'âge d'or de leur patrie, écrivit des vers exquis, fit rechercher et découvrir dans l'Europe entière les plus précieux manuscrits grecs et latins, les plus belles statues antiques, donna Michel-Ange au monde; charma, éblouit par sa magnificence les princes italiens qu'il avait attirés à Florence dans l'intérêt de la concorde générale, pensa à tout excepté à sa fortune, la prodigua, la compromit, mais si notoirement dans l'intérêt général, que Florence reconnaissante déclara confondus le trésor des Médicis et celui de la république, mourut enfin emportant le bonheur de sa patrie dans la tombe, car la prudence qui la rendait heureuse descendue avec lui au cercueil, Français, Allemands se jetèrent en Italie, la ravagèrent pendant un demi-siècle, et la firent ce qu'elle est encore, c'est-à-dire esclave.

Aurait-il mieux valu que ce beau phénomène de transmission héréditaire n'existât point? Que la fortune des Médicis étant arrêtée à Jean, Côme eût été obligé d'employer sa vie à la recommencer; qu'arrêtée de nouveau à Côme, Laurent eût été obligé de la recommencer encore, et qu'aucun d'eux n'eût trouvé le temps de cultiver les arts, les lettres et la politique?

Ces agglomérations de fortune, conséquence forcée du travail indéfiniment excité, procurent donc les loisirs nécessaires à la culture des hautes sciences. Elles forment cette région sociale où l'esprit ne naît pas toujours, où il naît quelquefois, mais où il a besoin d'habiter, pour être goûté, excité, encouragé. Ainsi, dans ses profondes combinaisons, la nature livrée à elle-même fait qu'une convenance des choses répond à mille autres. Il faut que l'homme qui travaille ait la faculté de devenir riche, pour avoir un but à ses efforts, et en même temps en devenant riche il crée pour ses fils les loisirs de l'esprit. Ainsi dans l'univers tout se tient, se soutient, contraste sans se contredire, forme mille reflets harmonieux, comme dans un tableau coloré par une main habile et savante.

Est-ce là tout le rôle du riche? Le fils enrichi par le

travail de son père a non-seulement de beaux livres et de beaux tableaux, mais un palais meublé d'étoffes somptueuses, des tables abondamment servies, des chevaux fougueux, des chars élégants! Dites-nous, ô philosophes de l'envie, faut-il de toutes ces choses dans une société? Êtes-vous quakers, haïssant tout ce qui brille, n'aimant que le blanc et le noir, peut-être le gris comme seule variété permise, ou bien admettez-vous qu'il faille dans les produits de toute société, la variété dans l'abondance, la finesse, l'élégance, la beauté, enfin?

Quels que soient vos penchants personnels, que je soupçonne n'être pas ceux des quakers, permettez-moi de vous faire connaître la loi de toute production. Si on ne produit pas beaucoup, on produit mal et chèrement, et si on produit beaucoup, on produit plus ou moins bien, par suite de l'inégalité des facultés humaines, cause toujours agissante. Généralement on commence par produire mal, ensuite médiocrement, pour finir par produire bien, très-bien, puis encore mieux; et tandis qu'on s'avance de la sorte, on le fait en gardant toujours cette distance inévitable du produit inférieur au produit moyen, du produit moyen au produit supérieur. Ou il ne faut pas de progrès, ou il faut ces trois termes. Ou il faut la vallée de Tempé, habitée par des pâtres mangeant la chair de leurs troupeaux, tissant leur laine, pâtres que les poëtes disent innocents, que je vous déclare, moi, très-grossiers, souvent livrés à d'ignobles vices, ayant leurs Caïn s'ils ont leurs Abel, et leurs pauvres aussi cent fois plus hideux que ceux de Londres et de Paris, car ce sont ces crétins portant à leur cou les insignes de la misère physique, et sur leurs traits idiots les signes de la misère morale : ou il faut, dis-je, cette vallée de Tempé, ou il faut, au contraire, une société sans cesse en mouvement, et dans laquelle se trouvent, je le répète, trois termes inévitables : le produit inférieur, le produit moyen, le produit supérieur. Cette société veut-elle faire des progrès? Elle est contrainte à n'aller que de l'un de ces termes à l'autre. Veut-elle du bon marché? Il est encore indispensable que les trois se combinent, pour que le bon marché résulte de la réversion des frais du premier sur le second, du second sur le troisième. S'agit-il, par exemple, de la production agricole? Le froment, le seigle, la pomme de terre se succédant sur la terre pour n'en laisser aucune partie improductive, se prêtent un secours mutuel. Le haut prix du froment permet à l'agriculteur de vendre le seigle à plus bas prix ; le prix moyen du seigle permet de livrer la pomme de terre à plus bas prix encore. S'agit-il de la production manufacturière, même réciprocité de secours. Il y a cinquante ans, lorsqu'on introduisit la filature du coton en France, on fabriqua d'abord mal et chèrement, puis un peu moins mal et moins chèrement, enfin très-bien et à bon marché. On continue en filant plus finement le fin, le moyen, le gros, et en les donnant chaque jour à meilleur marché, grâce à la réversion de frais qui s'opère des uns sur les autres. Même phénomène pour ces élégants tissus de laine, qu'autrefois on allait chercher dans les vallées du Thibet, qui ne figuraient, il y a un demi-siècle, que sur les nonchalantes épaules de la femme opulente, qui aujourd'hui sont descendus sur celles de la femme simplement aisée, et ont permis au tissu de mérinos de recouvrir la modeste femme de l'ouvrier. Si on ne produisait pas le beau tissu de cachemire, on ne pourrait pas produire à bas prix celui de mérinos dont la femme de l'ouvrier se pare les jours de fête. Les beaux et rapides chevaux de pur sang, sur lesquels le fils dissipé du riche s'enfuit au galop à travers les allées d'un parc, dédommagent l'agriculteur d'avoir élevé le cheval moins élégant sur lequel montent nos braves cavaliers, ou le cheval grossier qui traine la charrue. Mais ces produits plus recherchés, plus fins, plus rares, qui les payera, s'il n'y a des accumulations de fortune dans quelques mains heureuses, que le travail présent ou passé a enrichies? La richesse, la médiocrité, la pauvreté s'entr'aident ainsi, et payent moins cher, parce qu'elles payent ensemble les divers états de l'industrie humaine.

Sans doute il vaudrait mieux qu'il y eût du pur froment pour toute bouche à nourrir, du cachemire pour toute femme à vêtir, le beau coursier d'Arabie pour tout cavalier à monter! Ah! que ne dépend-il de nous de nourrir des meilleurs aliments, de vêtir des plus beaux tissus, de loger dans les plus saines demeures, ce peuple que nous aimons beaucoup plus que ceux qui le flattent, dont nous apprécions le simple et naïf bon sens, quand on ne l'a pas corrompu!

Mais cela est-il au pouvoir de la science ancienne ou moderne?

Dieu, Dieu, ce grand coupable, a voulu que l'homme commençât sur cette terre par le gland, pour finir, à force de travail, par le pain de froment, et il nous semble que, s'il a voulu faire du bien-être le prix du travail, et de la vie une épreuve, il est permis de s'incliner devant la profondeur d'un tel dessein.

Ces aliments choisis, ces vêtements beaux et sains que vous enviez au riche, le pauvre les aura un jour; oui, il les aura moyennant que la société travaille longtemps encore. Vaine promesse! dira-t-on. Pas si vaine, si on en juge d'après le passé. Il y a trois ou quatre siècles, les rois, dans leurs donjons, avaient de la paille sous les pieds. Aujourd'hui, le plus simple commerçant, dans l'intérieur de sa demeure, marche sur des tissus de laine émaillés de fleurs. Pour qu'il en fût ainsi, la société a travaillé des siècles. Qu'elle travaille encore, et ce qui n'appartient qu'au riche sera le lot du pauvre. Mais quand la société sera parvenue à ce point, le tissu fin sera plus fin encore, et il faudra toujours la richesse, l'aisance, la médiocrité (qui ne sera plus la pauvreté, j'espère) pour correspondre aux trois états de toute industrie humaine, pour payer le produit supérieur, moyen et inférieur, car l'industrie en progrès est comme une colonne en marche, elle a toujours une tête, un centre, une queue.

Voyez ce qui arrive au milieu des grandes perturbations politiques et sociales. Plus menaçantes pour le riche que pour le pauvre, elles effrayent le premier, l'éloignent de toutes les jouissances du luxe, et à l'instant toute prospérité s'arrête. On crie, on s'emporte contre le riche, on veut l'accabler d'impôts ; on frappe tout ce qui lui ressemble dans les hauts fonctionnaires de l'État, on réduit tous les traitements, et la misère ne fait que s'accroître à mesure que la consommation des objets de luxe s'interrompt plus complétement. Alors on s'écrie qu'il faut secourir l'industrie, on en cherche les moyens, et on dépense en secours donnés à telle ou telle manufacture, en primes à l'exportation dont l'étranger profite seul, deux, trois fois plus qu'on n'a gagné de millions par des impôts mal assis, ou des réductions mal entendues. On se voit donc obligé de refaire, mal, incomplétement, ce qu'il aurait suffi de laisser exister, et on ressemble à ces enfants qui, entraînés par le penchant à détruire, veulent replanter après coup les plantes qu'ils ont arrachées du sol, ou rappeler à la vie l'animal inoffensif qu'ils ont tué.

Je n'ai pas dit encore toutes les fonctions de la richesse dans la société. Elle a un autre rôle que celui d'acheter ces produits raffinés dont la production et la consommation sont indispensables : elle seule peut fournir des capitaux au génie inventeur, génie hardi, téméraire, exposé à se tromper souvent, et à ruiner ceux qui le commanditent. Voici, par exemple, une invention nouvelle, qui doit changer la face du monde : son inventeur la prône, et la donne pour ce qu'elle est, pour une merveille. Mais bien d'autres en ont dit autant des inventions les plus ridicules. Il faut essayer, risquer de grands capitaux, et pour risquer pouvoir perdre. Le pauvre, l'homme aisé lui-même, le peuvent-ils? L'appât du gain les tente quelquefois, et ils perdent à ces témérités le modeste fruit de leurs économies. Loin de les y exciter, on doit les en décourager au contraire. Mais le riche qui a beaucoup plus qu'il ne lui faut pour vivre, le riche peut perdre, dès lors peut risquer, et tandis qu'il est livré aux dissipations d'une société élégante, ou aux agitations de la politique, ou aux distractions des voyages, laissant ses capitaux accumulés chez le banquier en crédit, il lui confie son superflu qui sert à encourager les entreprises nouvelles. Il perd ou gagne à ces entreprises. Il est peu à plaindre s'il perd. Il devient plus riche s'il gagne, et peut encourager un autre génie plus hardi encore.

Ainsi cette inégalité de richesses, qui répond déjà aux besoins de l'industrie humaine toujours inégale dans ses produits, a seule aussi le moyen d'être hardie comme le génie. Il lui reste un dernier rôle, qui complète son sort en ce monde, et cette fois, ô cruelle envie, vous ne l'aimerez pas davantage, mais vous serez du moins condamnée au silence! Elle peut être bienfaisante. Oh! sans doute, le riche, qui souvent est un oisif, un dissipateur, vice qu'il expie bientôt par la misère, qu'il expie cruellement, car le pauvre a du moins des bras, et lui n'en a pas, le pauvre n'a pas de honte, et lui en est dévoré, le riche aussi a quelquefois un cœur sec, indifférent à l'infortune, et il ne demeure pas impuni ; car, outre qu'il est privé des plus douces jouissances qui existent sur la terre, il est poursuivi par la plus juste, par la plus cruelle haine qu'on puisse inspirer aux hommes, la haine contre le riche avare et insensible. Mais il est bienfaisant quelquefois, et alors il quitte ses palais pour aller visiter la chaumière du pauvre, bravant la saleté hideuse, la maladie contagieuse, et quand il a découvert cette jouissance nouvelle, il s'y passionne, il la savoure, et ne peut plus s'en détacher. Supposez toutes les fortunes égales, supposez la suppression de toute richesse et de toute misère, personne n'aurait moyen de donner, mais personne, suivant vous, n'aurait besoin qu'on donnât, ce qui est faux. En supposant même que cela fût vrai, vous auriez supprimé la plus douce, la plus charmante, la plus gracieuse des vertus de l'humanité ! Triste réformateur, vous auriez gâté l'œuvre de Dieu, en la voulant retoucher. Laissez-nous, je vous en prie, laissez-nous le cœur humain, tel que Dieu nous l'a fait. Sans doute si, pour avoir la satisfaction de voir des riches bienfaisants, nous avions créé des pauvres à plaisir, vous auriez raison de dire qu'il vaut mieux qu'il n'y ait pas de pauvres, dût-il ne pas y avoir des riches capables de donner. Mais n'oubliez pas que ce riche n'a pas fait pauvres ceux qui le sont, que s'il n'était pas devenu riche, c'est-à-dire si ses pères n'avaient ajouté par leur travail à la richesse générale, les pauvres seraient plus pauvres encore, et que son adorable bienfaisance pour pouvoir se montrer généreuse envers le malheur, n'a pas commencé par lui prendre afin de pouvoir lui donner. Dans cette marche incessante vers un état meilleur, le travail qui a réussi vient au secours du travail qui n'a pas réussi, et la richesse qui peut avoir tous les vices, mais qui peut aussi avoir toutes les vertus, soutient la pauvreté. Elles marchent appuyées l'une sur l'autre, se procurant des jouissances réciproques, et formant un groupe cent fois plus touchant à voir que votre pauvreté seule à côté d'une autre pauvreté, se refusant mutuellement la main, et privées de deux sentiments exquis, la charité et la reconnaissance.

Encore une observation sur ce sujet, et je ne vous parlerai plus du riche. Ces accumulations de richesse, si apparentes aux yeux, ne sont ni aussi nombreuses ni aussi considérables qu'on l'imagine, et s'il prenait la fantaisie de les partager, on aurait procuré une bien petite portion aux copartageants. On aurait détruit l'attrait qui fait travailler, le moyen de payer les hauts produits du travail, effacé en un mot le dessein de Dieu, sans enrichir personne. En effet, croyez-vous que les riches soient bien nombreux, et qu'ils soient bien riches? Ils ne sont ni l'un ni l'autre. Personne n'a compté les fortunes dans une société ; mais dans un État comme la France, où l'on suppose douze millions de familles, en comptant trois individus par famille, on sait qu'il existe deux millions de familles qui ont à peine le nécessaire, et souvent même en sont privées ; six millions qui ont le nécessaire, trois millions qui ont l'aisance, près d'un million qui ont un commencement d'opulence, et tout au plus deux ou trois centaines qui possèdent l'opulence elle-même. Supposez un partage égal, on ne disputera rien à ceux qui jouissent du nécessaire, on pardonnera peut-être à la simple aisance, même à la fortune qui commence, mais si on prenait la fortune des trois cents qui ont l'opulence véritable, on ne payerait pas la moitié des dépenses de l'État pendant une année. On n'aurait pas ajouté une quantité appréciable au bien-être des masses, et on aurait supprimé le stimulant qui, en excitant le travail, produit l'amélioration de leur sort. Ces accumulations qui brillent aux yeux, qui en brillant contribuent à exciter l'ardeur au travail, qui servent à acheter les produits les plus raffinés d'une industrie en progrès, quelquefois à se répandre comme un baume bienfaisant sur le travail moins heureux, ces accumulations réparties sur la masse ne lui procureraient rien, et auraient détruit tous les mobiles qui, en excitant l'homme à travailler, ont amené le meilleur état de l'espèce humaine. Il est bien certain qu'aujourd'hui le peuple est moins indigent qu'il y a quelques siècles; que les famines, par exemple, n'emportent plus des générations entières; que le peuple mieux nourri, mieux vêtu, mieux logé (sans l'être aussi bien qu'on devrait le désirer), n'est plus exposé aux contagions résultant de la malpropreté, de la misère, comme en Orient ou au moyen âge. Comment cela s'est-il fait? Par l'ardeur que dans tous les siècles on a mise à devenir riche. Détruisez la richesse, et le travail cesse avec le stimulant qui l'excitait. Vous n'avez pas ajouté un millième peut-être à l'aisance actuelle de tous, et vous avez détruit le principe qui en cinquante ans peut la doubler ou la tripler. Vous avez, ainsi qu'on l'a dit, tué la poule aux œufs d'or.

Souffrez donc ces accumulations de richesses, placées dans les hautes régions de la société, comme les eaux, qui destinées à fertiliser le globe, avant de se répandre dans les campagnes en fleuves, rivières ou ruisseaux, restent quelque temps suspendues en vastes lacs au sommet des plus hautes montagnes.

CHAPITRE XII.

DU VRAI FONDEMENT DU DROIT DE PROPRIÉTÉ.

Qu'il résulte de tout ce qui précède, que le travail est le vrai fondement du droit de propriété.

Que résulte-t-il de toutes ces déductions dont la chaîne ne me paraît interrompue nulle part? Le voici, ce me semble :

L'homme, jeté *nu sur la terre nue*, passe de la misère à l'abondance par l'exercice des facultés puissantes que Dieu lui a données.

Ces facultés composent une première propriété inséparable de lui ; de leur exercice naît une seconde propriété, consistant dans les biens de ce monde, moins adhérente à son être, mais plus respectable, s'il est possible, car la première lui vient de la nature, et celle-ci de son travail, et, par cela même qu'elle est moins adhérente, ayant besoin d'être formellement garantie par la société, pour que l'homme certain de posséder le fruit de ses efforts travaille avec confiance et avec ardeur.

Cette propriété acquise, garantie par la société, a pour conséquences nécessaires le don et l'hérédité, car le don est l'une des manières forcées d'en user, car l'hérédité résulte à son tour du don et de la nature, ne peut être empêchée par aucun moyen, et complète le système de la propriété, en créant au travail un stimulant infini au lieu d'un stimulant insuffisant et borné.

De la transmission héréditaire proviennent de nouvelles inégalités acquises, qui, s'ajoutant aux inégalités naturelles, produisent certaines accumulations qu'on appelle la richesse. Ces accumulations n'ont rien de contraire à l'équité, car elles n'ont été dérobées à personne, contribuent à l'abondance commune, servent à payer les produits les plus élevés de toute industrie perfectionnée, sont le moyen de la bienfaisance, et, nées du travail, se dissipant et périssant par l'oisiveté, présentent l'homme récompensé ou puni par la plus infaillible des justices, celle du résultat.

Tel est l'historique exact de la manière dont les choses se passent dans la société, relativement au travail et à la propriété. Qu'y voyons-nous? Qu'il faut que l'homme travaille, travaille sans mesure, sans fin ; qu'en travaillant même immodérément, suivant toutes ses facultés, il se fait du bien à lui et aux autres, il acquiert une abondance qui rejaillit sur tous, que par conséquent la propriété personnelle qui lui crée un but, mais un but limité, et la propriété transmissible héréditairement qui lui crée un but illimité, sont une nécessité sociale.

La propriété, que nous avions, en commençant cette chaîne de déductions, envisagée comme un fait général, est donc un fait non-seulement général, mais légitime et nécessaire.

Que faut-il de plus pour être fondé à dire, en parlant de la propriété, qu'elle est un droit, un droit sacré, comme la liberté d'aller et de venir, la liberté de penser, de parler et d'écrire?

Par exemple, j'ai besoin de me mouvoir, car je ne puis vivre sans me mouvoir : n'en aurais-je pas le désir en ce moment, l'idée que je ne le puis pas, que je suis enfermé dans les murailles d'une ville, ou dans les vastes forêts du Paraguay, serait pour moi un supplice ; et la société, avant d'être civilisée, reconnaît comme une habitude naturelle, après qu'elle est civilisée, comme un droit écrit, la liberté d'aller et de venir, et elle l'appelle liberté individuelle.

J'ai un esprit qui perçoit les rapports des choses, les rapports des États avec le monde, des citoyens avec l'État lui-même, qui en juge sainement, qui en peut parler d'une manière utile, qui le fera d'autant mieux qu'il le pourra plus librement, à qui il serait insupportable de se taire sur ce sujet, qui braverait les fers, la mort peut-être, si on voulait l'en empêcher ; et, considérant l'utilité pour l'individu et pour l'État de laisser ce penchant se produire, la société déclare, quand elle est civilisée, que la liberté de penser et de manifester sa pensée est un droit, un droit sacré.

L'observation de ces faits a suffi pour qu'on dît : Il y a droit.

La convenance, sous le rapport de l'équité, de laisser à l'homme le fruit de son travail, l'intérêt, sous le rapport de l'utilité sociale, que ce travail soit actif, énergique, infini, doivent évidemment lui en faire garantir les produits, et la société est tout aussi fondée à proclamer la propriété comme un droit, qu'elle l'a été à proclamer comme droits les libertés diverses dont se compose la liberté humaine.

La société civilisée ayant consacré par écrit le droit de propriété, qu'elle avait trouvé existant sous forme d'habitude dans la société barbare, l'ayant consacré dans le but d'assurer, d'encourager, d'exciter le travail, on peut dire que le travail est la source, le fondement, la base du droit de propriété.

Mais si le travail est le fondement du droit de propriété, il en est aussi la mesure et la limite, ce qui ressort avec clarté et précision de l'exemple qui suit :

J'ai défriché un champ où il ne poussait que des ronces, je l'ai enclos, planté, arrosé, couvert de bâtisses ; ou, ce qui revient au même, je l'ai acquis en donnant en échange d'autres objets provenus de mon travail. La société m'en assure, quoi? La surface, théâtre de ces travaux de défrichement, de clôture, de plantation, d'arrosage, de construction, la surface, et rien de plus. Elle me la donne, car elle ne peut pas faire autrement. Comment, en effet, pourrait-elle me garantir le fruit de mes labeurs, si elle ne m'assurait la tranquille possession de cette surface où coulent ces eaux, sur laquelle reposent ces murs, tout autour de laquelle serpentent et végètent les racines de ces arbres? Il le faut bien, et elle ne peut permettre à un autre de semer sur mes moissons, de planter à côté de mes arbres. Mais mon travail ne s'étend pas au delà du soc de ma charrue, au delà des racines de mes arbres, au delà de la sonde avec laquelle je vais chercher l'eau de mon puits, et dès lors ma propriété s'arrête où s'est arrêté mon travail. Cependant au-dessous de cette surface dont on m'a garanti la possession, il y a des profondeurs remplies d'un métal, le fer, qui sert à tous les ouvrages difficiles, d'un autre métal, l'argent, qui sert à tous les échanges, d'un minéral, la houille, qui sert aujourd'hui à produire la force. Le fond, pouvant devenir le théâtre d'un nouveau travail, devient en même temps le théâtre d'une nouvelle propriété; et, sous la surface, qui est au laboureur, se forme une autre possession, qui appartient au mineur. La société pose des règles pour la sûreté et la commodité de tous les deux. Mais, à côté de l'un, elle place l'autre, et la terre, loin d'être un théâtre d'usurpation, est ainsi le théâtre d'un double labeur, l'un à sa surface, l'autre dans ses plus profondes entrailles. De la sorte, aucune partie de cet univers n'est prodiguée à qui ne la travaillerait pas : à l'un le dessus, à l'autre le dessous; à chacun pour le travail, à cause du travail, dans la mesure du travail.

On peut donc le dire dogmatiquement (car il est permis d'être dogmatique après avoir démontré), le fondement indestructible du droit de propriété, c'est le travail.

Soit, me dira-t-on; quand ce travail est l'origine vraie de la propriété, nous n'avons rien à reprendre dans ce qui existe. Ce fondement est si naturel, si légitime, qu'il n'y a rien à objecter, et que toute démonstration devient oiseuse.

Mais le travail est-il toujours ce fondement? Ne voyez-vous pas tous les jours, en fait de fortunes mobilières, des capitaux immenses accumulés dans certaines mains par la fraude, le jeu, les spéculations les plus folles ou les plus criminelles? Ne voyez-vous pas, en fait de propriété immobilière, la plupart des terres aux mains d'hommes qui, avec un argent mal acquis, les achetèrent d'un fils, qui lui-même les tenait de son père, seigneur féodal enrichi de confiscations? En y regardant bien, vous verrez la fraude ou la violence figurer à l'origine de la propriété, plus souvent que le travail; et, à la limite de chaque champ, au lieu de placer le dieu Terme, si respecté des Romains, n'y faudrait-il pas placer le dieu Mercure, avec son caducée et ses ailes, employés à tromper et à fuir?

Mais, ajoute-t-on, en supposant que l'origine de la propriété soit aussi respectable que vous le prétendez, n'y a-t-il pas de graves inconvénients attachés à son extension croissante? En lui permettant de s'étendre à toutes choses, terres, capitaux, outils, machines, matières premières, argent, n'arrive-t-il pas que le monde est un lieu envahi, où il n'y a plus place pour personne, un théâtre, comme disait Cicéron, où tous les siéges sont retenus d'avance? Et si ce théâtre n'était qu'un lieu de plaisir, on pourrait se résigner peut-être, bien que le plaisir soit aussi le droit de tous, mais ce théâtre, c'est la vie ! Même en voulant travailler, l'ouvrier n'y trouve plus à exister, car terres, capitaux, tout appartient à un petit nombre de détenteurs implacables, qui ne donnent les instruments du travail qu'à des conditions auxquelles l'homme laborieux ne saurait vivre.

Ainsi l'origine réelle de la propriété démentant son origine théorique ;

L'invasion de la terre et des capitaux s'étendant sans cesse au profit de quelques-uns, au détriment de tous ;

Voilà deux objections des philosophes du temps auxquelles je vais répondre dans les deux chapitres qui suivent. J'espère que ces vains nuages se dissiperont devant la vérité, ainsi qu'une légère vapeur devant un soleil d'été.

CHAPITRE XIII.

DE LA PRESCRIPTION.

Que si la fraude et la violence sont quelquefois l'origine de la propriété, la transmission pendant quelques années, sous des lois régulières, lui rend le caractère respectable et sacré de la propriété fondée sur le travail.

A côté des hommes qui acquièrent leurs biens par le travail, quelques individus usurpent leurs biens par la fraude ou par la violence, et cet attentat serait un titre contre tous, contre ceux qui ont travaillé comme contre ceux qui n'ont pas travaillé! Une telle conclusion ne serait pas soutenable. Qu'y a-t-il à faire dans ce cas? De meilleures lois, plus sévères, mieux concertées, pour distinguer entre ceux dont la possession remonte à un travail et ceux dont la possession a pour origine une usurpation. Faudrait-il donc que l'on renonçât à consacrer la propriété, à la protéger, à la garantir, parce qu'elle est quelquefois exposée à des violations? La vie de l'homme aussi est menacée souvent, même atteinte : faudrait-il donc permettre l'assassinat parce qu'on ne peut pas toujours l'empêcher? Sans doute dans l'opulence de celui-ci ou de celui-là, dans ses châteaux ou ses terres, se cache peut-être une fraude ancienne, connue ou seulement suspectée, comme au milieu de ces campagnes riantes d'Italie ou d'Espagne, se trouve çà et là une croix, que les habitants placèrent en expiation d'un horrible assassinat. Cela est affligeant assurément, et digne d'une énergique répression : est-ce une raison pour que dans ces belles campagnes et chez ceux qui les cultivent je ne voie que des assassins, et que dans ce Guadalquivir, dans ce Volturne, qui coulent avec tant de grâce, je ne voie que des flots de sang?

Vous parlez de cet antre du jeu qu'on appelle la Bourse, où se forment et se détruisent si vite, autrement que par le travail, des fortunes colossales. Il en est quelquefois ainsi, mais ceux qui ne font qu'y paraître pour disparaître, en emportent rarement des trésors. Ce qu'ils ont gagné en un jour par le hasard, ils le perdent de même, et pour ceux qui ne font pas des effets publics un commerce sérieux et légitime, un travail de toute leur vie, la fortune, cruelle en ses caprices, les élève un moment, pour les laisser retomber ensuite de toute la hauteur à laquelle elle les avait portés dans ses perfides bras. La seule question est de savoir s'il peut y avoir dans ce lieu si mal famé un commerce légitime auquel la société permette d'appliquer sa peine et son temps. Mais y a-t-il à ce sujet un doute sérieux à concevoir? Ne faut-il pas que le gouvernement emprunte quand la limite de l'impôt est atteinte? ne faut-il pas que par l'emprunt il rejette sur l'avenir les charges qui profiteront à l'avenir, et que le présent ne peut plus supporter? ne faut-il pas que les vastes entreprises destinées à changer la face du sol, et qui exigent des capitaux immenses, se divisent en petites parts qu'on appelle *actions,* et soient mises à la portée de tous les capitalistes? ne faut-il pas que ces parts divisées des emprunts, ou des grandes entreprises, se vendent et s'achètent dans un marché public, comme toute autre marchandise? n'est-il pas indispensable que des spéculateurs, épiant les variations infinies de ces valeurs, accourent pour les acheter quand elles baissent, et les relèvent ainsi de leur discrédit? Ces variations augmentent dans les temps difficiles, et provoquent des jeux, de même que le blé, matière si respectable, devient dans les temps de disette le sujet de spéculations folles. Allez-vous par ce motif proscrire le commerce des grains? Ne distinguez-vous pas celui qui fait un commerce sérieux, utile et suivi, de celui qui ne se livre qu'à un jeu passager? Ne distinguez-vous pas le grand banquier qui contribue à fonder le crédit d'un État, du spéculateur vulgaire qui demande à un hasard une opulence de quelques jours? N'est-ce pas le cas de tous les genres d'industrie et de commerce? Que direz-vous de cette masse de richesses mobilières qui s'acquièrent en tissant du fil, de la laine, du coton, de la soie, en fabriquant des machines, en couvrant la mer de vaisseaux, en allant chercher sous un autre hémisphère des produits qui se vendront dans le nôtre? Empêcherez-vous que tel commerçant avisé ne calcule ce que l'abondance des récoltes dans l'Inde ou l'Amérique, ce que la guerre de tel peuple avec tel autre, pourront produire de variations dans les prix en Europe, et ne gagne ou ne perde des sommes considérables à ces calculs faits sur le sucre, sur le coton ou la soie ? C'est là l'inévitable condition du commerce, et l'opinion publique, observant tous les jours celui qui opère ainsi, lui donne ou lui retire ces forces précieuses, qui à la longue sont la cause véritable de la fortune beaucoup plus que le bonheur, et qu'on appelle l'estime, la considération, le crédit.

On parle de la terre, des usurpations au moyen desquelles elle est successivement arrivée aux mains de ceux qui la possèdent! Il est bien vrai qu'à l'origine de toute société, la violence a plus de part que la justice. Les hommes ont le sentiment du juste et de l'injuste moins développé; ils se ruent sur le sol, s'en emparent, se le disputent violemment, et jusqu'à l'établissement de lois sages et équitables, se transmettent plus ou moins régulièrement ce qu'ils ont acquis d'une manière très-irrégulière. Avec le temps, avec le progrès des mœurs et des lumières, la législation se perfectionne, la propriété s'épure par une transmission légitime et bien ordonnée. Est-ce qu'il est jamais venu à l'esprit d'aucun sophiste de l'ancienne Rome de nier, sous la république ou sous l'empire, au milieu des discussions élevées sur la loi agraire, que le sol romain appartînt légitimement à ses possesseurs, parce que, dans l'origine, il avait été le prix du brigandage, vrai ou faux, des compagnons de Romulus? Qui sait de combien de méfaits a été le théâtre la terre qu'on a le plus légitimement acquise? Est-on responsable de ce que firent, il y a quelques siècles, les détenteurs d'une propriété qu'on a régulièrement obtenue du possesseur, en la payant ce qu'il en demandait? On ne nie pas le droit d'échange apparemment; car ceux qui contestent la propriété, qui veulent supprimer le numéraire, admettent qu'on échange un objet directement contre un autre. J'ai élevé des moutons, vous avez cultivé la terre; je vous donne un mouton contre une certaine mesure de blé : rien n'est plus légitime, il me semble. J'ai acquis dans le commerce une somme de capitaux mobiliers, je vous la donne contre une terre : cette terre est certes bien à moi, après une pareille transaction. Eh bien! en cinquante ans, tout le sol d'un vaste pays a ainsi passé de mains en mains. Il suffit donc de cinquante ans d'échanges, sous une législation sage, pour que la propriété entière d'un pays, eût-elle pour origine le plus affreux brigandage, se soit épurée et légitimée par la transmission à des conditions équitables.

Oui, ajoute-t-on; mais celui qui a transmis pouvait-il transmettre, s'il n'était légitime possesseur? Il avait usurpé, il a transmis l'usurpation, et rien de plus.

La réponse à cette objection est dans le bon sens des nations, qui toutes ont admis la prescription. Elles ont universellement reconnu que lorsqu'un objet avait existé sans contestation, pendant un certain nombre d'années, dans les mains d'un individu, il devait finir par être à lui. S'il y a contestation, ou bien réclamation à certaines époques de la part du légitime possesseur (ce que les jurisconsultes appellent interruption de prescription), la société ouvre l'oreille, juge et prononce. Mais si pendant trente années il y a eu silence, la société a établi, par des raisons tout aussi concluantes que celles qui lui ont fait reconnaitre le droit de propriété en lui-même, que l'objet possédé serait définitivement acquis au possesseur. Elle l'a fait, parce que la longue possession est une présomption de travail, parce que rien ne serait stable s'il n'y avait pas un terme aux recherches sur le passé, parce qu'aucune transaction ne serait possible, aucun échange ne pourrait avoir lieu, s'il n'était acquis qu'après un certain temps celui qui détient un objet le détient justement, et peut le transmettre. Figurez-vous quel serait l'état de la société, quelle acquisition serait sûre, dès lors faisable, si on pouvait remonter au douzième et au treizième siècle, et vous disputer une terre, en prouvant qu'un seigneur l'enleva à son vassal, la donna à un favori ou à un de ses hommes d'armes, lequel la vendit à un membre de la confrérie des marchands, qui la transmit lui-même de mains en mains à je ne sais quelle lignée de possesseurs plus ou moins respectables! Il faut bien qu'il y ait un terme fixe où ce qui est, par cela seul qu'il est, soit déclaré légitime et tenu pour bon : sans quoi, voyez quel procès s'élèverait sur toute la surface du globe!

En Italie, par exemple, les Italiens diraient aux possesseurs des terres : Mais vous venez, ce nous semble, des barons allemands, presque tous Gibelins récompensés avec les biens enlevés aux Guelfes. Et, vous-mêmes, dirait-on aux Italiens-Guelfes, vous étiez probablement des soldats de Charlemagne, récompensés avec les terres des Lombards, que ceux-ci avaient prises aux Romains, lesquels les avaient partagées entre leurs colons militaires, après les avoir enlevées à ces intéressants émigrés dont Virgile a rendu la plainte si touchante. Qui sait, en effet, si l'une de ces terres que les Croates disputent aujourd'hui à des seigneurs milanais n'est pas à ce pauvre Mélibée, qui, menant son troupeau en exil, envie à Tityre son doux repos et les loisirs qu'un dieu lui a faits?

Et nous Français, que ne pourrait-on pas nous dire sur l'origine des terres que nous possédons? Arrachées par les Romains aux Gaulois, qui eux-mêmes étaient fort suspects d'avoir le bien d'autrui, employées plus d'une fois par César à soudoyer les scélérats de Rome, enlevées aux Romains par les Barbares, soumises sous ces derniers, pendant plusieurs siècles, à toutes les iniquités du régime féodal, attribuées aux aînés à l'exclusion des cadets, données, reprises, disputées entre ces seigneurs féodaux qui s'enlevaient par la fraude des biens souvent acquis par la violence, elles allaient enfin, sous une législation plus régulière, qu'avaient faite nos rois, devenir une possession quelque peu respectable, quand tout à coup est venue la révolution française, qui, bouleversant de nouveau personnes et choses, tranchant la tête aux fils de ces seigneurs féodaux, confisquant leurs biens parce qu'ils fuyaient l'échafaud, enlevant au clergé des terres magnifiques, que lui-même avait soustraites à des mourants assiégés de remords, a donné le tout au premier venu ; pour quel prix ! Pour un papier tellement avili, que ce qui servait à payer une terre n'aurait pas servi à nourrir quelques jours une famille. Y a-t-il, après de tels souvenirs, un propriétaire français qui puisse mourir en paix?

Que dire des Espagnols qui cultivent si mal le sol qu'ils prirent aux Arabes, que les Arabes prirent aux Goths, les Goths aux Romains, les Romains aux anciens Ibériens ! Que dire des Turcs qui prirent aux Grecs, lesquels avaient pris à je ne sais qui, ces belles rives du Bosphore ! Et l'Amérique elle-même, quel jugement en porter? Là le travail, à en croire les apparences, serait bien certainement l'origine de la propriété, car des colons n'ayant que leurs bras, quelques instruments aratoires, et quelques mois de vivres apportés d'Europe, vont attaquer des forêts vierges, où n'habitent que des singes, des perroquets, des serpents. Eh bien ! ceux-là aussi, ceux-là usurpent, car les Américains du Nord, qui leur concèdent ces forêts vierges, les ont dérobées à de pauvres Indiens, Pieds noirs ou Pieds rouges, sans aucun titre que la fantaisie qui leur prit, il y a deux siècles, de quitter l'Angleterre pour des querelles de religion. Que penser, si l'Amérique elle-même n'est qu'un repaire de violences et d'usurpations !

Parlons sérieusement, même en répondant à de folles objections. Pour travailler il faut commencer par se saisir de la matière de son travail, c'est-à-dire de la terre, matière indispensable du travail agricole, ce qui fait que l'occupation doit être le premier acte par lequel commence la propriété, et le travail le second. Toute société présente au début ce phénomène de l'occupation plus ou moins violente, auquel succède peu à peu le phénomène d'une transmission régulière, au moyen de l'échange de la propriété contre le fruit légitime d'un travail quelconque. Pour rendre cet échange sûr, on suppose que toute propriété qui a été trente années dans les mêmes mains, sans aucune réclamation, y était légitimement, ou y a été légitimée par le travail. Les terres ainsi transmises continuellement, sous une législation fixe, représentent une propriété légitime, puisqu'elles ne sont dans aucune main sans avoir été échangées contre une valeur équivalente. Il suffirait d'une seule transmission pour les constituer la plus respectable des possessions, et il ne faut pas un siècle pour qu'elles changent plusieurs fois de maîtres, sauf quelques exceptions très-rares. Le monde civilisé n'est donc pas une vaste usurpation, et j'ajouterai, pour tranquilliser la conscience des propriétaires français, que, malgré les barbaries du régime féodal, malgré les bouleversements de la révolution de 1789, la propriété foncière remonte en France, et pour la plus grande partie, à l'origine la plus pure. Les champs que les Romains enlevèrent aux Gaulois étaient peu considérables, car le sol était à peine cultivé, et il ressemblait aux forêts que les Américains concèdent aujourd'hui aux Européens. Les Barbares le trouvèrent dans un état peu différent. Mais c'est surtout pendant les siècles qui ont suivi, et sous le régime féodal, que le défrichement a commencé, et s'est continué, sans interruption, ce qu'indique le nom de *roture,* venant de *ruptura,* donné à toute propriété qui avait le défrichement pour origine. Toute terre *roturière* venait par conséquent du travail le plus respectable, et c'était le plus grand nombre, car beaucoup de terres anoblies avec le temps, à cause de celui qui les possédait, avaient commencé par être des terres *roturières*. Depuis, sous une longue suite de rois, d'excellentes lois avaient rendu la transmission régulière, et le commerce, lorsqu'il voulait acquérir des domaines fonciers, les achetait à beaux deniers comptants des possesseurs nobles ou roturiers. Nous pouvons donc, nous autres Français, si nous en avons toutefois, posséder nos terres en pleine tranquillité de conscience, fussions-nous même acquéreurs de biens nationaux, car, en définitive, on paya ces biens avec la monnaie que l'État lui-même donnait à tout le monde, que tout le monde était obligé d'accepter de ses débiteurs, et enfin quelques scrupules restant à la Restauration, elle a consacré huit cents millions à les dissiper. Nous pouvons donc dormir en paix, et nos enfants après nous.

CHAPITRE XIV.

DE L'ENVAHISSEMENT DES CHOSES PAR L'EXTENSION DE LA PROPRIÉTÉ.

Que l'univers, loin d'être envahi par l'extension croissante de la propriété, est au contraire chaque jour plus approprié aux besoins de l'homme, plus accessible à son travail, et que la propriété civilise le monde au lieu de l'usurper.

Toute propriété a donc pour origine véritable le travail, et si elle n'a pas d'abord cette origine, elle ne tarde pas à l'acquérir, après un certain temps de transmission régulière. Nous accordons cela, si on veut, répondent quelques adversaires de la propriété, mais il n'en résulte pas moins qu'avec les siècles tout finit par être occupé, terres, capitaux, instruments du travail, et que les derniers venus ne savent où se mettre, ni comment employer leurs bras. J'arrive dans ce monde, dit l'un des économistes du temps, après plusieurs mille ans de ces transmissions successives, plus ou moins légitimes; je le trouve envahi par les propriétaires des terres, ou par les propriétaires des capitaux. Si je veux être cultivateur je rencontre partout des murailles, des fossés qui m'arrêtent, et m'apprennent que le champ que je désirerais cultiver est à un autre. Si je veux travailler différemment, et, par exemple, scier ou raboter le bois, filer le chanvre, limer le fer, je trouve le bois, le chanvre, le fer, les capitaux enfin dans des mains avares, qui me les dénient en me refusant tout crédit, ou en exigeant un intérêt tel, qu'il ne me reste rien pour vivre après avoir acquitté cet intérêt. Comment ferai-je? Le monde entier, ciel, terre, eau, n'est-il pas envahi par d'avides et jaloux possesseurs?

Cette objection n'est guère plus sérieuse que la précédente. Vous arrivez dans le monde un peu tard, j'en conviens; il y a bien des places prises, et, en acceptant la comparaison de Cicéron, qui assimile la propriété à un théâtre où tous les siéges seraient occupés, je vous adresserai la réponse suivante. Les propriétaires de ce théâtre sont gens bien mal-appris assurément de ne vous avoir pas réservé une place; mais en seriez-vous beaucoup plus heureux si le théâtre n'existait pas? Il existe, je le sais, et cela vous cause un mal auquel je compatis, c'est le déplaisir de savoir que d'autres s'amusent sans vous. Mais les propriétaires auraient pu, je le répète, ne pas construire ce théâtre, et vous n'en seriez pas fort avancé; et si de plus ils sont prêts à vous y admettre à la condition de quelques services de votre part, peut-on les taxer de trop d'exigence?

Vous allez voir que cette réponse est exactement applicable à la propriété.

Vous arrivez dans une société déjà fort civilisée, où la terre est couverte, il est vrai, de propriétaires, mais où elle est fort bien cultivée, et produit cent fois ce qu'elle produisait dans l'origine; où les machines multipliées et variées à l'infini ont rendu le travail mille fois plus rapide, et ses produits mille fois plus abondants et moins coûteux, où l'on a de quoi se nourrir, se vêtir, assez pour faire vivre trente-six millions d'hommes au lieu de quatre ou cinq : avouez que les générations qui vous ont précédé ont été bien coupables envers vous, car il y a sept ou huit siècles vous auriez eu pour toute chaussure un morceau de cuir lié par des cordes, et vous avez des souliers qui mettent vos pieds à l'abri du froid, de l'humidité et des cailloux. Vous auriez eu pour vêtement une peau de mouton, et vous avez du drap. Vous auriez été logé dans ces affreuses masures puantes et empestées, dont nous trouvons encore quelques restes dans les vieilles villes de France, et vous avez des maisons saines et solides. Vous auriez eu du seigle ou du maïs dans les temps d'abondance, rien dans les disettes, et vous avez du froment et du seigle dans les bonnes années, de la pomme de terre dans les plus mauvaises. Vous auriez bu de la bière ou du cidre, et vous avez du vin. Convenez que ces générations vous ont fait bien du tort!

Mais, dit-on, si je veux cultiver la terre, ou si je veux filer, il faut que j'emprunte la terre, ou le métier à filer. En eût-il été autrement il y a mille ans? N'aurait-il pas fallu emprunter cette terre ou ce métier à filer? Y a-t-il eu un temps où les hommes prêtassent pour rien les objets qui leur appartenaient? Il n'y a donc entre le temps présent et les siècles les plus reculés aucune différence, sinon qu'en remontant en arrière vous rétrogradez vers une époque où il y avait moins de toutes choses, et où toutes choses étaient de moins bonne qualité. Mais on insiste et on me dit : Vous ne résolvez pas la question. Deux, trois siècles en arrière n'y font rien. L'invasion était moindre peut-être, les rangs moins serrés, mais l'usurpation était commencée. Remontez à ces jours où la terre était au premier occupant, et où il n'y avait qu'à se présenter pour trouver des fruits suspendus aux arbres, du gibier dans les forêts, du poisson dans les rivières, ou des plaines fertiles à défricher si vous vouliez vous livrer à la culture des champs, comme c'est actuellement le cas en Amérique. Le sauvage, ajoute-t-on, exerce les droits de *chasse*, de *pêche*, de *cueillette*, de *pâture*, sur la surface entière du sol, et si un homme civilisé veut aujourd'hui mettre la main sur du gibier, on lui inflige la peine réservée au braconnier; s'il veut pêcher, on lui inflige une amende comme ayant empiété sur les droits du fisc; s'il veut cueillir du raisin sur le bord d'une route, prendre une gerbe sur une meule, ou faire pâturer un mouton dans un champ, on le condamne à diverses peines comme ayant commis un délit rural.

J'adresserai une question à ceux qui se plaignent de ces interdictions diverses. Il y a parmi nous quelques milliers d'infortunés, qui, entraînés par des doctrines déplorables, ont versé le sang de leurs concitoyens, quelques-uns méchamment, quelques autres et en plus grand nombre, aveuglément. Il s'agit de leur créer quelque part, n'importe où, une existence nouvelle. Je demande, sans raillerie, car les malheurs qu'ils se sont attirés, pas plus que les malheurs qu'ils ont causés en tuant d'honnêtes pères de famille, ne prêtent point à rire, je demande sans raillerie s'ils ne regarderaient pas comme une affreuse barbarie d'être jetés dans les forêts vierges de l'Amérique, ou dans les îles de l'Océanie, sans les moyens de s'y établir, de s'y loger, d'y vivre, et si l'heureuse faculté du sauvage de mettre la main sur toute la nature ne serait pas pour eux la plus atroce misère? Ils auraient raison, et la France serait cruelle si elle en agissait ainsi à leur égard.

Mais, dira-t-on, il n'y a là rien de bien extraordinaire. Si les infortunés dont il s'agit avaient eu l'éducation des sauvages de l'Océanie ou de la Floride, ils pourraient vivre comme eux de la pêche ou de la chasse; mais en ayant reçu une autre, il faut bien qu'on tienne compte de la différence. Qu'appelle-t-on cette éducation différente dont il faut tenir compte? La société leur a appris à manger du pain pétri au lieu de tubercules sauvages, de la viande blanche et cuite au lieu de viande noire et crue, à se couvrir de vêtements tissés au lieu de peaux de bêtes ou de plumes d'oiseaux, à se servir de la lime, du burin, au lieu de l'arc et de la flèche, c'est-à-dire que la société dont on se plaint, les a fait vivre, malgré leurs malheurs, dans un état cent fois préférable à celui des sauvages, qu'on regrette pour eux, et dans lequel il y aurait une affreuse cruauté à vouloir les replacer.

Sans doute dans cette société compliquée, où le

moindre ressort dérangé produit des perturbations profondes, il y a des crises où tout manque à la fois à certaines classes, et il faut venir à leur secours; nous en sommes d'avis, car nous n'avons pas des cœurs de fer parce que nous avons des têtes saines; il faut venir, dis-je, à leur secours, non à titre de restitution, mais à titre de fraternité, vertu charmante quand elle est sincère. Mais enfin la société, en les privant de l'abondance primitive, ne les a privés de rien, car cette abondance existe encore sur les trois quarts du globe, et ils la regarderaient comme un assassinat si on avait l'inhumanité de les y exposer.

Cette prétendue invasion de l'univers est donc une fable ridicule. En quoi consisterait-elle, en effet? Dans l'usurpation des objets mobiliers, tels que machines, outils, matières premières, semences, vivres, argent, tout ce qu'on appelle enfin le capital, ce barbare capital qui ne veut pas se donner au travail, à moins d'un intérêt exorbitant? Mais ce capital mobilier n'existait pas; mais ces machines, ces outils, ces constructions, ces matières premières, ces grains, cet argent, tout cela n'existait pas avant ces générations usurpatrices dont vous vous plaignez, et n'a existé que par elles, par leur travail opiniâtre et soutenu. Si elles le détiennent, si elles le font payer cher, elles ont tort peut-être en morale, mais, en droit strict, elles ont bien quelque raison d'en faire ce qu'elles veulent, puisqu'elles l'ont créé; et, après tout, si vous avez besoin qu'elles vous le prêtent, si vous dépendez d'elles par ce motif, elles dépendent de vous à leur tour, car elles ont besoin que vos bras fassent valoir leurs capitaux, sans quoi ces capitaux inoccupés ne vaudraient plus rien dans leurs mains. La dépendance est réciproque. Deux besoins sont en présence : le vôtre, qui est celui de travailler; le leur, qui est celui de trouver un emploi pour leurs capitaux. Lequel de ces deux besoins dictera la loi à l'autre? Cela dépendra du moment. En temps calme, quand les capitaux abondent, ce sera le vôtre. Quand les capitaux se cachent, et qu'ils manquent, ce sera le leur, et vous payerez l'argent plus cher. Mais en attendant savez-vous le mal que vous ont causé ces générations usurpatrices en multipliant les capitaux? Elles ont fait que l'argent qui valait 12 et 15 pour cent, quelquefois 40 chez les Romains, 10 et 12 dans le moyen âge, 6 et 7 dans le dix-huitième siècle, vaut aujourd'hui de 3 à 4 en temps calme, de 5 à 6 en temps difficile. Or l'intérêt étant l'expression exacte et unique de la difficulté à se procurer les capitaux, il est prouvé qu'en avançant chaque jour dans cette usurpation de l'univers, les générations qui vous ont précédé, et qui ont créé la masse des propriétés existantes, vous ont rendu plus facile l'accès de toutes choses. Mais, même à 5, à 6, à 7 pour cent, on ne prêtera point à un pauvre ouvrier sans crédit. J'en conviens, je le regrette, je ne me refuse pas à y pourvoir par des moyens bien calculés, mais il y a quelques siècles c'eût été encore plus difficile.

Il n'y a donc pas usurpation quant aux richesses mobilières qui n'existaient pas avant les générations dont on se plaint, et qui n'ont existé que par elles. En est-il autrement pour la terre, qu'elles n'ont pas créée, qu'elles ont trouvée gisante au soleil, et sur laquelle elles se sont établies, ce qui vous gêne, vous dernier venu, car vous trouvez les champs les plus fertiles occupés? C'est ce qui sera facile à éclaircir.

La surface de la terre étant le seul moyen de faire concourir les agents naturels, l'air, l'eau, le soleil, à la production des denrées alimentaires, il y a, dit-on, occupation gênante de cette surface au profit de quelques-uns et au détriment de tous. Je dirai d'abord aux inventeurs de l'objection : Comment voulez-vous qu'on s'y prenne, si le seul moyen de cultiver la terre est de s'y établir, de s'y fixer, de la couvrir de travaux séculaires, de l'enclore et de l'interdire à tout venant? La société, s'il n'y a pas une autre manière d'engager des colons à se fixer sur le sol, est-elle bien coupable de leur avoir accordé une pareille concession? Vous, nouveaux venus, qui vous plaignez de ce qu'on a pris toutes les places au soleil, si on vous donnait des terres à défricher dans la certitude de les garder, en voudriez-vous à ce prix? Ces milliers d'Allemands, de Suisses, de Basques qui s'expatrient tous les ans pour aller sur les bords du Mississipi labourer des terres incultes, s'y rendraient-ils s'ils ne devaient pas en devenir les possesseurs définitifs?

Que faire donc, si on ne peut cultiver la terre sans l'occuper, l'occuper à toujours, puisque sa surface est le siége nécessaire des travaux dont la lente accumulation forme presque toute sa valeur? En voulez-vous un exemple? Allez en Hollande, et voyez ces vertes et grasses prairies couvertes de belles génisses : vous vous tromperiez étrangement si vous supposiez que c'est la nature qui a produit ce sol si frais, si riche. Enfoncez en terre un bâton, et à trois ou quatre pouces vous rencontrerez un sable stérile. Cette herbe épaisse qui se convertit en lait, puis en fromage, et qui sous cette forme circule dans le monde entier, est produite par un terreau de création purement artificielle. Au moyen d'une digue formée de branches de saule, on a séquestré une portion du sable de la mer; avec le temps, la vase amoncelée par le flux et le reflux a consolidé cette digue. Après avoir soustrait ce sable à l'eau de mer, on ne l'a rendu accessible qu'à l'eau du ciel ou des rivières, et on l'a ainsi dessalé peu à peu. L'herbe y a poussé, pas très-succulente d'abord, et plus près de la nature du jonc que de celle des graminées. On y a mis des vaches, on a laissé s'y accumuler leur engrais fécondant, et on a fini par créer un sol artificiel d'une fertilité extrême. Qu'avait concédé l'État? Une portion du fond de la mer. Sur ce fond, l'industrie individuelle a créé une couche végétale et tout ce luxe de verdure qui vous charme. Fallait-il faire ce larcin à la mer et aux générations futures, ou bien ne pas créer cette riche prairie? C'est encore le cas du théâtre de Cicéron. Toutes les places sont prises à ce théâtre, à quoi je réponds : Valait-il mieux que le théâtre n'existât pas?

C'est, il me semble, une bonne raison, après tout,

que la nécessité. Or si la nécessité veut que la surface de la terre soit abandonnée à ceux qui la cultivent, pour qu'ils aient un motif suffisant de la cultiver, ne faut-il pas céder à l'invincible nature des choses?

Il y a, il est vrai, la ressource qui consisterait à réserver à l'État seul la propriété des terres, et à ne les donner qu'en fermage, soit pour un temps, soit pour la vie, à celui qui les cultiverait, c'est-à-dire la mainmorte, la mainmorte, restauration récente de nos sublimes inventeurs! Faut-il donc répéter ce qu'ont dit tous les économistes du siècle dernier, que la mainmorte est un système barbare, anti-agricole, que la terre pour être bien cultivée doit être une propriété privée, qu'alors seulement l'homme lui consacre ses soins, son temps, sa vie, s'il est à la fois cultivateur et propriétaire, ses capitaux au moins s'il n'est que propriétaire; que les terres de l'ancien clergé produisent aujourd'hui, seulement en impôt, presque tout ce qu'elles produisaient autrefois en fermage, que de plus elles nourrissent leur propriétaire et leur fermier, et qu'elles présentent un spectacle d'activité extraordinaire, au lieu d'un spectacle de négligence et de langueur affligeant? Mais supposez cette vaste mainmorte embrassant toute la propriété en France, le sort de celui qui veut se consacrer à la culture des champs en serait-il meilleur? Il serait cent fois pire, car, de libre qu'il est aujourd'hui, il serait esclave. Lui donnerait-on la terre gratis sans qu'il payât un fermage? Quoi, une terre parfaitement aménagée, couverte de travaux séculaires, valant incomparablement plus que la terre en friche, serait donnée au même prix, c'est-à-dire pour rien! Et en vertu de quelle préférence donnerait-on à l'un le beau vignoble des bords de la Gironde, à l'autre le sable stérile des Landes? parce qu'il serait le premier inscrit, par exemple, ou bien le plus habile, ou bien le militaire le plus brave? Quant au premier inscrit, il suffirait donc d'être le plus pressé! Quant au plus habile, ce serait M. le maire qui en déciderait! Quant au militaire le plus brave, une pension inscrite au Grand-Livre n'est-elle pas une récompense plus facile à proportionner au grade, à l'âge, aux services! Comment d'ailleurs y aurait-il une classe à laquelle on fournirait gratis les instruments de son travail, tandis que toutes les autres seraient obligées de se les procurer à prix d'argent? Fournit-on au filateur, au tisserand, au forgeron, les établissements dans lesquels ils exercent leur industrie? L'inégalité serait intolérable, et si l'État avait dans les mains une telle valeur que la propriété de toutes les terres aménagées, il devrait évidemment, pour ne pas être injuste jusqu'à l'iniquité, les louer, comme il fait pour toutes les propriétés qu'il possède. Mais alors quelle différence y aurait-il à être fermier de l'État, au lieu d'être fermier des particuliers? quel avantage y aurait-il à avoir changé l'une de ces dépendances pour l'autre? Quel avantage! on va en juger.

Dans la société actuelle, ordonnée par la nature, non par les faux savants, le fermier se présente au propriétaire et traite librement avec lui. Il se base sur le prix des denrées, et offre un prix. Le propriétaire se base sur le prix des immeubles, et en exige un autre. Ils contestent, finissent par se mettre d'accord, de manière que l'un puisse retrouver le prix de son travail, l'autre l'intérêt de son capital. L'État, au contraire, étant propriétaire, voici ce qui se passerait. N'ayant pas dans le fermage libre un étalon pour juger du produit des terres, il en fixerait la rente comme on fixe les appointements, au gré de la faction dominante. A une époque on dirait que ce n'est pas assez, à une autre que c'est trop : les fermages varieraient ainsi à l'égal des traitements; et comme il s'agirait d'une question de laquelle dépendrait la vie de tous, la République serait déchirée. De quoi en effet s'agissait-il à Rome du temps des Gracques? Non pas du partage universel des biens, mais tout au plus de celui de quelques terres, plus ou moins récemment conquises, tenues à ferme par des sénateurs ou des chevaliers, à des prix qu'on disait des prix de faveur, et on demandait le partage immédiat de ces terres entre les citoyens qui les avaient conquises en servant dans les armées. Rome faillit périr, et périt plus tard pour ces questions, car tous les ambitieux qui se succédèrent après les Gracques s'en servirent pour leurs perfides desseins. N'y a-t-il donc pas assez de motifs pour se disputer le pouvoir, et voudriez-vous y ajouter la plus ardente, la plus urgente de toutes les raisons, celle de posséder la totalité des terres d'un pays, à un prix plutôt qu'à un autre? Affermées gratis, affermées à prix d'argent, on s'égorgerait, dans le premier cas pour les obtenir, dans le second

7

pour les obtenir à un prix différent, et pas plus dans l'un que dans l'autre, la justice ne serait la règle. Ce serait le caprice des factions.

Toutes ces inventions ne sont donc que de vieilles erreurs des peuples, jugées depuis longtemps, et à jamais réprouvées pour avoir été essayées partiellement, une fois et un moment. L'État propriétaire des terres et les affermant à des particuliers est une institution connue, éprouvée, dont l'histoire romaine, aussi bien que l'histoire des monarchies européennes, enseigne le mérite même aux enfants. Le temps, la raison ont en effet appris à tout le monde que la terre, ainsi que tous les capitaux, doit être une propriété privée, qu'à ce prix elle se couvre sans cesse de nouvelles améliorations, que, vendable, achetable, louable à volonté, comme toutes les choses de ce monde, elle se vend, s'achète, se loue à son prix vrai, vrai comme est le prix du blé, du fer, du vêtement, puisqu'il est le résultat d'un libre balancement des intérêts entre ceux qui produisent et ceux qui consomment ; que l'agriculture est alors une profession libre, aussi libre que toutes les autres professions, qu'une ferme n'est plus une place à obtenir par la faveur, à perdre par la haine du pouvoir dominant, et que la compétition du pouvoir, déjà trop ardente, se trouve délivrée d'un stimulant violent comme la faim, et qui en ferait un combat à mort.

Il faut dès lors que la surface de la terre soit concédée en toute propriété à celui qui la défriche, qu'après l'avoir appropriée, il puisse ou la vendre, ou la louer, et qu'elle subisse le sort de tous les instruments du travail humain, d'être vendable, achetable, louable au gré de ceux qui la possèdent ou la veulent posséder. Mais ainsi concédée à perpétuité, elle est séquestrée peu à peu, envahie, dit-on, et les derniers venus sont exposés à trouver un jour la terre entière occupée. Le danger est grand en effet, il est pressant comme on sait, car de toutes parts la terre se couvre de colons impatients de s'en emparer. Les deux Amériques du pôle nord au pôle sud, l'Inde de l'Himalaya au cap Comorin, la Chine de la grande muraille au canal de Formose, l'Afrique de l'Atlas aux montagnes de la Table, Madagascar, l'Australie, la Nouvelle-Zélande, la Nouvelle-Guinée, les Moluques, les Célèbes, les Philippines, que sais-je, toutes les îles du monde seront bientôt couvertes de laboureurs, tombés à l'improviste sur le globe comme une nuée de sauterelles, et nos petits enfants seront obligés de se croiser les bras en présence de la terre envahie!

Nous soumettrons aux esprits alarmés de ce grave danger les considérations suivantes.

La houille, par exemple, source aujourd'hui de toute force motrice, la houille inspire de bien autres inquiétudes! Il y a des ingénieurs qui ont cru qu'il y en avait sur le globe pour un millier d'années, tandis que d'autres au contraire ont cru qu'il n'y en avait pas à brûler pour plus de cent ans. Faudrait-il par hasard s'abstenir d'en user de peur qu'il n'en restât point pour nos neveux? Que diriez-vous de l'humanité qui s'arrêterait devant ces trésors de calorique et de force motrice, de peur qu'il n'y en eût bientôt plus? On a consommé presque tout le bois de nos forêts, et vous voyez qu'on a su trouver le moyen de se chauffer. La société qui ne permettrait pas la propriété foncière, de crainte qu'un jour toute la surface de la terre ne fût envahie, serait aussi extravagante. Rassurons-nous. Les nations de l'Europe n'ont pas encore cultivé les unes le quart, les autres le dixième de leur territoire, et il n'y a pas la millième partie du globe qui soit occupée. Les grandes nations connues ont toutes fini jusqu'ici, n'ayant encore défriché qu'une très-petite portion de leur sol. Elles avaient traversé la jeunesse, l'âge mûr, la vieillesse, elles avaient eu le temps de perdre leur caractère, leur génie, leurs institutions, tout ce qui fait vivre, avant d'avoir non pas achevé, mais un peu avancé la culture de leur territoire. La terre a été pour elles un fruit qu'elles ont à peine porté à leur bouche et qu'elles ont presque aussitôt laissé échapper de leurs mains. Je suis enclin à penser que l'espèce humaine agira de même. Je crois que tous les êtres finissent, grands ou petits, et les planètes comme les autres, car j'ai foi dans l'unité des lois divines. Les individus naissent et meurent, les nations naissent et meurent. Tout est placé sous cette loi immuable, depuis l'être infiniment petit dont nous ne pouvons distinguer le corps qu'à l'aide d'instruments puissants, dont la vie passe comme une de nos sensations les plus fugitives, jusqu'à ces êtres dont la taille nous paraît colossale comparée à notre petite stature. Seulement Dieu leur mesure à tous le temps comme l'espace, et ils durent en proportion de leur grandeur. Eh bien! ces corps célestes, après avoir mille fois plus duré que les individus, que les nations elles-mêmes, devront finir à leur tour, soit que refroidis, ils ne soient plus qu'un bloc de glace sur lequel la vie sera devenue impossible, soit qu'une comète, Attila ou Tamerlan des cieux, vienne les heurter et les briser. Ah! puisque nous voilà dans le monde des chimères à la suite des utopistes contemporains, laissez-moi vous dire, à vous tous qui pourriez être inquiets sur le jour plus ou moins prochain où la terre envahie ne donnera plus place à un nouvel agriculteur, laissez-moi vous dire que l'espèce humaine se comportant sur sa planète comme les Grecs dans l'Archipel, les Romains dans la Méditerranée, l'espèce humaine finira, glacée ou brisée, n'ayant encore mis en culture que la moindre partie du globe. Elle aussi abandonnera le fruit après y avoir à peine touché.

Voici enfin une dernière raison de vous rassurer, c'est qu'après tout l'espace n'est rien. Souvent sur la plus vaste étendue de terres les hommes trouvent de la difficulté à vivre, et souvent au contraire ils vivent dans l'abondance sur la plus étroite portion de terrain. Un arpent de terre en Angleterre ou en Flandre nourrit cent fois plus d'habitants qu'un arpent dans les sables de la Pologne ou de la Russie. L'homme porte avec lui la fertilité; partout où il paraît l'herbe pousse, le grain germe. C'est qu'il a sa personne et son bétail, et qu'il répand partout où il se fixe l'humus fécondant. Allez dans les sables des Landes ou de la Prusse, et dès que vous apercevez des clairières dans une forêt de sapins, dans ces clairières des céréales, vous êtes assuré de découvrir bientôt de la fumée, des toits, un village. Ce village est-il considérable, est-ce un gros bourg, le champ environnant est mieux cultivé, plus fertile, produit un meilleur grain. Forcez l'homme à se renfermer dans ce même espace, ce qu'il fait spontanément par le désir de ne pas s'éloigner du lieu qu'il habite, et il trouve à vivre sur la même étendue de terre, quelque nombreux qu'il devienne, uniquement parce qu'en la fécondant davantage par sa présence il parvient à en tirer des produits plus abondants.

Si donc on pouvait imaginer un jour où toutes les parties du globe seraient habitées, l'homme obtiendrait de la même surface dix fois, cent fois, mille fois plus qu'il n'en recueille aujourd'hui. De quoi en effet peut-on désespérer quand on le voit créer de la terre végétale sur les sables de la Hollande? S'il en était réduit au défaut d'espace, les sables du Sahara, du désert d'Arabie, du désert de Cobi, se couvriraient de la fécondité qui le suit partout. Il disposerait en terrasses les flancs de l'Atlas, de l'Himalaya, des Cordillères, et vous verriez la culture s'élever jusqu'aux cimes les plus escarpées du globe, et ne s'arrêter qu'à ces hauteurs où toute végétation cesse. Et fallût-il enfin ne plus s'étendre, il vivrait sur le même terrain en augmentant toujours sa fécondité.

Bannissons ces soucis puérils, et revenons au sérieux du sujet qui nous occupe. Cette surface du globe, soi-disant envahie, ne manquera pas aux générations futures, et en attendant elle ne manque pas aux générations présentes, car de toutes parts on offre de la terre aux hommes, on leur en offre en Russie, sur les bords du Borysthène, du Don et du Volga ; en Amérique sur les bords du Mississipi, de l'Orénoque et de l'Amazone ; en France sur les côtes d'Afrique, chargées autrefois de nourrir l'empire romain. La France est prête en effet à donner de la terre pour rien à ses enfants égarés qui ont versé son sang. Même à ce prix ils n'en voudraient pas, et les émigrants qui l'acceptent à pareille condition y vont bientôt mourir, si on n'ajoute rien à ce don. Pourquoi? Parce que ce n'est pas la surface qui manque, mais la surface couverte de constructions, de plantations, de clôtures, de travaux d'appropriation. Or cela n'existe que lorsque des générations antérieures ont pris la peine de précéder les cultivateurs nouveaux venus, et de tout disposer pour que leur travail fût immédiatement productif. Y a-t-il donc autre chose que la plus stricte, la plus évidente justice, à payer un dédommagement à ces générations antérieures dont on se plaint, ou à leurs enfants qui les représentent?

Ainsi ces vaines objections disparaissent au premier regard de la raison, aux premières explications du bon sens.

Il y aurait peut-être une apparence de fondement, une apparence au moins, dans ces plaintes contre le prétendu envahissement des choses par l'extension de la propriété, si, par exemple, la part du cultivateur qui laboure les terres devenait tous les jours moindre, par rapport à la part du propriétaire qui les possède. On pourrait de la sorte concevoir un jour où le cultivateur n'aurait plus le moyen de vivre, et comme il forme partout la masse principale de la population, et que son art est le premier de tous les arts, on serait fondé à prétendre que si l'occupation successive du sol ne doit pas faire craindre dans l'avenir l'envahissement du globe entier, néanmoins chaque siècle écoulé empire la situation de l'homme simple, patient et vigoureux, qui cultive le sol pour ceux qui le possèdent.

Heureusement c'est le contraire qui est vrai, et tandis que par la baisse successive de l'intérêt, venant de l'abondance croissante des choses, les capitaux mobiliers sont tous les jours plus accessibles au travail (non toutefois jusqu'à se donner pour rien), il se passe pour la terre un phénomène exactement semblable. La part réservée au cultivateur augmente tous les jours, tandis que celle qui est réservée au propriétaire diminue, et cela par une raison naturelle, c'est que la surface de la terre étant beaucoup moins que les capitaux accumulés sur elle la cause de sa valeur, elle diminue de loyer à mesure que les capitaux eux-mêmes produisent un moindre intérêt.

Il semble que plus un pays est riche, plus la terre y est fertile, mieux elle y est cultivée, plus grande devrait être la rente qu'elle rapporte. Il n'en est rien pourtant. Aux environs de Paris, par exemple, ou dans les provinces riches de Normandie, de Picardie, de Flandre, la terre rapporte à peine 2 1/2 pour cent. En Angleterre elle rapporte moins encore, comme tous les capitaux qui ont servi à augmenter sa fertilité naturelle. A côté de ce phénomène il s'en manifeste un autre, c'est que la journée de l'ouvrier se paye plus cher.

Enfoncez-vous au contraire dans les provinces moins riches de la France, telles que celles du centre ou du midi, et vous verrez la terre rapporter davantage, et donner 3 1/2, quelquefois même 4 pour cent. Dans ces mêmes provinces où la rente est plus élevée, la journée de l'ouvrier se paye à plus bas prix. Quand la journée est à 25 sous dans les premières, elle est à 15 dans les secondes.

Il est certain qu'il y a entre les provinces les plus riches et les moins riches de France une différence de 1 pour cent au moins quant à la rente des terres; qu'on peut fixer celle-ci à 2 1/2 dans les premières, à 3 1/2 dans les secondes; que pour la journée de l'ouvrier, la progression est toute contraire, et que si on peut la fixer à 25 sous dans les provinces où la rente est représentée par 2 1/2, il faut la fixer à 15 sous dans celles où la rente est représentée par 3 1/2. On pourra faire varier ces chiffres en se déplaçant, mais la proportion entre eux restera la même.

Maintenant reculez dans le passé, comparez le taux de la rente tel qu'il est aujourd'hui, et tel qu'il était il y a soixante ans, c'est-à-dire avant 1789, et vous trouverez entre ces deux époques la même différence qu'entre deux provinces, l'une riche, l'autre pauvre. Une terre qui en 1789 valait 200 mille francs, en vaut 500 aujourd'hui, et souvent 600. Je parle pour les environs des grandes villes, où le phénomène d'augmentation dans les valeurs s'est produit plus énergiquement. Cette même terre, qui rapportait peut-être 7 ou 8 mille francs au propriétaire, lui en rapporte aujourd'hui 12 ou 15, suivant les améliorations que le sol a reçues. Elle rapportait par conséquent entre 3 1/2 et 4 pour cent, et elle rapporte aujourd'hui 2 1/2 tout au plus. A la suite de ce changement s'en est opéré un autre : la journée de l'ouvrier, dans le pays où elle était de 20 sous, est de 30 et 35 aujourd'hui. Ces faits sont certains aux environs de Paris. On rencontre ailleurs les mêmes proportions avec des valeurs différentes.

En remontant à un siècle, à deux siècles en arrière, on pourrait observer le même phénomène ; et, si on voulait pousser la comparaison plus loin, et remonter enfin jusqu'aux siècles les plus reculés, on trouverait chez un écrivain que je relisais encore ces jours derniers, pour y étudier le tableau instructif de l'économie domestique des anciens, chez Caton le Censeur, ce sage et économe patricien, qui disait : *Patremfamilias vendacem, non emacem, esse oportet*, qui a traité de l'agriculture dans l'un des livres les plus attachants de l'antiquité, on trouverait la preuve certaine que les Romains donnaient au colon partiaire, dans le territoire de Casinum et de Vénafre, le huitième du produit dans un bon sol, le septième dans un sol ordinaire, le sixième dans un sol médiocre (1). Aujourd'hui, au contraire, on abandonne au colon partiaire, qui ne fournit aucun des capitaux, la moitié, et au fermier, qui les fournit tous, les deux tiers (il est bien entendu qu'il ne s'agit ici que d'une moyenne). Ainsi, de même que l'intérêt de l'argent, en descendant des Romains jusqu'à nous, a passé de 12 ou 15 pour cent à 4 ou 5, de même la part du possesseur de la terre a passé des cinq sixièmes à la moitié. Le capital immobilier a subi par conséquent la destinée du capital mobilier, et la condition de l'homme qui n'a que ses bras s'est améliorée, loin de s'empirer. A mesure que la richesse, ou naturelle, ou acquise, est plus grande, ce n'est pas le riche qui est plus riche, c'est le pauvre qui est moins pauvre. Les grandes fortunes de notre temps, en effet, ne sont rien, comparativement à celles qu'on voyait chez les riches Romains; elles sont même déjà fort diminuées par rapport à ce qu'elles étaient dans les dix-septième et dix-huitième siècles. Et, si on veut être plus convaincu de ce beau phénomène que l'augmentation relative de la richesse générale est surtout au profit de l'homme qui n'a que ses bras, je citerai encore un fait. L'ouvrier de la terre dans nos provinces du centre, de la Corrèze ou de la Creuse, gagne 15 ou 20 sous par jour, tandis que celui qui cultive la vigne à Bordeaux gagne de 25

---

(1) CXXXVI. *Politionem quo pacto dari oporteat.* In agro Casinate et Venafro in loco bono parte octava corbi dividat, satis bono septima, tertio loco sexta; si granum modio dividet, parti quinta. (*M. Porcius Cato*, DE RE RUSTICA.)

à 40 sous. Le propriétaire de la Creuse aura 4 pour cent, tandis que le propriétaire du Médoc sera heureux d'en avoir 3 (à la longue, bien entendu); et cela pourquoi? Parce que les capitaux se sont jetés sur les vignobles du Médoc pour les acheter, à cause de leurs produits, et en ont fait un revenu de 3 pour cent, comme les capitaux se jetant sur une rente qui rapporte 5, et la payant 125, la font bientôt descendre à un revenu de 4 pour cent. L'homme qui cultive, au contraire, dont les bras ne se multiplient pas comme les capitaux, dont l'habileté est d'autant plus nécessaire que la terre sur laquelle il vit a acquis plus de valeur, parvient à se faire payer davantage, et la fertilité des champs qu'il habite reste pour lui un don du ciel, dont il profite, tandis que, pour le propriétaire, elle a disparu par l'empressement à se disputer le sol. Belle loi de la Providence, qui n'a pas voulu que l'homme, en restant sur cette terre et la couvrant de ses sueurs, y fût plus malheureux à mesure qu'il la travaillerait davantage!

Cette invasion du monde se réduit donc à son appropriation chaque jour plus complète aux besoins de l'homme; elle se réduit à l'avoir rendu plus habitable, plus productif, plus accessible aux nouveaux venus, car, s'il s'agit des capitaux mobiliers, instruments du travail, l'intérêt, en vingt siècles, est descendu de 12 ou 15 à 4 ou 6 pour cent, et la rente de la terre, qui représentait les cinq sixièmes, ne représente plus que la moitié du produit. Ainsi, à mesure que la propriété de tout genre s'étend, c'est la facilité de vivre qui s'accroît pour tous. Mais, ajoute-t-on, celui qui n'a rien dépend de celui qui a, celui qui offre ses bras dépend de celui qui les paye, car celui-ci peut refuser; il a de quoi manger, se couvrir, se loger, tandis que l'autre manque de ces ressources. L'assertion est vraie pour un jour, pour un instant, dans certaines circonstances. Comme je l'ai dit plus haut, comme je le répéterai ici, les capitaux sans les bras, les bras sans les capitaux, ne pourraient vivre. Ils ont besoin les uns des autres. Dans certains moments, quand les capitaux manquent et que les bras abondent, l'avantage est pour les capitaux. Mais quand les capitaux abondent et que les bras sont occupés, c'est à ceux-ci que revient l'avantage. Quels sont les moments où ce dernier cas se présente? Les moments où il y a calme, ordre, sécurité. Ceux qui troublent le calme, l'ordre, la sécurité, font donc retourner l'avantage des bras aux capitaux. Que les ouvriers qu'on égare y pensent bien : leur journée vaut moins aujourd'hui qu'elle ne valait il y a un an, et l'argent qui se payait 4, se paye 6 et 7 pour cent.

Maintenant, quant à cette prétendue séquestration de la terre, je terminerai par une dernière réflexion.

Si on n'avait pas pu concéder légitimement le sol à des individus pour s'y établir, l'exploiter, en tirer tout ce qu'il peut produire, aurait-on pu le concéder aux nations plutôt qu'aux individus? La plainte que de prétendus déshérités élèvent dans le sein de chaque nation, en France, en Angleterre par exemple, le reste du genre humain ne pourrait-il pas l'élever contre la France ou l'Angleterre elles-mêmes? N'aurait-on pas également le droit de dire à ces grandes puissances que le genre humain est usufruitier, non propriétaire du globe, et qu'elles peuvent se reposer peut-être sur le sol, mais non s'y fixer? Les nations seraient donc en état d'usurpation flagrante lorsqu'elles possèdent d'un fleuve à un autre fleuve, aussi bien que les individus lorsqu'ils possèdent de tel chemin vicinal à tel autre. Songez-y bien : si je ne suis pas propriétaire de mon champ, la France ne l'est pas davantage de ce qu'elle occupe du Rhin aux Pyrénées, l'Angleterre de ce qu'elle occupe du Pas-de-Calais aux îles Hébrides. Vous poussez les choses à l'extrême, me dira-t-on. Est-ce que les sectaires auxquels je réponds ne les poussent pas aussi à l'extrême, quand ils disent que le champ reçu d'un père, ou acheté par un paysan avec le produit de trente ans de labeurs, représente une chose usurpée sur le reste de l'espèce humaine?

Non, les nations n'ont pas plus usurpé leur sol que le paysan n'a usurpé le petit champ qu'il a reçu ou acquis, et qu'il cultive ; et en occupant la terre, elles en ont payé à Dieu et aux hommes un noble prix : ce prix c'est la civilisation. La propriété mobilière, si elle eût existé seule, aurait laissé le monde dans une véritable barbarie. Le nomade qui vit sous la tente, qui se vêt de la laine de ses moutons, qui se nourrit de leur chair, connaît la propriété mobilière, et cependant il est éternellement barbare. Voyez les Arabes, ces nomades pleins de passion et de grâce, errant depuis que la Bible est écrite, errant de pâturage en pâturage, montés sur leurs chevaux agiles, menant à leur suite leurs femmes et leurs enfants sur des chameaux, poussant devant eux des troupeaux innombrables, recommençant depuis quatre mille ans le même voyage des bords de l'Euphrate aux bords de la mer Rouge, et toujours braves, jaloux, hospitaliers et pillards! Nous venons de les rencontrer, nous Français conquérants de l'Afrique, sur les bords du Sahara, et ils ne nous ont point paru changés depuis Moïse. Voilà pourtant qu'au neuvième siècle, un grand homme vient les agiter avec la sublime idée de l'unité de Dieu, et les pousser à la conquête sous le prétexte du renversement des idoles. Une fois éveillés par Mahomet, ils passent de la conquête de deux petites villes, Médine et la Mecque, à l'acquisition d'une partie de l'univers romain ; ils conquièrent la Syrie, l'Égypte, l'Afrique, l'Espagne! Et ils deviennent en trois siècles l'un des peuples les plus civilisés de la terre! Sortis du désert, ils brûlent la bibliothèque d'Alexandrie. Mais assis au milieu des plaines du Caire, de la Vega de Grenade, de la Huerta de Valence, ils prennent goût à la terre, s'y établissent, se la partagent, l'arrosent avec un soin merveilleux, y cultivent l'oranger, le mûrier, le lin, y filent la soie, y fouillent la terre, en extraient l'or, reprennent ces livres qu'ils avaient brûlés dans leur barbarie première, les étudient, en tirent le calcul, l'art de se conduire sur mer, voyagent entre l'Inde et l'Europe, en rapportent mille produits, d'agriculteurs devenus commerçants, mêlent aux goûts de l'Occident les goûts de l'Orient, et toujours braves, hardis, avides, mais savants, ils couvrent l'Espagne de charmants édifices! Nomades, ils vivaient sous une tente : agriculteurs, fixés sur le sol, ils ont inventé l'algèbre, et construit l'Alhambra!

D'autres nomades, les Mongols, après avoir erré pendant des siècles dans le vaste désert de Cobi, se sont jetés sur la Chine, en ont divisé le sol en mille parcelles, qui tour à tour inondées ou desséchées avec art, se sont couvertes de riz; ils ont cultivé le mûrier aussi, surpassé tous les peuples dans l'art de tisser la soie, ont découvert une terre qui, au lieu de rougir comme notre argile en passant au feu, en sort blanche et transparente, en ont fait la porcelaine qu'ils ont ornée de mille dessins capricieux, ont travaillé les bois avec un art surprenant, ont appris le secret de les enduire de vernis inaltérables, ont construit des palais de laque, élevé des tours de porcelaine, et sont encore aujourd'hui les plus habiles ouvriers de l'univers. D'autres nomades, ayant pris une autre route, sont devenus les Goths, les Germains, les Francs, les Saxons, et aujourd'hui sont les Italiens, les Espagnols, les Allemands, les Français, les Anglais, faisant tout ce que vous savez. Quelle cause les a si complétement changés? Une seule, l'établissement fixe sur la terre. Quand ils ont cessé d'errer sur le sable des déserts, quand ils ont construit des demeures fixes, ils ont voulu cultiver le sol autour de ces demeures, puis les orner, puis se vêtir autrement. Ils ont ainsi contracté tous les goûts, ensuite tous les arts, moyens de satisfaire tous ces goûts, et sont devenus les peuples civilisés. Comparez-les aux malheureux sauvages américains, et admirez la différence des destinées! L'Amérique ne présentait pas, comme l'ancien monde, ces vastes espaces sablonneux, vieux fonds des mers mis à découvert par les révolutions du globe, qu'on appelle le désert du Sahara, le désert d'Arabie, le désert de Cobi, et sur lesquels poussent d'éternels pâturages. L'Amérique couverte de fleuves, de forêts, était comme un vaste parc destiné à la chasse. Ses enfants divisés en petites peuplades pour chasser, tandis que le nomade s'agglomère et multiplie autant que ses troupeaux, n'ont ni fondé ni pu conquérir de grands empires. Ils erraient encore dans leurs savanes il y a trois siècles, connaissant à peine la propriété, excepté toutefois celle de leurs arcs et de leurs flèches, lorsque, dans l'ancien monde, un pontife, la connaissant trop, distribuait du sein du Vatican ces mêmes savanes aux avides Européens qui traversaient les mers pour s'enrichir, ne leur assignant entre eux d'autres limites que les méridiens qui servent à mesurer le globe. Ainsi il était donné à ceux qui connaîtraient la propriété, de dominer et de civiliser ceux qui l'ignoraient! Je conclus donc en disant : Sans la propriété mobilière il n'y aurait pas même de société; sans la propriété immobilière il n'y aurait pas de civilisation.

LIVRE DEUXIÈME.
DU COMMUNISME.

CHAPITRE PREMIER.

DU PRINCIPE GÉNÉRAL DU COMMUNISME.

Que la discussion du COMMUNISME *est pour la propriété ce que les mathématiciens appellent la preuve par l'absurde.*

Les mathématiciens ont deux manières de démontrer les vérités géométriques, la preuve directe d'abord, qui consiste à prouver par l'analyse que telle proposition est vraie; puis la preuve indirecte, qui consiste à prouver que la proposition contraire serait impossible et insoutenable. Aussi les mathématiciens appellent-ils cette dernière : *la preuve par l'absurde.*

C'est ce que je vais essayer de faire pour le sujet qui m'occupe. J'ai donné la preuve directe, j'ai montré l'ordre social reposant sur le principe simple, fécond, nécessaire, de la propriété individuelle; je vais donner la preuve indirecte, et montrer l'ordre social, s'il est possible de l'imaginer un moment de la sorte, reposant sur le principe opposé, sur la négation de la propriété, sur la communauté des biens, et employer la preuve *par l'absurde,* comme l'appellent les géomètres. J'aurai ainsi prouvé la propriété par elle-même, puis par son contraire, et fourni les deux preuves, dont une seule suffit en géométrie, mais qu'on se plaît quelquefois à donner toutes les deux, pour montrer les divers aspects des choses. Cette marche, qui peut être superflue dans les sciences mathématiques, où la certitude des démonstrations dispense de prouver deux fois, est utile dans les sciences morales, où l'on n'a jamais trop prouvé. Je traiterai donc du *communisme* dans ce livre.

On a de notre temps imaginé beaucoup de communismes divers, communisme agricole, communisme industriel, etc. Je n'irai pas jusqu'à ces détails, car je ne puis pas suivre le délire contemporain dans ses divagations infinies. C'est le principe même de ce délire dont je vais m'occuper, c'est le *communisme* essentiel, absolu, qui constitue le fond de tous les communismes, et qui naît sur-le-champ, inévitablement, tout entier, par le seul fait de la négation de la propriété, c'est ce type que je vais exposer, me dispensant ainsi de tout voyage de curiosité ou de plaisir à travers ces républiques idéales inventées par le génie de notre temps, et où j'irais peut-être volontiers, si j'avais un Platon pour m'y conduire. N'en ayant pas, je demande à les juger sur le plan général commun à toutes, lequel suffit pour faire apprécier la sagesse profonde qui a présidé à leurs diverses constitutions.

CHAPITRE II.

DES CONDITIONS INÉVITABLES DU COMMUNISME.

Que le communisme entraîne inévitablement, et sous tous les rapports, la vie en commun.

Ou il faut l'homme travaillant pour lui, pouvant accumuler le produit de son travail, le transmettre à ses enfants, l'homme existant ainsi à ses risques et périls, réussissant un peu, beaucoup, quelquefois pas du tout, souvent après avoir réussi essuyant des malheurs imprévus, tombant dans l'indigence et y précipitant ses enfants, il faut tous ces accidents, ou absolument le contraire, c'est-à-dire point de riches et point de pauvres, une société se chargeant du sort de chacun de ses membres, ne permettant pas à l'individu de travailler pour lui, mais l'obligeant à travailler pour elle, en retour prenant l'engagement de le nourrir, de le vêtir, de le loger, de l'élever, d'être sa seule famille. Il faut en un mot la propriété avec ses conséquences, ou le communisme jusqu'à ses extrêmes limites. Entre ces termes extrêmes il n'y a pas de terme moyen possible. Peu de mots suffiront pour démontrer à quel point toutes ces conséquences se tiennent par une chaîne indissoluble.

Puisque en effet l'homme travaillant pour lui-même et jouissant individuellement du résultat de son travail, c'est-à-dire l'homme propriétaire, ne convient pas, le terme contraire c'est l'homme ne travaillant pas pour lui, mais pour la société qui lui commande son travail, qui en reçoit le produit et qui s'acquitte, soit en lui donnant un salaire, soit en se chargeant de son entretien et de celui de ses enfants.

Cette société lui commandera donc son travail, et il travaillera pour elle. La société sera changée en un vaste atelier d'agriculture, de menuiserie, de serrurerie, de filature, de tissage, etc., atelier appartenant à l'État, qui en recueillera les produits, les emmagasinera, et les distribuera ensuite entre ceux qui auront contribué à les créer.

Dans ce grand atelier y aura-t-il un salaire égal ou inégal? Tel ouvrier est fort, laborieux, intelligent, tel autre faible, paresseux, borné : ne les payerez-vous pas différemment? Mais si vous les payez différemment, voilà un commencement de richesse et de pauvreté, voilà cette détestable propriété qui renaît! Il faut donc, si on veut n'être pas trompé par le résultat, il faut un salaire égal. Mais si l'ouvrier ne reçoit qu'un salaire égal, il n'aura qu'un médiocre intérêt à employer ses bras. Celui qui sera fort, intelligent, ne mettra pas grand zèle à travailler autant que ses forces le lui permettraient, et rien ne l'empêchera, après avoir exécuté une certaine quantité d'ouvrage, de croiser ses bras et de dormir. Il n'y aura qu'un moyen de l'en empêcher, si vous ne voulez pas vous astreindre à une surveillance continuelle et insupportable, ce sera de faire travailler sous les yeux les uns des autres les membres de votre nouvelle société, en un mot de les obliger à travailler en commun. Ainsi le travail en commun est une première conséquence forcée du principe posé.

Après le travail, vient la jouissance. Quand l'homme a travaillé, il faut qu'il mange, se repose, se rapproche de l'épouse qu'il a choisie, satisfasse auprès d'elle son cœur et ses sens. Dans la vieille société que nous voulons détruire, il reçoit un salaire en argent qu'il va employer en nourriture, en vêtements, en jouissances de tout genre, pour lui et sa famille, jouissances auxquelles il se livre dans le secret de sa demeure.

La société, après l'avoir employé dans l'atelier national, où il aura travaillé en commun, lui accordera-t-elle de jouir de son salaire en particulier, dans le secret de sa demeure, ou bien exigera-t-elle la jouissance commune, comme le travail commun? Vous allez voir que l'un entraîne l'autre.

Si, après avoir exigé le travail en commun, vous accordez la jouissance en particulier, au moyen d'un salaire (peu importe qu'il soit en argent ou en nature), à l'instant même vous rencontrez les conséquences du salaire inégal, auquel vous avez été obligé de renoncer.

En effet l'homme a un penchant que l'ancienne société honorait infiniment, qu'elle s'efforçait de développer, au lieu de le réprimer : ce penchant dangereux, c'est l'économie. Elle avait tout mis en œuvre, la littérature et la finance, la fable de la fourmi et les caisses d'épargne, afin de l'encourager. L'ouvrier laborieux et sobre, économisant pour sa femme et ses enfants, tâchant de faire refluer le bénéfice de ses bons jours sur les mauvais, était un modèle proposé à tous. Aujourd'hui *le tien et le mien* étant détruits, la propriété commune étant le but, la propriété individuelle serait véritablement un vol qu'il importe de prévenir. L'économie serait une faute, un délit, un crime même, suivant ses degrés. Il ne faut donc pas d'économie. On devrait dès lors encourager chacun à manger, à boire tout son soûl, et même au delà, si le salaire commun dépassait ses besoins. Il faudrait, de plus, s'assurer si la prescription qui défend d'amasser est exécutée, et fouiller les poches, les maisons, pour empêcher le délit de propriété de renaître, comme on fait au Mexique dans les mines de diamants, comme on fait en Europe dans les hôtels des monnaies, où l'on fouille soigneusement les ouvriers à la sortie des ateliers, et où quelquefois, au Mexique surtout, les recherches sur la personne sont poussées fort loin. On aurait encore à se défier d'un redoutable penchant, l'amour paternel, qui porte à économiser, et il faudrait tâcher de le déraciner du cœur humain : car autrement vous seriez exposé à ce que, dans quelque retraite cachée, le père et la mère amassassent un petit trésor pour leurs enfants.

Cette interdiction de l'économie, nécessaire pour empêcher la propriété de naître, exigerait, on doit en convenir, de bien minutieuses, de bien gênantes précautions. A parler franchement, malgré la modération que je veux apporter dans l'examen de ce sujet, elles seraient intolérables ; et moi qui aime fort l'obéissance aux lois, en voyant ce qui se passerait ici, je concevrais qu'on jetât par la fenêtre les agents de la police communiste. Pour prévenir ces vexations, la jouissance en commun, formant le complément du travail en commun, doit être évidemment adoptée, comme moyen de pourvoir à toutes les difficultés que je viens de signaler.

Ainsi on travaillerait en commun, sous les yeux les uns des autres, ce qui empêcherait qu'on ne se croisât absolument les bras ; on jouirait en commun, à des tables communes, où l'on mangerait et boirait suivant ses besoins, ni plus ni moins ; et on serait vêtu d'un habillement uniforme, pris dans le magasin général, ce qui préviendrait les accumulations secrètes, véritable vol fait à la communauté. Pour être conséquent, on ne peut se dispenser d'aller jusque-là.

Ou le communisme est la plus ruineuse des spéculations, ou il faut le travail sous les yeux les uns des autres. Ou le communisme est la plus insupportable des inquisitions, ou il faut également la jouissance sous les yeux les uns des autres. Et avec cette double précaution, il est encore, je vous le déclare, la plus inepte, la plus insensée, la plus extravagante des inventions humaines. Mais, tel quel, il est au moins conséquent.

Poursuivons. Une expérience irrécusable nous a enseigné que pour bien faire les choses, on ne doit en faire qu'une. Les génies universels sont rares, et encore ils ne sont universels qu'à un certain degré. Vous pouvez trouver des ouvriers adroits qui exécuteront plusieurs choses également bien, des gens d'esprit qui réussiront dans plusieurs genres de littérature à la fois, Voltaire, par exemple. Mais Voltaire eût été un mauvais géomètre, bien qu'il y entendît quelque peu; un plus mauvais soldat, un plus mauvais ouvrier, car d'ordinaire si on a le système cérébral développé, il est rare qu'on ait le système musculaire développé au même degré. Napoléon si grand général, si grand administrateur, si grand législateur, eût été un mauvais poëte, quoiqu'il fût un écrivain supérieur; un grenadier détestable, quoiqu'il fût brave, et un ouvrier bien maladroit, quoiqu'il imaginât pour faire rouler ses canons mille expédients plus ingénieux les uns que les autres. Telle est la condition des plus sublimes créatures humaines : que dire des médiocres?

Il résulte de cette vérité que, suivant leurs aptitudes diverses, les uns doivent être laboureurs, les autres tisserands, ceux-là menuisiers, ceux-ci serruriers, d'autres mécaniciens, horlogers, ciseleurs, savants, lettrés, législateurs, gouvernants. Alors ils font mieux ce qu'ils ont à faire. Alors ce qui s'exécuterait en un mois, et médiocrement, s'exécute en un jour, et avec perfection. C'est ce que les économistes appellent *la division du travail*, et ce qui, suivant eux, a amené les incroyables perfections de l'industrie moderne. Une montre, dont les ressorts sont fabriqués en masse par des pâtres suisses, dans leurs loisirs d'hiver, est ajustée à Paris chez un horloger, et un ouvrier peut avoir pour cinquante francs cette montre, qui lui aurait coûté mille francs il y a deux siècles, c'est-à-dire autant et plus que la dot de sa fille. Il y a quelques années une locomotive coûtait 70,000 francs. Elle en coûte 45,000, depuis que les uns fabriquent des chaudières, les autres des ressorts, les autres des essieux coudés. Elles coûteront peut-être 10,000 francs dans vingt ou trente ans.

Ainsi la diversité des professions est la loi de toute société qui veut faire bien, vite, beaucoup, à bas prix. On conçoit quelques pâtres élevant des troupeaux, sachant de l'agriculture ce qu'il en faut pour avoir un peu de grain, donnant la laine de leurs moutons à filer à leurs femmes, la tissant ensuite eux-mêmes, pratiquant ainsi la plupart des métiers, et tout au plus appelant à leur secours une industrie étrangère, pour avoir un vase de terre, ou un couteau, qu'ils payent avec un fromage. Quoique la diversité des professions commence déjà chez ces pâtres, puisqu'ils sont obligés de demander à autrui du fer ou de la poterie, on peut dire qu'ils fabriquent presque tout eux-mêmes. Mais il faut remarquer que ce sont les plus grossiers des hommes, résidant près des neiges, au plus haut niveau du globe, loin de toute civilisation, à l'extrême frontière de l'intelligence, c'est-à-dire à la limite où commence le crétinisme. Toute société, au contraire, qui veut avancer, marcher, être en progrès, est obligée d'adopter la diversité des professions, d'où naît la spécialité de chacune, ou pour employer le mot technique, *la division du travail.*

Le communisme sera donc obligé lui aussi de diviser les ateliers communs. Il y aura les ouvriers qui travailleront la terre, le bois, le fer, le chanvre, les ouvriers qui construiront les machines, ceux qui se livreront aux recherches scientifiques, qui s'occuperont des lois, du gouvernement, des lettres, et probablement aussi, une fois engagé dans les goûts de la civilisation, des peintres, des sculpteurs.

Ferez-vous subir à ces hommes un même genre de vie? Donnerez-vous la même nourriture, le même vêtement, à l'homme qui arrose la terre de ses sueurs, dont la main calleuse dirige la charrue ou agite le marteau sur l'enclume, et à l'ouvrier qui de sa main souple et délicate tisse la soie, applique le burin sur le cuivre? Et celui qui étudie les astres, manie le pinceau ou la plume, vit d'entretiens sublimes, le ferez-vous asseoir à la table, vivre dans la compagnie du simple laboureur? Je vous déclare tout de suite, moi qui ai fait des lois, touché au gouvernement de l'Etat, tenu la plume, que j'aime mieux le simple bon sens de ce laboureur, que le verbiage ennuyeux de tel sophiste; mais après qu'il m'aura parlé froment, fourrage, engrais, ce qui est du plus sérieux intérêt, mais ce que j'ignore, quand je lui aurai parlé de Platon, de César, de Machiavel, de Descartes, de Colbert, ce qui est digne d'intérêt aussi, mais ce qu'il ignore, je l'ennuierai, je l'ennuierai beaucoup plus qu'il ne m'ennuiera, car je saurai puiser auprès de lui une instruction qu'il ne saura pas puiser auprès de moi.

Il faudra donc varier la nourriture, le vêtement, la

compagnie suivant les états, ou revenir à la société grossière de mes pâtres, dans laquelle tout peut être pareil sans inconvénient. De plus si vous voulez une société perfectionnée, si vous voulez des tissus aussi beaux que ceux de Florence, des vases aussi élégants que ceux de la Grèce, des fruits aussi délicats que ceux de Montreuil ou de Fontainebleau, il est impossible qu'on n'obtienne que de ceux-là, car, ainsi que je l'ai dit ailleurs, point de produits fins sans des produits médiocres et grossiers, la marche progressive de toute industrie le voulant impérieusement. Si donc vous désirez de ces produits recherchés, il y aura deux raisons au lieu d'une pour traiter différemment les professions, la première à cause de la différence de mœurs entre ceux qui les exerceront, et la seconde à cause de l'inégalité même des produits auxquels il faudra trouver des consommateurs.

Il y aura par conséquent table et compagnie des laboureurs, des forgerons, de tous ceux qui se livreront à des travaux violents ; table et compagnie des tisserands, des mécaniciens, de ceux qui se livreront à des travaux moins rudes, qui auront à déployer moins de force et plus d'intelligence ; table et compagnie enfin de ceux qui se serviront uniquement de leur intelligence ; et, bien que je n'en énumère que quelques-unes ici, les classifications devront varier à l'infini.

La conséquence du communisme est donc, outre la vie commune pour le travail comme pour la jouissance, de classer les professions et ceux qui les exercent, de différencier leur manière d'être par décision de l'autorité publique.

Il y aura inévitablement des tables de pauvres et de riches, les unes et les autres, dira-t-on, sagement réglées, de façon qu'aux premières il y ait le nécessaire, et qu'aux secondes il n'y ait pas le superflu ; bien réglées, soit, mais réglées par l'autorité publique, qui désignera elle-même les riches et les pauvres, ou du moins ceux qui seront traités comme tels.

Mais ce n'est pas tout. Dans la société où l'homme est livré à lui-même, il choisit sa profession. S'il a voulu s'élever trop haut, il échoue, et retombe au-dessous. Celui-ci, d'ouvrier a voulu se faire maître ; il retombe à l'état d'ouvrier, et même à l'état d'homme de peine. Dans le système où la société se charge de l'homme, elle classera les individus ; elle leur dira, après inspection des bras et du crâne : toi, tu seras laboureur ; toi, tisserand ; toi, mécanicien ; toi, géomètre ; toi, savant ; toi, peintre ou poëte ; toi, Archimède, Newton, Descartes, Racine ou Bossuet! Elle donnera la charrue, le marteau, la lime, la navette, la plume, le télescope, le pinceau, l'épée, comme une place, comme un bureau de tabac, comme une perception !

Ou point de professions diverses, point de rangs, et alors point d'arts : mes pâtres, toujours mes pâtres ; ou si l'on veut des professions diverses et des arts, il faut des distinctions, de la richesse, du génie enfin, de par les autorités que la loi aura instituées. Tout ceci est forcé, tout ceci se tient par une chaîne indissoluble.

Il y a une dernière conséquence du communisme moins inévitable, mais qui manque à la parfaite harmonie du système, et qui, si on ne l'ajoute pas, prouve qu'on se défie du système lui-même. C'est la suppression de la famille.

Oh! sans doute, on peut supposer au nombre de ces tables communes la table des enfants, aussi bien que celles des pères et des mères; on peut, en abrogeant *le tien et le mien* pour les choses matérielles, le conserver pour les choses morales. On peut, en ayant sa femme, avoir ses enfants, qu'on reconnaît, qu'on aime, qu'on suit dans la carrière de la vie. A Sparte, il y avait la table commune et la famille; mais c'était la table commune pour les guerriers. La propriété restait, avec la femme et les enfants, au logis. La femme veillait sur les enfants et sur les ilotes qui travaillaient la terre en esclaves. Et, vers la fin de cette société, qui n'était du reste qu'à moitié contre nature, à l'époque de sa décadence, les femmes avaient toute la propriété et des mœurs affreuses. Les hommes n'avaient pas cessé de se livrer à des habitudes infâmes : ils n'étaient que braves.

J'admets donc que les enfants pourront appartenir au père et à la mère, qui les iront visiter à la table commune. Mais, de grâce, ne sentez-vous pas à quel supplice de Tantale votre cruelle inconséquence aura exposé ces malheureux parents? Quel est le plus grand stimulant du désir de posséder si ce n'est l'amour des enfants? C'est surtout pour les enrichir, ou du moins pour les faire vivre un peu mieux, que la plupart des pères et des mères travaillent. Vous leur laissez des enfants à aimer, et vous ne leur donnez pas la permission de satisfaire ce penchant en travaillant pour eux! Quoi! ils les verront, les serreront sur leur cœur, et ne pourront rien pour leur bien-être! Il faudra dans une société de trente millions d'âmes, qu'ils travaillent à améliorer le sort de trente millions d'individus, pour qu'il en arrive un trente-millionième à leurs enfants! Ne sera-ce pas un supplice affreux! Soyez donc conséquent. Vous voulez confondre toutes les existences : confondez tous les cœurs. Qu'il n'y ait plus de relations entre le père, la mère et les enfants ; que les enfants soient à tous ; que le père et la mère ne puissent plus les reconnaître, et alors ils les aimeront tous, sans exception. Ils iront, à certaines heures, voir les enfants de la communauté, comme on va au chenil, ou à la basse-cour, ou au haras, regarder les produits du domaine avec un certain plaisir. Ils pourront en reconnaître çà et là quelqu'un, ce qui fera naître une illusion d'un moment, peut-être aussi une regrettable tentation de préférence; mais on les habituera à les confondre tous dans le même sentiment, et alors l'inconséquence de donner des êtres à aimer à qui ne peut rien pour eux, cette inconséquence cessera. Puis vous serez conséquent de bien des manières, car, si la propriété est gênante, la famille l'est également, et par la même raison. Une loi absolue vous condamne à voir le beau champ du voisin couvert de fruits, et si votre bouche est brûlante de soif, à ne pas y toucher. Même chose existe quant à la relation des sexes. Une erreur de votre famille vous a uni à une épouse insupportable, et réciproquement. Mais là, tout près de vous, est une femme, belle ou non, qui du moins vous plaît, à qui vous plaisez, et vous ne pouvez vous précipiter dans ses bras, qu'elle brûle de vous ouvrir. Voilà une autre propriété, bien intolérable aussi! Eh bien! abolissez jusqu'aux derniers vestiges *du tien et du mien* : l'homme alors, admis à travailler en commun, à jouir en commun, à satisfaire sans retenue son besoin de manger ou de boire à la table commune, pourra se livrer à sa passion avec la femme qui lui plaira, sans s'inquiéter des conséquences. La société, chargée d'élever les enfants de tous, aux frais de tous, y pourvoira, et l'homme, exempt de pauvreté, pouvant satisfaire tous ses appétits à la fois, obtiendra la somme de bonheur que la nature lui destinait, et qu'une société tyrannique lui a refusée.

Pour être juste, il faut reconnaître que les adversaires de la *propriété* n'admettent pas tous ce dernier degré de communisme; mais je ne les en admire guère davantage, et je méprise leur inconséquence.

J'ai fait effort, comme on a vu, pour traiter sérieusement ce grave système. J'achève cet exposé, bien pénible pour tout homme de sens, et je tiens pour irréfragablement démontrées les conséquences suivantes :

Ou il faut l'homme travaillant pour lui-même, et dès lors propriétaire, ou il le faut travaillant pour la communauté, qui se chargera de lui, et lui épargnera les chances du travail libre.

Dès lors la communauté à tous les degrés s'ensuit inévitablement.

Il faut le travail en commun pour prévenir la paresse, la jouissance en commun pour prévenir l'économie.

Il faut encore, ou une égalité grossière, ou, si l'on admet la civilisation, des professions diverses, dès lors des déclarations d'aptitudes faites par la communauté elle-même, et des traitements inégaux pour consommer des produits inégaux; il faut, en un mot, ou l'égalité dans la barbarie, ou l'inégalité dans la civilisation, mais l'inégalité par décision de l'autorité publique.

Et enfin, si l'on veut être parfaitement conséquent, il faut avec l'impuissance de rien faire pour ses enfants, suite de l'abolition de toute propriété, ne pas continuer le supplice de les aimer, dès lors ne pas exposer les pères à les connaître, et les dispenser d'épouses fixes, ce qui fera cesser la tyrannie des unions mal assorties.

Toutes ces conséquences se tiennent indissolublement, et l'une de ces institutions conduit à l'autre. Ou tout en propre, ou rien; alors rien, ni le pain, ni la femme, ni les enfants; tout en commun, le travail et la jouissance. L'homme ainsi vivra comme ce troupeau de biches et de cerfs qui parcourent nos forêts, ou comme cette troupe de chiens qui habitent les rues de Constantinople.

A cette humanité future je fais trois objections : elle détruit le travail, la liberté, la famille.

Il faut l'examiner brièvement sous ces trois rapports.

CHAPITRE III.

DU COMMUNISME PAR RAPPORT AU TRAVAIL.

Que le communisme éteint toute ardeur pour le travail

Il est bien évident qu'en voulant empêcher la propriété, c'est-à-dire empêcher que l'un ait peu, l'autre beaucoup, il ne faut pas d'inégalité dans les salaires. On comprend que lorsque je parle d'égalité ou d'inégalité de salaire, j'entends parler d'égalité ou d'inégalité dans la même profession, car si le communisme classe les professions, et les traite différemment, ce qu'il faudra qu'il fasse pour avoir des arts, il existera une inégalité de traitement entre les diverses professions, qui n'est pas celle dont il s'agit ici. Je parle du salaire dans la même profession.

Tel laboureur peut être robuste et intelligent, tel autre ne l'être pas, ainsi du forgeron, du tisserand, etc. Les payer inégalement serait les exposer à posséder inégalement. Il faut donc les traiter d'une manière égale, et pour éviter ou la paresse ou l'économie, les récompenser en leur donnant pour salaire la vie commune. Quoi qu'il en soit, celui qui fera bien ou mal, peu ou beaucoup, sera traité comme les autres; sa récompense sera ou la prospérité générale, ou l'honneur. Je ne veux pas faire perdre de temps à mes lecteurs, et j'affirme, sans fournir les preuves qui abondent dans l'esprit de tout le monde, que ces ouvriers, mus par la prospérité générale ou l'honneur, ne travailleront pas. Vous figurez-vous un mécanicien à qui on dira : Travaille, mon ami, deux, trois heures de plus par jour, et dans dix ou vingt ans, la société française sera plus riche. — Je ne prétends pas qu'il soit insensible à ce résultat, mais je doute qu'il travaille ces deux heures de plus. Si au contraire son maître lui dit : Cette pièce de machine que tu exécutais en dix jours, et que je te payais cinq francs par jour, ce qui te rapportait cinquante francs, je te la donne à exécuter à la tâche; tu la feras en tel temps que tu voudras, et je te la payerai de même cinquante francs : si son maître lui dit cela, il l'exécutera en six, sept ou huit jours, pour gagner huit, sept ou six francs. Oh alors, il ne ménagera ni ses bras, ni son temps, ni ses nuits, et il cherchera à gagner davantage, soit pour lui, soit pour ses enfants. S'il en était autrement, le travail à la tâche n'aurait pas été inventé.

Vous niez, dira-t-on, les plus nobles mobiles. C'est vous, répondrai-je, qui les employez mal. Je crois, moi, que si vous dites à cet ouvrier : Travaille beaucoup, et tu n'auras ni plus ni moins de traitement, mais la France dans vingt ou trente ans sera plus riche, cet ouvrier lèvera les épaules, car on lui parle

argent, et il faut un argument approprié au sujet.
Mais si vous lui dites : Meurs pour que la France soit
sauvée, il vous écoutera peut-être, et si vous avez su
par de nobles institutions militaires élever son cœur,
y développer le sentiment de la gloire, il mourra à
Austerlitz, à Eylau, ou sous les murs de Paris. C'est
que l'homme est plus paresseux que lâche, et que
pour chaque genre d'effort il faut des stimulants différents. Pour l'exciter au travail, il faut lui montrer
l'appât du bien-être; pour l'exciter au dévouement,
il faut lui montrer la gloire. Quoi! l'honneur pour
deux ou trois planches de plus rabotées dans une
journée, pour une pièce de fer mieux limée! Vous
blasphémez! L'honneur pour d'Assas, Chevert, La
Tour-d'Auvergne : le salaire, c'est-à-dire la satisfaction
de bien vivre, lui et ses enfants, pour celui qui a laborieusement et habilement travaillé, et de plus l'estime, s'il est sage et probe, car il faut aussi des satisfactions morales à cet honnête ouvrier. Raisonner
autrement ce n'est pas connaître la nature humaine,
c'est tout confondre, sous prétexte de tout réformer.

Le dévouement exalté qui fait braver la mort, on
l'obtient d'un enthousiasme momentané, habilement
excité. Mais cette application constante à une tâche
obscure, qu'on appelle le travail, ne s'obtient que par
la perspective du bien-être. Sans doute ce travail
opiniâtre peut conduire quelquefois à la gloire, s'il
s'agit des recherches de Newton, et c'est un stimulant
de plus; mais la masse du travail dont la société vit
ne s'obtient qu'en offrant au travailleur la certitude

d'un salaire matériel. Quand l'homme s'obstine sur la nature pour lui arracher les matières dont il se nourrit ou se vêt, il s'obstine pour ces objets mêmes, il faut les lui donner, il faut récompenser le travail conformément au but qu'il se propose, et pour l'exciter autant que possible, lui donner ni plus ni moins qu'il n'aura produit, mais autant. Il faut de plus rapprocher le but de ses yeux, et pour cela lui présenter non le bien-être de tous, ni même celui de quelques-uns, mais le sien et celui de ses enfants. Outre qu'il y aura justice à en agir ainsi, il y aura excitation la plus haute possible. Qui fera beaucoup, aura beaucoup; qui fera peu, aura peu; qui ne fera rien, n'aura rien. Voilà la justice, la prudence, la raison. Ce n'est pas détruire les nobles mobiles, c'est les réserver pour les nobles fins auxquelles ils sont propres. Le salaire sera pour le travail, la gloire pour les dévouements sublimes, ou pour le génie. Cet homme travaille toute sa vie pour nourrir lui et sa famille, payez-le, payez-le bien. Il se dévoue une fois jusqu'à braver la mort, décernez-lui la gloire du soldat. Il fait une découverte, décernez-lui la gloire de l'inventeur. Mais à chacun suivant ses œuvres.

Ainsi sans salaire personnel, proportionné au travail, à sa quantité et à sa qualité, point de zèle à ce travail. Votre communauté, avec le traitement général et commun, mourrait de faim avant peu. C'est tout au plus si la société où la propriété est admise, où le travail profite à celui qui s'y consacre, à lui seul, à ses enfants, c'est tout au plus si elle arrive à procurer du pain à tous, et souvent de mauvais pain. Qu'en serait-il, si aucun ne travaillait pour soi, et si tous ne travaillaient que pour la généralité? La répartition fût-elle différente, le résultat serait le même, car, ainsi que je l'ai déjà dit, on sait, par un calcul facile à établir, que la réversion de la richesse des plus riches sur les plus pauvres, ne produirait pas une augmentation sensible pour ces derniers. Elle n'ajouterait pas un centime à la journée de chacun, et elle aurait diminué de moitié, des trois quarts peut-être, la masse de la production générale. Tous mourraient de faim : c'est l'unique bien qu'on leur aurait fait.

CHAPITRE IV.

DU COMMUNISME PAR RAPPORT A LA LIBERTÉ HUMAINE.

Que le communisme est la négation absolue de la liberté humaine.

Le communisme tue le travail, car en éloignant le but, il détruit l'ardeur à l'atteindre; il fait plus, il supprime la liberté.

Qu'est-ce donc que cette société chimérique, dans laquelle, de peur que l'homme ne se trompe, ne s'égare, ne réussisse pas ou ne réussisse trop, ne reste pauvre ou ne devienne riche, on l'oblige à travailler pour la communauté, on le fait nourrir, vêtir, entretenir par elle; dans laquelle on lui assigne sa vocation, on le déclare, par ordre, agriculteur, forgeron, tisserand, lettré, mathématicien, poëte, guerrier, dans laquelle il est, par ordre, tantôt appelé aux jouissances délicates, tantôt relégué dans les jouissances vulgaires, à moins que, pour prévenir la difficulté de ces classifications, on ne le retienne dans la grossière égalité du pâtre? qu'est-ce que cette société? Ah! je vais vous le dire : c'est une ruche ou une fourmilière.

Il y a en effet dans la nature des animaux qui vivent en communauté et qui présentent toutes les apparences de la société humaine. Voyez les abeilles, par exemple; elles travaillent avec une activité continuelle, voltigent sur les arbustes du voisinage, ne se trompent jamais dans leur choix, et reviennent avec leur petite provision de sucs recueillis dans le calice des fleurs. Rentrées dans la ruche, elles y travaillent en architectes infaillibles, ne commettent jamais d'erreur dans la dimension de leur cellule, avec la cire font le mur, dans ce mur déposent le miel, élèvent la nouvelle famille qu'elles lancent ensuite dans l'air, ou dans le monde, comme nous dirions, humainement parlant, pour aller y fonder une nouvelle colonie, c'est-à-dire une nouvelle ruche.

Parmi ces mouches industrieuses, il n'y a jamais ni diligent ni paresseux, ni riche ni pauvre, ni vertueux ni coupable. Tout est bien, tout est ce qu'il doit être : savez-vous pourquoi? Parce que tout est gouverné par un guide infaillible, l'instinct. Votre communauté, savez-vous ce qu'elle serait? Une ruche d'abeilles. L'homme, tel que vous voudriez le faire, savez-vous ce qu'il serait? Un animal, descendu au rang de l'animal esclave de l'instinct.

En un mot, la liberté manquerait, et la liberté consiste à pouvoir se tromper, à pouvoir souffrir. Erreur et vérité, souffrance et jouissance, telle est l'âme humaine!

L'abeille ne se trompe pas ; elle va d'un arbuste à un autre arbuste, s'agite dans l'air et la lumière, jouit sans doute, mais sans les vives émotions propres à notre nature ; et, rentrée dans sa ruche, tournant sur elle-même, faisant compas de ses petites pattes, cette machine infaillible ne se trompe pas plus que celle de Vaucanson, parce que son Vaucanson c'est Dieu lui-même. L'homme est tout autre : sa ruche, c'est Athènes, Rome, Florence, Venise, Londres, Paris. Les mouvements qu'il est obligé de se donner sont bien différents! Il n'a pas à courir d'un arbuste à un autre arbuste, presque sans aucune chance de méprise. Il lui faut juger les rapports les plus vastes et les plus compliqués ; il lui faut créer par les arts les plus raffinés les aliments dont il se nourrit ; il lui faut amener de toutes les parties du monde les produits les plus divers, ne pas s'abuser sur leur valeur, les faire arriver à propos et à des conditions avantageuses. Pour aller les chercher, il faut qu'il ait appris à étudier la marche des astres, des vents, des saisons ; qu'il les défende en route avec le génie des Ruyter, des Jean Bart, des Nelson. Dans toutes ces opérations, il peut deviner juste ou non. S'il ne pouvait pas se tromper, s'il voyait la vérité, nécessairement, infailliblement, d'un seul regard de son esprit, il ne serait pas libre. Il serait ou cette abeille, qui, limitée à de petits actes qu'elle accomplit sans erreur, est une machine vivante, gouvernée par ces ressorts infaillibles de la nature animée qu'on appelle instincts, il serait cette mouche laborieuse, ou Dieu, Dieu lui-même, tel que nous nous efforçons de le concevoir, lequel, en présence de la vérité éternelle, la voit sans intermédiaire et sans interruption, car il est cette vérité même. Ou machine, ou Dieu, tel serait l'être qui ne se tromperait pas. L'homme peut donc saisir le vrai ou ne le pas saisir, et c'est là ce qui constitue sa liberté : il y arrive par l'attention soutenue, par le travail enfin.

C'est là son esprit, mais ce n'est pas encore son âme tout entière. Il lui faut plus que cette perception des objets qui consiste à les discerner bien ou mal, promptement ou lentement, sûrement ou inexactement ; il lui faut des impulsions. Si la vue des choses le laissait indifférent, il serait curieux peut-être, mais inactif. Pour qu'il agisse, il lui faut des motifs d'agir. Pour qu'il s'approche ou s'éloigne des choses, il faut qu'elles l'affectent fortement ; il faut qu'elles lui causent ou beaucoup de bien ou beaucoup de mal : c'est là son attraction à lui. La lune, en étant attirée autour de la terre, la terre autour du soleil, ont leurs motifs dénués de sentiment. L'homme, attiré vers tel ou tel objet, porté à tel acte ou à tel autre, a son attraction : c'est le plaisir ou la douleur. S'il ne les éprouvait pas, il serait cette lune, cette terre, qui, bien que plus grosses que lui un nombre infini de fois, n'ont pas la dignité morale qu'il reçoit de cette qualité d'être sentant et pensant. Pour se mouvoir donc, il faut qu'il soit attiré ou éloigné, qu'il jouisse ou souffre, suivant qu'il a réussi ou échoué dans ses actes. Il peut se tromper, il peut souffrir : voilà la double liberté de son âme. Toujours discerner le vrai, toujours éprouver une même sensation, fût-elle douce, ce serait ne pas discerner, ne pas sentir ; ce serait, en descendant bien bas, devenir abeille, polype, végétal, pierre, et, en allant plus bas encore, aboutir au néant ; ou bien, en remontant cette échelle des êtres, en la remontant jusqu'à l'infini, arriver à Dieu, tel que nous essayons de le comprendre. Ainsi, pouvoir se tromper, pouvoir souffrir, mais pouvoir le contraire aussi, voilà la liberté, voilà ce qui place l'homme au-dessus de l'animal gouverné par les instincts, mais au-dessous de cet Être que nous nous efforçons de concevoir, en lui retranchant toutes les imperfections de notre nature bornée, et que nous appelons Dieu.

Ame sublime de l'homme, âme obtuse ou clairvoyante, sentant profondément la peine ou le plaisir, flambeau que Dieu plaça en nous pour nous inciter et nous conduire, âme libre, faut-il donc vous éteindre comme une flamme importune qui nous fatigue et nous dévore ! Quoi ! vous voulez donc souffler sur elle, puisque vous voulez nous ôter cette liberté, et nous faire descendre à l'état d'abeille ou de fourmi ! Quoi ! de peur que je ne me trompe, que je n'échoue dans mes combinaisons, que je ne sois ce que vous appelez riche ou pauvre, que je ne souffre le froid, la faim, la misère, vous allez m'enfermer dans une ruche, me tracer ma tâche, me nourrir, me vêtir à votre goût, mesurer ma force, mon appétit, mon génie, me placer ici ou là, m'assigner telle étude ou telle autre! Et, lorsque vous craignez que je ne me trompe, et que, pour éviter ce danger, vous prétendez décider de tout pour moi, vous ne craignez pas, législateur infatué, de vous tromper vous-même, en m'assignant ainsi mon rôle, en déterminant mes besoins, en vous chargeant d'y satisfaire! Vous vous êtes grossièrement abusé; au milieu de l'immensité de la création, vous m'avez pris pour ce que je n'étais pas, vous m'avez pris pour le castor qui construit, pour le cheval qu'on attelle. De peur que je ne tombe, vous m'avez rabaissé; de peur que je ne m'égare, vous m'avez fait esclave; de peur que je ne souffre, vous m'avez ôté la vie, car en supprimant les accidents de ma vie, vous avez supprimé ma vie elle-même.

La vieille, l'éternelle société que la nature a faite, traite l'homme autrement. Travaille, lui dit-elle, travaille tant que tu voudras, tant que tu pourras, comme tu sauras, bien ou mal, avec ou sans intelligence, avec les moyens que tu as reçus à ta naissance. Ce que tu gagneras sera pour toi. Tu es vieux, travaille encore, car ce que tu gagneras sera pour tes enfants. — La société, outre qu'elle dit à l'homme : Travaille, travaille sans mesure, lui laisse de plus le choix de l'art dans lequel il s'exercera. Il suit son instinct. S'il se trompe, il sera obligé de changer et de descendre. Mais, en s'essayant, il finira par trouver, et une fois sa voie trouvée, il la parcourra comme l'aigle traverse les airs. Voici un mauvais médecin, qui était sans le savoir un grand architecte : il se ravise, et construit la colonnade du Louvre. Voici un médiocre architecte qui s'aperçoit qu'il était né pour les armes : il revient à sa vocation, et gagne la bataille d'Héliopolis. Chacun ainsi travaille, travaille ardemment, librement, suivant son aptitude particulière. Le père qui est devenu riche, fait ses enfants riches, et les place au-dessus de lui. Ces enfants prêtent les capitaux créés par leur père à d'autres qui ont besoin de travailler, en tirent un revenu, payent avec ce revenu les produits les plus recherchés de l'industrie, et, élevés par le travail, salarient le travail à leur tour. S'ils sont dignes de leur père, ils restent où il les mit : ils montent même plus haut encore ; sinon, ils retombent, redeviennent pauvres, et on les voit mendier à la porte des palais où fut nourrie leur enfance. Comme le travail de leur père fut récompensé en eux, leur oisiveté est punie en eux, et dans leur postérité. Il naît de là mille contrastes moraux, il naît cette suite d'accidents qu'on appelle le spectacle du monde. On voit sur la soie un pauvre ouvrier né sur la paille ; on voit sur la paille un grand seigneur né sur la soie. On voit celui qui, simple serviteur, travailla, servit dans la maison d'un enfant opulent, protecteur aujourd'hui de cet enfant autrefois dédaigneux, maintenant humilié, mais relevé par celui qu'il dédaigna. On voit un aventurier sans fortune revenir avec les trésors de l'Inde, prodiguant ses bienfaits autour de lui, et, immédiatement après, ses héritiers dispersés et dépourvus du nécessaire. On voit non-seulement les accidents de la richesse, mais ceux aussi de la puissance, car la fortune capricieuse se joue avec toutes choses, avec les trésors comme avec les couronnes. On voit le soldat devenu souverain, Jean Sforce, duc de Milan, et ses petits-fils empoisonnés par un tyran ; un officier d'artillerie, maître du monde, puis privé d'air et d'espace dans une île, les membres de sa famille dispersés, quelquefois condamnés à l'indigence ; des princes, héritiers d'une longue suite de rois, proscrits, maîtres d'école, puis rois, puis encore proscrits, et mangeant dans l'exil un pain qui suffit à peine à leurs besoins. On voit ces jeux confus, et mille vertus contrastant avec mille vices, quelquefois des riches au cœur sec, mais quelquefois aussi des riches au cœur plein de bonté, répandant autour d'eux les dons de la fortune, et celui qui réussit dédommageant ainsi de son infériorité celui qui ne sut pas réussir; partout des contre-poids, l'habileté opposée à la maladresse, l'activité à la paresse, la bonté au malheur, et toujours, enfin, les facultés humaines en action poussées au plus haut point de développement! Ces hasards, ces contrastes si frappants, ces facultés humaines si excitées, ces vices, ces vertus, ces biens, ces maux, c'est la liberté : ce n'est pas l'animal, c'est l'homme.

CHAPITRE V.

DU COMMUNISME PAR RAPPORT A LA FAMILLE.

Que la propriété et la famille sont indissolublement unies, qu'en détruisant l'une le communisme détruit l'autre, et abolit les plus nobles sentiments de l'âme humaine.

Le communisme détruit le travail, supprime la liberté, et s'il est conséquent, doit abolir la famille.

L'homme tel que la nature l'a fait, et non tel que le veulent faire les sophistes, a besoin d'avoir son champ, dans son champ sa demeure, dans sa demeure sa famille. Lorsque de l'enfance il a passé à la jeunesse, et que son être est achevé, il épouse la femme qu'il a choisie, ou que ses parents ont choisie pour lui. Il en obtient des enfants. Il travaille pour elle et pour eux. Il aime à parer cette compagne, objet de son amour; il s'applique à bien élever les enfants qu'elle lui a donnés, à les diriger vers telle ou telle profession, à leur préparer, soit dans la carrière qu'il a parcourue, soit dans une carrière plus haute, des richesses et des honneurs. Lorsqu'il a atteint ce but, qu'il est vieux, que la vie n'a plus de joie, que l'amour est une ardeur éteinte, que les succès ne lui paraissent plus qu'une déception de la terre, il renaît dans ses enfants. Ces goûts qu'il n'a plus pour lui-même, il les a pour eux. Il est heureux quand ils aiment, quand ils réussissent. Jeune et fort il a protégé leur enfance, vieux et infirme il est protégé par eux dans sa décrépitude. Il meurt enfin après avoir été enfant, adolescent, homme mûr, vieillard, après avoir reçu de ses fils les services qu'il leur a rendus, toujours aimant, toujours aimé, et accompagné jusqu'aux portes de la mort par les êtres auxquels il donna la vie. Les générations humaines se suivent ainsi en se tenant par la main, depuis ce premier homme que les Écritures appellent Adam, jusqu'à ses derniers descendants, qui périront on ne sait de quelle mort, avec la planète qui nous porte à travers les champs de l'infini.

Voilà, me dira-t-on, l'idéal de la famille. Mais cet homme a choisi cette femme sous l'influence d'un goût passager. Il a cessé de l'aimer, ou il a cessé d'en être aimé. Il l'a trompée, et il a fini par en être trompé lui-même. Cette société conjugale est devenue une tyrannie. Ces enfants il les a négligés, ou bien père excellent, après les avoir comblés de soins, il n'a trouvé auprès d'eux qu'ingratitude et abandon.

Je connais ces diatribes, mais faibles raisonneurs sont ceux que ces défaillances accidentelles des choses tournent contre les choses elles-mêmes. Tout à l'heure j'expliquerai ces défaillances. Prouvons que cet idéal que j'ai tracé reste vrai, à travers toutes les vicissitudes de la famille humaine.

Parmi les animaux le père ne connaît jamais les êtres issus de lui. La mère quand elle a fini de les allaiter, ou, dans les espèces qui ne sont pas mammifères, quand elle leur a enseigné à vivre seuls, les abandonne, ne veut plus même les voir, et les chasse d'auprès d'elle comme importuns. L'éducation a consisté à les conduire jusqu'à l'âge où ils peuvent se nourrir et se défendre. C'est un mois, deux mois, un an peut-être, pour ceux dont la vie est la plus longue. Après ils sont voués au communisme. Le père, la mère, les rejetons vivent sans se connaître, sans se distinguer, dans une promiscuité pour laquelle la nature ne montre chez eux aucune répugnance. Telle est la famille chez les animaux. Il est vrai qu'ils n'ont pas de soucis, pas de gêne, pas d'obligation de se soigner quand ils ne s'aiment plus, pas d'adultère à se reprocher, pas de négligences paternelles, pas d'ingratitudes filiales à déplorer, qu'ils ne sont ni mauvais époux, ni mauvais pères, ni mauvais fils. Est-ce un pareil état d'innocence, de liberté, de bonheur, qu'on souhaite pour l'espèce humaine? Cette innocence, cette liberté, ce bonheur sont ceux de la brute. Le but qui a réuni le père et la mère une fois atteint, ce qui pour le père est d'un instant et pour la mère de quelques mois, ils se séparent et la famille est dissoute. Elle a duré le temps nécessaire à l'éducation de l'espèce.

Mais l'éducation de l'homme est de toute la vie. Cet être si fort, destiné à durer plus que la plupart des autres animaux, destiné à être Newton, Racine, Voltaire ou Napoléon, quand son allaitement est fini sait à peine marcher, se laisserait renverser par un chien, écraser par un cheval, si vous le livriez à lui-même, et quand il peut manger, marcher, éviter les obstacles dangereux, ne saurait pas vivre au milieu de cette société où tout s'achète, où l'on ne trouve pas à subsister dans les rues comme les animaux trouvent à brouter dans les champs. Il faut que le père et la mère gagnent sa vie pour lui. Puis c'est un être pensant, il faut développer son intelligence, il faut la cultiver, l'élever, la mettre au niveau de sa profession, de sa nation, de son siècle. Montez encore plus haut, et si c'est le fils de ces grandes familles qui sont l'honneur de leur pays, si c'est le fils des Scipion à Rome, le fils des Annibal Barca dans la jalouse Carthage, s'il doit soutenir un jour l'éclat de son nom, la gloire de sa patrie, il faut lui inculquer les vertus héréditaires, les nobles passions de sa race, et alors toute une vie de bons et héroïques exemples n'est pas de trop. Si c'est le fils de Jean Bart il faut le mettre en mer à côté de son père, et si un jour de bataille il paraît ému, l'attacher au mât du vaisseau que commande l'héroïque marin. Croyez-vous que pour un tel objet la famille puisse durer trop longtemps?

Pour l'animal la famille c'est la protection de la mère pendant l'âge de l'infirmité physique; pour l'homme c'est la vigilance du père et de la mère sur son âme, continuée toute la vie, c'est la perpétuité des sages leçons, des grands exemples! Faut-il que ce soit dans une république qu'on ait de telles choses à dire?

La famille humaine assurément n'est pas toujours et partout la même; elle n'arrive pas plus que les autres institutions sociales à sa perfection, dès l'origine des sociétés. Dans l'état nomade l'homme a plusieurs femmes, parce que vivant librement sous le ciel, dans les vastes pâturages du désert, au milieu de l'abondance pastorale, l'existence pour lui est facile, et qu'il peut nourrir beaucoup de femmes et beaucoup d'enfants. Despote n'ayant pas encore appris à respecter la faiblesse de sa compagne, il satisfait son goût qui est d'avoir plusieurs épouses, leur impose la fidélité qu'il n'observe pas lui-même, a de toutes des enfants qui vivent entre eux comme ils peuvent, et si l'une d'elles l'emporte sur les autres, laisse Agar s'en aller au désert mourir de soif avec Ismaël. Enfin si ce barbare nomade conquiert un jour Constantinople, il aura des concubines par centaines, condamnées dans un harem à vivre de temps à autre de l'un de ses caprices, lui donnant des enfants de toute origine, qui se feront entre eux les guerres sanglantes du sérail.

Même à Rome, dans ce sanctuaire des grands et nobles sentiments, mais des sentiments rudes, surtout avant que le christianisme eût élevé et attendri les cœurs, le lien conjugal était loin d'être aussi étroit qu'il l'est devenu. Le mariage avait des degrés ; du concubinage à l'union définitive il y avait des états intermédiaires, admis et reconnus par la loi. Le divorce enfin était facile. Une Romaine passait souvent d'une maison dans une autre. La famille consistait dans le père, et bien moins dans la mère. Un noble orgueil de race était, beaucoup plus que la tendresse, le principe, l'âme de la famille. Ce saint orgueil était poussé si loin, que les Scipion ayant un fils indigne d'eux, allaient demander à Paul-Émile de leur céder un enfant, qu'on donnait à élever à Polybe, et qui devenait Scipion l'Émilien. La grandeur de Rome appuyée sur la grandeur des familles dominait le monde. Mais la mère manquait souvent, et la tendresse était absente. La mère des Gracques est une exception qui confirme plutôt qu'elle ne dément cette vérité.

Le christianisme, qui a tant fait pour la société humaine, en contenant l'homme, en l'obligeant à immoler ses penchants, à respecter la faiblesse de la femme comme celle de l'esclave, a constitué la famille telle qu'elle est. Pour un seul père, une seule mère, une seule lignée d'enfants. Voilà la perfection de cette sainte institution. Sans doute, dans leurs goûts inconstants, l'homme, la femme peuvent n'être pas toujours suffisamment contenus. Il est rare qu'ils s'aiment du même amour de la jeunesse à la vieillesse; mais avec le temps l'affection conjugale succède à l'amour. L'être qui s'est associé à vos intérêts pendant toute votre vie, qui a même orgueil, même ambition, même fortune, ne saurait jamais vous être indifférent, et si l'extrême rapprochement des existences a produit des froissements, le jour où cet être vous est ravi, le vide qui se fait en vous prouve quelle place il tenait en votre âme. D'ailleurs ne reste-t-il pas les enfants, pour lesquels la famille a été instituée? L'époux, l'épouse dont les sentiments sont altérés, se retrouvent, s'entendent, quand il s'agit de ces êtres chéris, but unique de la vie quand la vie n'a plus de but. Ils souffrent en eux, souffrent cruellement, mais souffrent plus encore quand ils n'en ont pas. Qui voudrait en effet arracher de l'âme humaine ce sentiment de la maternité, si amer et si doux, si délicieux et si terrible, qui tantôt veille sur la jeune fille, garde sa pudeur, la conduit jusqu'au lit nuptial, l'aime devenue mère, aime ses enfants autant qu'elle-même; tantôt suivant le jeune homme dans sa carrière orageuse, après l'avoir soigné enfant, adolescent, l'accompagne en tremblant à l'entrée de la vie, souffre amèrement de ses revers, jouit jusqu'au délire de ses succès? Quelquefois cette mère si tendre a consenti à voir ce fils embrasser la carrière des armes. Elle a frémi en apprenant qu'il était à la veille d'une bataille : quelle joie s'il y a survécu, et s'il s'y est honoré! Oh! sans doute elle sera cruellement déchirée si on le lui rapporte mort, même sur des drapeaux ravis à l'ennemi; elle sera déchirée et voudra mourir, et mourra peut-être! J'en conviens, la brute, même la meilleure, le chien que vous aimez, n'a pas de tels chagrins. Voulez-vous donc devenir brute, abdiquer votre âme, cesser d'être une créature libre, pensant juste et pensant faux, jouissant et souffrant, souffrant profondément! Alors arrachez-vous cette âme, retombez sur vos quatre membres, faites de vos bras des pieds, abaissez vers la terre ce front destiné à regarder les cieux, *erectos ad sidera tollere vultus*, et devenez brute pour ne pas souffrir.

Les enfants causent des douleurs, le contrat gêne, comme les limites du champ voisin importunent celui qui voudrait y cueillir des fruits! Dès lors, je l'avoue, rien n'est plus conséquent que d'abolir les limites de la famille, aussi bien que celles du champ voisin. On n'aura plus d'autre domaine, d'autre demeure, d'autre femme, d'autres enfants que ceux de la communauté. On aimera, on servira le tout en bloc, et il y aura bien des difficultés supprimées. L'homme s'unira momentanément à la femme qui lui aura plu, restera avec elle plus ou moins de temps, puis, le besoin satisfait, ou le goût évanoui, s'éloignera en lui laissant les peines de la grossesse, auxquelles la prévoyante communauté aura pourvu, ira visiter quelquefois dans la crèche commune tous les enfants de tous les pères, de toutes les mères, tâchera de n'en reconnaître aucun, de peur de commettre le péché d'en aimer un individuellement, et aura pour jouissance de famille, le plaisir de les voir s'ébattre tous sous l'aile de la communauté.

Je sais bien que beaucoup d'adversaires de la propriété se récrient à ce tableau, et disent que cette promiscuité les révolte. Leur goût peut être meilleur, mais leur logique est pire.

Il faut, comme je l'ai dit, que l'homme ait tout en propre, son champ, dans son champ sa demeure, dans sa demeure sa femme et ses enfants, ou rien, ni le champ, ni la demeure, ni la femme, ni les enfants, car dans le système intermédiaire il y a, outre un faux principe, contraire à la nature, l'inconséquence la plus dangereuse pour le système, et la plus cruelle pour l'individu. Tâchez si vous le pouvez d'arracher l'homme à lui-même, de tuer ce penchant de son cœur qui le porte à s'approprier tout ce qu'il touche, choses matérielles et choses morales, habituez-le à se répandre dans l'immensité, à travailler pour trente-six millions de concitoyens, à aimer dix-huit millions de femmes, à chérir cinq ou six millions d'enfants, habituez-le à cette effusion de son être, mais si vous permettez au penchant qui le ramène sans cesse en lui, de se satisfaire en quelque chose, ce penchant redeviendra aussitôt plus fort et plus irrésistible. Laissez-lui en effet sa femme et ses enfants, et à l'instant même il voudra leur donner le bien de la communauté tout entière. Insensés que vous êtes! n'avez-vous pas compris que Dieu ayant distribué aux êtres l'univers, c'est-à-dire l'espace et le temps, leur ayant partagé ce domaine de l'infini, ayant créé des êtres distincts, qui n'ont à eux ni tout l'espace, ni tout le temps, ayant créé une lune, une terre, un soleil, et dans l'infini des milliers d'autres lunes, d'autres terres, d'autres soleils, qui ont chacun une partie de l'espace, une partie du temps, car ils commencent et finissent; ayant placé sur ces grands êtres insensibles quoique animés de forces motrices, d'autres êtres également distincts, quelques-uns sentants, pensants, tels que les animaux, et parmi les animaux l'homme, il est dans le principe même de la création, que ces êtres sentants et pensants, séparés aussi les uns des autres, aient leur portion de l'espace et du temps; que de même que les globes célestes sur lesquels ils vivent ont une partie de l'étendue universelle, ils aient à eux une partie de ces globes, que l'animal ait son terrier, l'homme sa demeure, qu'être moral doué de la faculté d'aimer, il aime non pas l'ensemble, ce qui est trop grand pour lui, mais une partie, celle qui est à sa portée, d'abord son père, sa mère, sa femme, ses enfants, c'est-à-dire sa famille, puis sa patrie, peut-être après sa patrie la race d'hommes à laquelle il appartient, la race chrétienne, par exemple, à l'exclusion de la race mahométane! Mais ne sentez-vous pas que si vous allez plus loin l'absurdité naîtra, parce que vous vous serez mis en opposition avec la nature des choses? N'entendez-vous pas les railleurs qui se moquant de la bienveillance banale disent qu'aimer le genre humain c'est n'aimer personne? Vous répondrez peut-être que votre système est celui de la bienveillance universelle, tandis que le vieux système social est celui de l'égoïsme. Ce vieux système n'est pas plus celui de l'égoïsme, que la gravitation n'est un égoïsme planétaire. Chacun a son orbite, et dans cette orbite son rayon d'attraction. L'homme est un être limité, son cœur l'est comme son corps. Il faut l'élever successivement de lui à sa famille, de sa famille à sa patrie, de sa patrie à l'humanité. Appuyé sur ces degrés il peut s'élever, et il s'élève en effet aux affections les plus hautes. Il s'aime d'abord, puis en se perfectionnant il aime sa femme, ses enfants plus que lui-même. En se perfectionnant encore il comprend que la prospérité de sa patrie est liée à celle de sa famille, et il aime l'une presque autant que l'autre. Vous pouvez enfin le conduire jusqu'à l'amour de l'humanité même, mais par les degrés de cette échelle divine, qui le fait monter de lui à la famille, à la patrie, à l'humanité, à Dieu. Exiger qu'il aime le tout avant la partie, l'humanité avant sa patrie, sa patrie avant sa famille, c'est se tromper grossièrement sur sa nature, sur le rayon des forces physiques et morales qui le font mouvoir. Dites-lui d'aimer l'Europe avant la France, la France avant sa famille, de travailler pour les plus éloignés de son cœur, avant de travailler pour les plus rapprochés, et maître ridicule vous n'obtiendrez qu'une désobéissance railleuse. Ce sera comme si vous aviez fait tourner la lune directement autour du soleil, au lieu de la faire tourner autour de la terre d'abord, et à la suite de celle-ci autour du soleil, centre commun, mais indirect, de son existence planétaire. En un mot, l'homme, être borné, doit s'élever par degrés jusqu'à ce tout dans lequel vous voulez le fondre. En procédant ainsi il monte, tandis qu'en suivant la marche opposée il descend du tout à lui-même. Aveugle ordonnateur des choses ! il fallait le faire monter, et au contraire vous l'avez fait descendre !

CHAPITRE VI.

DU CLOÎTRE OU DE LA VIE COMMUNE CHEZ LES CHRÉTIENS.

Que le communisme est une imitation à contre-sens de la vie monastique, impliquant des contradictions qui la rendent impossible.

Il a cependant existé dans le monde un exemple de la vie commune, dont je ne puis m'empêcher de dire quelques mots pour faire ressortir le contre-sens que commettent les tristes imitateurs de cet exemple unique : je veux parler du couvent chez les chrétiens.

Le seul être dans la création qui attente à sa propre vie, qui commette le suicide, le seul, c'est l'homme. C'est le terme extrême de cette liberté que Dieu a mise en lui en y mettant la pensée. Il y a des moments, en effet, où cette pensée, exaltée par la douleur, se peignant faussement l'univers, n'y voyant que souffrance tandis que Dieu y a mis aussi la jouissance, prenant pour permanente une extrémité passagère, tandis que sur cette scène mobile tout passe, le plaisir comme la peine; la pensée se révolte, et, surmontant l'instinct puissant de la conservation, pousse l'homme à se plonger un fer dans le sein. Caton, croyant éternelle la fortune de César, se déchire les entrailles, et ne sait pas se conserver pour le jour où Brutus et Cassius relèveront l'étendard de la liberté romaine. Triste erreur d'un instant! Aussi, deux mille ans après, un autre César, dont la fortune non plus ne fut point éternelle, honteux d'avoir un moment songé au suicide, adressait, du haut du rocher de Sainte-Hélène, cette leçon profonde à Caton : « Si vous aviez pu, lui dit-il, lire » dans le livre du destin, si vous aviez pu y voir César » frappé de vingt-trois coups de poignard au pied de » la statue de Pompée, Cicéron occupant encore la » tribune aux harangues et y faisant retentir les phi- » lippiques contre Antoine, vous seriez-vous percé » le sein? »

Mais la leçon, malgré sa profondeur, n'empêchera pas dans l'avenir quelque vaincu glorieux ou quelque joueur vulgaire, d'enfoncer encore un poignard en son cœur. Le christianisme, connaisseur profond de la nature humaine, a substitué à ce suicide criminel un autre suicide innocent qui ne détruit pas l'être, mais qui l'arrache à la société pour le consacrer à la bienfaisance, à la prière : ce suicide, c'est le cloître.

La vie monastique, en effet, n'est autre chose que le suicide chrétien, substitué au suicide païen de Caton, de Brutus et de Cassius.

Le christianisme saisit au passage ce désespéré, qui allait attenter à sa vie, arrête son bras, l'emmène, le conduit dans la solitude, l'arrache à cette vie agitée des cités, à ces sensations infinies, tour à tour délicieuses ou poignantes, qui le troublaient sans cesse, l'enferme dans ces cloîtres silencieux et tristes, où, dans un espace étroit, entre les quatre faces d'un portique uniforme, il se lèvera, priera, travaillera, prendra ses repas, se couchera tous les jours aux mêmes heures, n'entendra que la cloche du couvent, n'aura d'autres événements que le lever et le coucher du soleil, et sentira son ardeur s'éteindre dans la sublime et douce uniformité de la prière, remède puissant et unique pour l'agitation morale, capable de calmer jusqu'à l'âme tendre et passionnée d'Héloïse et de La Vallière. Ce désespéré, le christianisme amortit ses passions physiques par la privation et une vie sobre; il amortit ses passions morales par l'abstinence du monde. Et comme il subsiste dans le cœur le plus désolé un reste indestructible des penchants humains, la sociabilité, que vouloir détruire ce reste serait impossible, le christianisme, toujours profond dans ses vues, accorde à l'homme la compagnie de l'homme, à la femme la compagnie de la femme, se garde de mêler ces êtres si prompts à s'aimer de nouveau, les sépare avec soin, et, de même qu'il n'a plus laissé à leur corps qu'une sobre et chétive nourriture, suffisante à peine pour le soutenir, il ne laisse à leur âme qu'une froide et paisible amitié qui ne peut plus l'exalter, l'agiter, la troubler. On les conduit ainsi jusqu'à leur heure dernière, entre la prière, la contemplation, la bienfaisance, et on a converti la mort prompte et criminelle en une mort lente, paisible et innocente, mêlée d'actes utiles à l'humanité. Mais le christianisme a été conséquent. C'est une mort qu'il a voulu substituer à une autre mort, et c'est une tombe qu'il a construite afin d'y faire descendre l'homme qui s'allait détruire, afin de l'aider à y passer tranquillement ses derniers jours. Pour ces religieux, pour ces religieuses, détachés du monde, qu'importent et la fortune et la famille? Ils n'y doivent plus penser, si le vœu qui les a portés à se jeter dans un couvent est resté ferme en leur cœur; et si au contraire ce vœu est ébranlé, il faut qu'ils sortent, et sortent sur-le-champ du cercueil où ils s'étaient enfermés tout vivants, sous peine des plus affreuses douleurs, des plus regrettables scandales.

La grande société a besoin d'un travail incessant pour subsister, pour s'arracher à la misère qui la menace dès qu'elle s'arrête; car si, tandis que le soleil, ou la pluie, ou le froid passent sur la terre, elle n'est pas prête à y jeter la semence au moment opportun, elle mourra de faim l'année suivante. Mais les petites sociétés exceptionnelles, placées par le christianisme dans quelques solitudes mélancoliques et douces, n'ont pas besoin d'être si exactes au travail. Elles doivent avoir peu, pour vivre peu. D'ailleurs, la grande société, qui se prête à ces exceptions, parce qu'elles ne sont pas nombreuses, et qui s'attache à pourvoir aux maladies morales aussi bien qu'aux maladies physiques, les a dotées de quelques terres, souvent même de riches revenus. Qu'importe alors que le travail y soit médiocrement stimulé, si la grande société supplée à leur inertie par l'ardeur de son propre travail? La famille n'est pas davantage une difficulté dans ces petites sociétés, qui sont la mort et non la vie, qui ne doivent ni engendrer ni aimer, qui sont un lieu de repos momentané placé à l'entrée de l'éternité, dans lesquelles même, si on ne veut pas que les passions se réveillent avec violence, un régime moral indispensable ordonne de les éteindre toutes, absolument, irrévocablement! En y entrant, en effet, on coupe les beaux cheveux de la femme, on laisse pousser sur le visage de l'homme une barbe épaisse ; on recouvre les molles beautés de l'une, la mâle vigueur de l'autre, d'un lourd vêtement informe, incolore, qui cache, efface, fait oublier les attraits que Dieu donna à ces êtres créés pour se plaire, s'attirer, se charmer, se désoler en s'attirant. Oh! le christianisme est conséquent! Peu de travail, peu d'aliments, point de famille, dans cette mort chrétienne substituée à la mort païenne. Tout en cela concorde et se convient. Et cependant, malgré ces précautions, ce cœur désespéré, qui avait cru que la douleur durait éternellement en ce monde, et qui avait voulu se percer d'un poignard ou se précipiter dans le cloître, ce cœur abusé sur la durée des sensations humaines, il lui arrive de se réveiller tout à coup, de se réveiller plein de vie ; et en effet on voyait jadis ces maisons religieuses, condamnées à la plus grande rigueur, échapper sans cesse à leur règle. On avait voulu leur interdire la passion de posséder, et elles s'appropriaient des biens immenses! On avait voulu leur interdire les douceurs de la famille, et elles se livraient à de déplorables désordres! C'est que ce vœu d'un moment d'échapper aux lois de la nature, ce vœu s'évanouissait avec le désespoir ou avec le dégoût passager qui l'avaient produit, et l'impossibilité de l'esclavage et de l'abstinence, pour des êtres revenus à toutes les ardeurs de la vie, éclatait par de tristes scandales. Si même le vœu de s'immoler peu à peu n'était qu'à moitié démenti, si ces cénobites, hommes ou femmes, restaient chastes, il y avait chez eux une partie du cœur humain qui rarement tenait la parole donnée : c'était l'ambition, passion des cœurs qui n'en ont plus d'autres. Ces couvents étaient des lieux de tracasseries continuelles entre hommes ou femmes qui voulaient régner sur l'étroit et monotone empire du cloître. Les rivalités entre les moines et l'abbé, entre les religieuses et la supérieure, remplissaient des cœurs dans lesquels on s'était efforcé d'éteindre toutes les autres passions. Aussi le christianisme a-t-il reconnu lui-même, par la voix des pontifes qui ont uni la philosophie à la foi, qu'il n'y avait d'admissibles que les lieux dans lesquels une vie dure, sobre, détruit les passions de l'homme et le conduit insensiblement à la mort, tels que les chartreuses, ou bien les maisons hospitalières consacrées à la bienfaisance, dans lesquelles on crée à ces êtres retranchés de la société humaine un célibat tellement occupé au pied des mourants et au pied des autels, qu'ils échappent aux séductions du monde : encore n'est-ce pas toujours sans exception !

La vie commune, l'esclavage du cloître, pour des êtres qui renoncent à la terre, pour lesquels peu importent et l'activité du travail, et les jouissances du cœur, et les affections de la famille, pour qui même tout cela ne doit plus exister, ont été jadis, sont encore, dans quelques cas, des manières d'être possibles, exposées cependant à de redoutables mécomptes. La froideur au travail y concorde avec le vœu de pauvreté, l'esclavage de la règle avec le besoin d'uniformité, l'absence de famille avec l'anéantissement des affections terrestres, surtout avec le soin laissé à d'autres de perpétuer l'espèce humaine, car autrefois la fille d'une grande maison qui se condamnait au couvent, léguait à un frère aîné, avec sa part de biens, la mission de perpétuer la famille. Mais jeter dans l'inaction, dans l'esclavage du cloître, des êtres pleins de passions, pleins du désir de jouir, d'aimer, de se survivre dans leurs enfants, est un contre-sens ridicule, que le christianisme dans sa haute sagesse n'avait pas commis. C'est au lieu de loger, comme il l'avait fait, la mort dans une tombe, y loger la vie.

LIVRE TROISIÈME.
DU SOCIALISME.

CHAPITRE PREMIER.
DU SOCIALISME.

*Que les adversaires de la propriété, n'osant pas toujours la nier absolument, ont abouti, pour en corriger les effets, à divers systèmes, qui sont l'*ASSOCIATION*, la* RÉCIPROCITÉ*, le* DROIT AU TRAVAIL*.*

Les adversaires de la propriété dans ce temps-ci ne l'ont pas tous attaquée directement. Plusieurs d'entre eux, n'osant pas la nier d'une manière absolue, se sont bornés à chercher et à proposer les moyens de corriger ce qu'ils appellent ses fâcheux effets, comme si une institution sainte et sacrée, qui n'est autre chose que le développement libre, illimité des facultés humaines, produisant ce qu'elles peuvent produire, tantôt la richesse, tantôt la médiocrité, tantôt l'indigence, exactement semblable sous ce rapport à la végétation des forêts, dans lesquelles à côté d'un arbre faible, ou jeune, ou placé sur un mauvais sol, s'en trouve un autre, moyen, beau ou superbe, comme si une institution pareille, qui n'est que la nature elle-même obéie et respectée, avait besoin d'excuses et de correctifs. Aussi ces correcteurs de la Providence sont-ils arrivés à des découvertes dignes du but qu'ils se proposaient.

La première chose et la plus sensée qu'ils aient faite, a été de s'attaquer entre eux fort vivement, de déverser le mépris sur le système les uns des autres, de se ruer, sous le titre déguisé de socialistes, sur les communistes eux-mêmes, adversaires plus conséquents de la propriété, et pas plus déraisonnables, à mon avis, que ceux qui s'appellent socialistes. Car après tout, la propriété contestée, ils vont aux conséquences nécessaires, et placent l'homme dans l'état où il doit être quand on a nié *le tien et le mien,* dans la communauté complète de toutes les jouissances physiques et morales. Quoi qu'il en soit, les socialistes traitant les communistes fort rudement, et, je le répète, de manière à inspirer peu de considération pour leur propre logique, ont chacun de leur côté imaginé des moyens de corriger les effets de la propriété, plus ridicules peut-être en voulant être moins repoussants. Ces moyens sont l'*association*, la *réciprocité*, le *droit au travail.* Assurément le communisme est une grande et capitale folie, car il consiste à traiter l'homme comme un animal, à le nourrir, à le faire vivre, comme dans un chenil un grand seigneur fait vivre ses chiens, qu'il aime d'ailleurs et ne veut pas rendre malheureux, mais qu'il fait manger, sortir, courir, rentrer, pulluler au signal de son sifflet, qui est sifflet par un bout et fouet par l'autre. Mais enfin une fois qu'on a nié à l'homme son existence distincte, en lui contestant le fruit personnel de son travail, que reste-t-il à faire, sinon de le fondre dans le tout, dans la communauté? Lui laisser un *chez-soi* pour qu'il y amasse, et commette le crime d'économie; lui laisser une famille pour qu'il ait le supplice de l'aimer sans pouvoir rien pour elle, serait la plus grande des inconséquences. Le système est absurde, je le sais, mais au moins il a le spécieux qui consiste dans la conséquence. On crée un monstre, mais les membres de ce monstre s'ajustent les uns aux autres. Que dire au contraire de ceux qui en ne voulant pas de ce qu'ils appellent les monstruosités du communisme, en laissant exister la vieille société, essayent d'en changer telles ou telles parties, de leur en substituer d'autres qui ne vont pas avec les anciennes, et composent ainsi le plus incohérent assemblage qui se puisse imaginer?

On va voir au simple exposé des systèmes, si ce jugement est trop sévère.

Les socialistes admettent la propriété, disent-ils, mais suivant eux le capital est un tyran, il ne veut pas se donner au travailleur, ou bien se donne à des conditions cruelles, et telles que le travailleur ne peut pas vivre. Il y a de plus entre les hommes une concurrence effroyable. La société est un coupe-gorge, dans lequel on cherche à se détruire les uns les autres, à force de vouloir rivaliser. Une machine nouvelle destinée à faciliter le travail, à le rendre plus fécond, moins coûteux, devient une arme dont on se sert pour détruire ses rivaux industriels. On se fait ainsi une concurrence de bon marché, qui rend la condition des travailleurs insupportable. Il faut, disent certains socialistes, associer les travailleurs entre eux : associés, ils auront le moyen d'obtenir le capital qui se refuse à eux, de lui tenir tête, de ne pas se laisser opprimer par ses exigences. En outre ils se concerteront, et mettront un terme à cette guerre cruelle de la concurrence, en ne produisant que suivant des quantités et des prix convenus. Deux choses alors cesseront en même temps : la tyrannie du capital et la guerre fratricide de la concurrence. Tel est le système de l'association.

Non, dit un autre ; abolir la concurrence est une chimère, car la concurrence c'est la vie même. Les hommes ne peuvent travailler sans se faire concurrence, car il est impossible qu'ils ne cherchent pas à faire chacun de leur mieux, et dès lors qu'ils ne rivalisent, même sans le vouloir, les uns avec les autres. Le capital ne se donnerait pas plus à des ouvriers associés qu'à des ouvriers isolés. Le mal est ailleurs, et le remède aussi. Les capitaux se résument dans le numéraire, dans l'or. C'est l'or qui se refuse à qui en a besoin pour vivre et pour travailler. C'est donc l'or qui est le coupable. Punissez-le en le supprimant. Créez un moyen direct d'échange à l'aide d'une banque dont le papier accordé à tout homme qui voudra produire, ne lui manquera pas comme l'or, et il en résultera à l'instant même un phénomène prodigieux de production et de consommation, car il est bien certain que tout homme veut consommer, consommer sans mesure. Il y aura dès lors dans les appétits humains certitude d'une consommation infinie, et certitude aussi d'un débouché infini pour le travail. On aura donné aux facultés humaines un essor immense, en mettant en rapport direct la faculté de produire et la faculté de consommer, en supprimant le seul obstacle qui s'interposât entre elles, c'est-à-dire l'or. Si de plus on réduit tous les salaires, tous les revenus de capitaux, on ajoutera encore à la facilité de vivre, par la diminution de toutes les valeurs. Le bonheur sera trouvé, si le bonheur est de ce monde, et s'il consiste en effet à beaucoup travailler, à beaucoup consommer, à beaucoup vivre ! Il sera trouvé sans contredit. Ce second système est celui de la réciprocité.

Autre chimère ! dit un troisième. Association, suppression de la concurrence, abolition du numéraire, tout cela se vaut. On ne peut pas plus supprimer la concurrence que la monnaie, intermédiaire obligé des échanges. Il y a un seul moyen de faire cesser les souffrances sociales, un seul, qui est direct, certain, point ruineux, point attentatoire à la propriété, telle que les hommes l'entendent, c'est le droit au travail. N'est-il pas vrai que dans l'état actuel de la société, les capitaux appartenant aux capitalistes, qui, à leur volonté, les prêtent ou ne les prêtent pas, la terre aux propriétaires de biens-fonds, qui, à leur volonté encore, les afferment ou ne les afferment pas, il résulte de cette concentration en certaines mains de toutes choses, refusées souvent par ceux qui les détiennent à ceux qui en ont besoin, que beaucoup de bras restent sans emploi? Le remède n'est-il pas dès lors indiqué? C'est que la société garantisse le travail à ceux qui en manquent, et se charge de leur en procurer. A cette condition, que la propriété soit une institution légitime ou non, ses effets les plus fâcheux seront corrigés, puisque le cas arrivant où les possesseurs de capitaux mobiliers ou immobiliers refuseraient l'argent à ceux-ci, la terre à ceux-là, il y aurait un capitaliste ou un propriétaire tout trouvé, qui serait l'État, et qui assurerait de l'emploi à qui en manquerait. Il est certain, en effet, que moyennant un capitaliste universel qui aurait toujours de l'argent, des commandes, des fermes à offrir, la question serait résolue. Le bonheur social serait encore une fois assuré! Ce troisième système est celui du droit au travail.

Tels sont les trois systèmes qui après le *communisme*, se présentent aujourd'hui aux espérances de l'humanité. Ils composent dans son entier cette science plus modérée en apparence, qui, sous le titre de *socialisme*, affecte de ménager la propriété. Je vais dans les chapitres suivants examiner les trois systèmes qu'elle a proposés, et prouver, je l'espère, que l'*association*, la *réciprocité*, le *droit au travail*, valent le *communisme* sous le rapport du principe, et ne le valent pas sous le rapport de la conséquence.

CHAPITRE II.

DES SOUFFRANCES SOCIALES.

Quelles sont les véritables souffrances sociales auxquelles il serait désirable de pourvoir.

Je ne nie pas le mal qui existe dans la société actuelle, comme dans toute autre ; je le connais, et il me navre le cœur, lorsqu'il s'offre à moi sous la forme de ces malheureux ouvriers ou de leurs femmes tendant la main pour obtenir la subsistance qu'une perturbation profonde leur a ravie. Il me touche profondément, et je n'en suis pas moins ému, parce que je ne fais pas étalage d'une ambitieuse sensibilité. Mais ce mal, quel est-il ? Il faut s'en rendre un compte exact, afin de juger à quel point sont chimériques les moyens imaginés pour y remédier.

Portons nos regards sur la campagne et la ville, sur les classes laborieuses travaillant de leurs mains, sur les classes moyennes travaillant de leur corps et de leur intelligence tout à la fois, sur les classes plus élevées travaillant de leur esprit seul, car enfin le mal peut être partout.

Dans la campagne le paysan qui ne se plaint pas, et qui est peut-être le plus à plaindre, travaille sans relâche, hiver, été, toujours courbé sur la terre, mange un pain noir, quelquefois de la pomme de terre ou de la châtaigne, des légumes avec un peu de lard, et de la viande pas souvent. Il a des sabots pour chaussure, un gros tissu de laine, point foulé, pour vêtement, et il est rare que son sort se ressente des prospérités de l'industrie et du commerce. Sa vie est constamment dure, mais en retour il n'est pas exposé comme l'ouvrier des villes aux chômages accidentels venant des excès de production. Le peu qu'il a, il l'a toujours. Son sort s'améliore toutefois, mais lentement. Ce sort, en effet, depuis deux siècles, et surtout depuis cinquante ans, est infiniment changé. Le paysan est mieux logé, mieux vêtu, mieux nourri. Sous Louis XIV, à la fin de la guerre de la succession, beaucoup de champs ruinés par l'impôt étaient abandonnés ; des populations entières fuyaient, et allaient mourir de faim d'une province dans une autre. Nous n'avons pas vu de pareils exemples, une seule fois, même à la fin des longues guerres de l'empire. Si on remonte plus haut encore dans notre histoire, on voit des disettes emporter des générations entières, les moyens de pourvoir aux mauvaises récoltes par la variété des cultures n'ayant pas encore été imaginés ; on voit les maladies contagieuses emporter d'un seul coup jusqu'à un cinquième, ou un quart de la population entière, comme il arrive aujourd'hui encore en Orient. La malpropreté, la misère étaient alors les agents actifs du fléau. Il reste beaucoup de mal, et beaucoup trop, mais il y en a moins. Nous sommes témoins depuis trente ou quarante ans d'un changement notable, dans l'aspect des champs où la jachère ne se montre presque plus, dans l'aspect des villages où la pierre remplace la terre battue, et la tuile le chaume. Enfin le salaire, expression de tous ces changements, a augmenté d'un quart, d'un tiers dans les provinces agricoles où les progrès ont été plus marqués, et d'une certaine quotité dans toutes. En un mot, le sort du paysan est rude, constamment rude, s'améliore lentement, s'améliore toutefois, mais n'est pas exposé aux affreuses crises qu'on appelle chômages, et qui affligent, désolent souvent les populations vouées à l'industrie.

L'ouvrier des villes est dans une situation différente, meilleure et pire tout à la fois. Les mouvements de l'industrie ont été prodigieux depuis cinquante ans. Les moyens mécaniques ont remplacé partout la main de l'homme. On a substitué la filature mécanique à la filature à la main, pour le coton, pour la laine, et récemment pour le lin lui-même, malgré l'indocilité de cette dernière matière. Le métier à tisser s'est perfectionné aussi, et on est arrivé à fabriquer mécaniquement les tissages ornés des dessins les plus variés. Dans la peinture des tissus opérée par l'impression, on a substitué le rouleau qui tourne sans cesse, à la planche qui ne s'appliquait sur la toile que par coups successifs. Dans la métallurgie on a substitué au marteau manié par la main de l'homme, la pression du laminoir. Enfin toutes ces machines nouvelles on les a mises en mouvement au moyen d'un moteur nouveau, infini dans sa puissance, infatigable dans son action, la vapeur. Ce moteur appliqué à la locomotion a permis de traverser les mers en marchant même contre le vent, et de parcourir la terre avec une rapidité décuple. Le résultat de ces perfectionnements a été d'amener à la fois un grand renchérissement dans la main-d'œuvre, et un grand abaissement dans les produits. Les ouvriers dans l'industrie ont eu un rôle beaucoup plus élevé que celui qu'ils avaient jadis. La fonction de la force est restée aux machines, tandis que celle de l'intelligence leur a été réservée. Aussi tous les salaires depuis 1814 sont-ils augmentés d'un quart, d'un tiers, de moitié. Partout où s'est introduit le travail à la tâche ils sont plus que doublés. En même temps le bas prix des produits a rendu la vie de l'ouvrier plus facile. Il s'habille de manière à ne pouvoir, certains jours, être distingué de son maître, et à un prix moindre que lorsqu'il portait un mauvais vêtement. La nourriture, il est vrai, est un peu plus chère, d'abord parce qu'elle est devenue meilleure, et ensuite parce que le prix de la viande est légèrement augmenté. La dépense du logement, d'ailleurs très-assaini, a augmenté plus sensiblement. En somme la condition de l'ouvrier dans les villes s'est beaucoup améliorée depuis 1789, et surtout depuis 1814. Malheureusement ses besoins ont grandi plus rapidement encore que ses ressources. Les cités, dans lesquelles il vit, ont mis à sa disposition et sous ses yeux des jouissances auxquelles il n'avait jamais participé auparavant ; et si ses moyens sont accrus, ses désirs le sont bien davantage. Ces jouissances nouvelles, je ne les lui conteste pas, Dieu m'en préserve ! je suis charmé qu'il y participe, mais je crains que le séjour des villes produisant chez lui une excitation générale dans tous les sens, n'ait amené des désirs qui se sont plus rapidement développés que les moyens d'y satisfaire. Cependant, malgré cet éternel penchant de l'homme à jouir encore plus qu'il ne travaille, à vouloir plus qu'il ne peut, malgré ce penchant, les choses ne se passent point mal quand il n'y a pas crise. Mais cette grande fougue de production amène bientôt de déplorables résultats. On produit avec tant d'ardeur, qu'il y a souvent du trop plein, qu'alors la vente s'arrête, le travail aussi ; et comme l'imagination de l'homme, se mêlant à tout ce qu'il éprouve, exagère ses sensations de mal ou de bien, l'exagération du découragement succède à l'exagération de la confiance, l'exagération de l'inertie à celle de l'esprit d'entreprise. Alors les capitaux se retirent et se refusent, les faillites se précipitent, les manufactures se ferment, les travaux s'interrompent, les ouvriers, naguère pourvus de travail plus qu'ils n'en pouvaient exécuter, demeurent sans ouvrage, et désolent les grandes cités de leur inaction et de leurs souffrances. Ont-ils été sages, prévoyants, jusqu'à placer quelques économies dans les caisses d'épargne, ils viennent, en retirant leurs dépôts, joindre leurs besoins aux besoins de tout genre qui accablent les finances de l'État. Ont-ils été imprévoyants, ils tendent la main, obtiennent à peine le nécessaire par l'aumône, quelquefois se révoltent, et à un mal purement industriel ajoutent un mal politique, mal plus grave, plus durable, plus difficile à guérir.

Ainsi l'ouvrier des villes a des jours de grande prospérité, des jours où il gagne quatre ou cinq fois ce que gagne le paysan en travaillant d'un soleil à un autre, et appliqué à un labeur infiniment plus rude; mais il est exposé à de cruels revers. Il est des jours pour lui où la vie semble s'arrêter tout à coup, avec les mouvements d'une société compliquée, et où il se trouve plein de besoins surexcités, avec des ressources ou diminuées ou entièrement détruites.

Enfin, si on veut s'élever au-dessus de ces classes qui travaillent de leurs mains, on rencontre dans toutes les carrières des sujets qui n'ont réussi dans aucune, qui sont spéculateurs maladroits ou malhonnêtes en industrie, avocats sans clients au barreau, médecins sans malades en médecine, écrivains sans talent dans les lettres, tous persuadés que ceux qui ont réussi au barreau, dans la médecine ou dans les lettres, ont des réputations usurpées, que ceux qui gouvernent sont des scélérats ou des sots, qu'eux seuls sont gens de génie, dignes de tout, et néanmoins privés de tout, victimes en un mot d'une société barbare, qui les opprime au nom de la naissance, de la faveur, de la propriété; et, ce qui est plus triste, on aperçoit souvent aussi parmi eux de jeunes hommes pleins d'un vrai talent, mais dépourvus de savoir, impatients de parvenir, ignorant ou ne voulant pas croire que la société est ouverte à tous, qu'un peu plus tôt, un peu plus tard, tout mérite se fait jour, qu'entre le mérite secondé par la faveur et le mérite repoussé, il n'y a pas une ou deux années de différence dans la date des succès, car enfin le sage, le modeste, l'agreste Vauban, l'homme le moins fait pour réussir, réussit aussi bien que le vain, l'étourdi La Feuillade, enfant gâté de la cour, et parvint même à plaire à Louis XIV beaucoup plus qu'aucun homme du temps. Ils ne veulent pas le croire, et faute d'assez de patience, de raison ou de génie, font de leurs talents une torche incendiaire. Les travailleurs de cette dernière catégorie, avocats sans clients, médecins sans malades, écrivains sans libraires, gouvernants sans États à gouverner, m'intéressent beaucoup moins que l'ouvrier des manufactures, et surtout que le paysan; mais ce sont aussi des ouvriers sans ouvrage, car le travail des bras n'est pas le seul qu'il faille considérer en ce monde, et le travail de l'esprit en est bien un aussi, digne de quelque sollicitude. N'allez pas croire d'ailleurs qu'ils ne constituent pas une partie du mal social. Ils en composent la partie la moins intéressante, mais la plus aiguë. Se retournant vers ceux qui souffrent, ils les excitent, et en se plaignant plus haut qu'eux, ils rendent le mal commun plus sensible et plus insupportable.

Quoi qu'il en soit, le mal existe, il est grand, il est divers, il est incontestable, et quelquefois déchirant. Des paysans ayant un sort habituellement dur, sans intermittence de mieux ou de pire, et sans la consolation d'une amélioration rapide; des ouvriers des villes passant d'une élévation de salaire qui surexcite leurs désirs, à une misère subite et sans mesure; dans les classes plus élevées, des naufragés de toutes les carrières, les uns incapables et ne sachant pas s'estimer à leur valeur, les autres capables, mais ne sachant pas attendre, et les uns comme les autres rendant plus vif le sentiment des souffrances communes, par l'injustice, l'aigreur, la violence de la plainte : tel est le mal. A ce mal, grand, certain, quels remèdes? Il y en a sans doute, mais lents, difficiles, rarement du goût du malade, et en tout cas fort différents de ceux qu'ont inventés les philosophes *socialistes*. On en jugera par ce qui va suivre.

CHAPITRE III.

DE L'ASSOCIATION ET DE SON APPLICATION AUX DIVERSES CLASSES OUVRIÈRES.

Que l'association est applicable seulement à quelques populations agglomérées, qu'elle a été imaginée pour elles seules, et sous leur influence.

Examinons le premier des trois systèmes, celui qu'on appelle l'association.

En présence de ces ouvriers des campagnes, dont la vie est dure, mais égale, de ces ouvriers des villes, dont la vie sans être aussi dure est cruellement inégale, on offre quoi? l'association entre ouvriers. Ils s'associeront, et alors ils ne se feront pas concurrence, et pourront se procurer les capitaux qui leur manquent. Ils s'associeront! Lesquels d'abord, et combien?

Est-ce que les paysans pourront s'associer? Comprenez-vous, dans l'état de division de notre sol, les paysans s'associant entre eux pour faire valoir les terres? Comment s'y prendraient-ils? C'est à peine si, dans les quatre cinquièmes du territoire, une seule famille peut vivre sur une ferme, et le plus souvent le paysan qui cultive est propriétaire lui-même. L'association ici serait donc impossible, ou sans objet. Dans les terres plus considérables, où un fermier a cinq, six ou huit valets de ferme, employés à labourer, à entretenir le bétail, à exécuter tous les genres de travaux agricoles, y aurait-il association entre ces cinq, six ou huit travailleurs? On comprend l'association entre plusieurs centaines d'ouvriers, on conçoit que le nombre étant alors le multiplicateur des avantages qu'on peut retirer du système, s'il y en a quelques-uns à espérer, on puisse obtenir certains résultats. Mais l'association entre cinq, six ou huit associés, que donnerait-elle? Et puis il faut des capitaux considérables lorsqu'il s'agit d'une terre qui emploie sept ou huit valets de ferme; il faut des instruments aratoires, des chevaux, des troupeaux, des engrais, un fonds de roulement enfin dans cette industrie comme dans toutes les autres, et il n'est pas rare de voir une ferme qui se loue dix, douze mille francs, exiger un capital d'exploitation de soixante à quatre-vingt mille francs. Qui fournira le capital de toutes ces entreprises agricoles? Sera-ce l'État qui sera chargé d'en procurer à tout le monde? Dans les vignobles de Champagne, de Bourgogne, de Bordeaux, où un champ vaut quelquefois un ou deux millions, où l'on a jusqu'à trois, quatre, cinq récoltes accumulées, où le plus souvent on laisse les vins vieillir, et où l'on spécule autant et plus que l'on ne cultive, des journaliers associés feront-ils cette spéculation? En leur supposant même les connaissances nécessaires, obtiendront-ils de l'État le prêt d'un capital de trois ou quatre cent mille francs, ou d'un banquier le crédit indispensable pour suffire à de telles avances? D'ailleurs la solvabilité d'un fermier est l'une de ses qualités principales, ou plutôt la principale. Forcera-t-on la confiance du propriétaire en faveur d'une association d'ouvriers qui ne présentera aucune responsabilité? Sera-ce encore l'État qui, après avoir fourni le capital, fournira la caution?

Plus tard je dirai quelques mots du rôle assigné à l'État dans ces diverses combinaisons, mais, en attendant, je prie de remarquer que c'est toujours lui qui est le *deus in machiná,* le capitaliste inépuisable fournissant les capitaux, supportant les pertes, parant à tous les accidents, suppléant à tout ce qui manque, chargé enfin de résoudre toutes les difficultés. Nous additionnerons, quand il en sera temps, ses charges et ses bénéfices, et nous verrons si le commerce qu'on lui destine est de nature à durer.

Je n'ai pas fait mention d'une foule de difficultés plus insolubles les unes que les autres. Je n'ai pas parlé des bois, par exemple, où il n'y a ni fermier, comme en Brie, ni journalier travaillant pour le compte du propriétaire, comme à Bordeaux, et où il y a tous les ans soit un vingtième, soit un trentième des arbres à abattre, sans autre travail que celui de garde, d'abattage et de transport. Comprenez-vous pour les bois un mode quelconque d'association? C'est pourtant une part considérable du sol, et en y ajoutant la vigne, le quart au moins du produit total de notre territoire.

L'association est donc non pas difficile, mais absolument inadmissible en agriculture, car la terre en général est divisée de manière à rendre inutile le concours d'une réunion quelconque d'exploitants, ou possédée en propre par le cultivateur lui-même. Enfin dans la partie du sol où le concours d'un certain nombre de bras conviendrait, dans les fermes un peu considérables, il faudrait fournir un capital d'exploitation montant peut-être à plusieurs milliards, forcer la confiance du propriétaire, ou rendre le trésor public responsable d'une spéculation en vins. De telles combinaisons sont extravagantes, et leur idée seule, dans un état sain des esprits, n'aurait valu à ses inventeurs que d'immenses risées pour tout accueil.

J'accorde cependant que sur un terrain nouveau, qu'on viendrait d'arracher à l'Océan avec les capitaux de l'État ou d'une compagnie fort riche, comme c'est le cas en Hollande pour la mer de Harlem, j'accorde qu'on pourrait confier à des associations de cultivateurs le soin d'en exploiter une partie. Encore si on voulait qu'ils vécussent en commun pour rendre l'association possible, faudrait-il renoncer à en réunir beaucoup ensemble, car autrement le terrain qu'ils exploiteraient serait si étendu qu'ils passeraient une partie de leur temps sur les routes, afin de rejoindre tous les soirs le centre de la colonie. Du reste combien y a-t-il de mers de Harlem à dessécher en Europe? Combien y a-t-il de marécages à assainir en France? On comprend quelques colonies agricoles, destinées à recueillir des ouvriers sans travail, et fondées sur le principe de l'association (principe ruineux comme on le verra bientôt), mais si on conçoit quelques établissements de bienfaisance fondés sur ce principe, l'État en supportant tous les frais, ce système n'est point concevable appliqué à un vaste pays dans lequel les terres sont anciennement distribuées, clôturées, bâties, sur le principe de la famille isolée, aidée tout au plus d'un ou deux journaliers.

Ainsi l'association est inapplicable à l'agriculture, c'est-à-dire à vingt-quatre millions de travailleurs en France. Quoi! du premier coup, il faut mettre hors du système la plus grande, la plus intéressante partie de la population, la plus constamment souffrante! Le système est donc fait pour quelques-uns, exclusivement pour eux? Poursuivez cet examen, et vous en serez encore plus convaincu.

Dans la plupart des autres professions il en est encore de même, car dans le plus grand nombre d'entre elles l'ouvrage est tellement divisé, détaillé, accidentel, qu'il ne se prête ni au travail commun, ni à des appréciations exactes, ni à des comptes rendus réguliers, tels qu'il en faut dans une association qui veut voir clair dans ses affaires. Ainsi l'ouvrier à qui un marchand de meubles a commandé une table, des chaises, ou, ce qui est plus fréquent, à qui ce mar-

chand en a donné à réparer; le maçon, le menuisier
qui exécutent dans une maison telle ou telle réparation isolée; le porteur d'eau, le portefaix, le domestique à gages, qui vous rendent des services ou accidentels ou constants, mais individuels, peuvent-ils
mettre en commun un concours d'efforts que l'œuvre
dont ils sont chargés ne réclame pas? Tous les hommes à gages, servant non-seulement dans la maison
du riche, mais dans la boutique de l'artisan, l'aidant
de quelque façon que ce soit, ne peuvent être associés
évidemment, car il y en a un, deux, trois tout au
plus, réunis dans la même famille, et le cas où ils
sont beaucoup plus nombreux est extrêmement rare.
Supposez au surplus dans une maison riche plusieurs
domestiques, dans un magasin plusieurs garçons de
boutique, que mettraient-ils en commun? Leurs gages, pour se les partager ensuite par tête? Autant
aurait valu ne pas faire cette confusion et cette répartition ultérieure, puisque le résultat devrait être si
parfaitement semblable, à moins que les gages ne fussent inégaux, auquel cas on ne comprendrait pas chez
les mieux payés la raison de s'associer à ceux qui le
seraient moins bien.

Ainsi on voit, l'une après l'autre, toutes les professions se montrer impropres ou rebelles à l'association. Ce système ne reste concevable que pour les
grands établissements industriels, tels que filatures,
forges, ateliers de machines, mines, qui présentent
plusieurs centaines d'ouvriers réunis, et dans lesquels
on travaille en commun. Quant aux établissements de

ce genre, l'association n'est pas moins ruineuse pour les associés, inique pour l'État chargé de supporter les pertes, mais enfin elle peut être matériellement essayée, et elle l'a été au grand détriment de ceux qui en ont eu la pensée.

Impossible au point même de ne pouvoir être tentée pour trente-quatre millions d'hommes sur trente-six, elle peut être essayée en faveur d'un ou de deux millions d'ouvriers tout au plus. Oui, dans quelques grandes filatures, dans quelques vastes usines où l'on fabrique des machines à vapeur, auprès de quelques mines d'où l'on extrait la houille, sur quelques chemins de fer où plusieurs milliers d'employés sont réunis pour le même service, dans quelques imprimeries, peut-être aussi sur quelques chantiers accidentellement formés pour remuer un certain nombre de cubes de terre, les ouvriers, persuadés que les entrepreneurs qu'ils servent, ou la compagnie dont ils sont les agents, se partagent de grands bénéfices, se mettront aux lieu et place de leurs maîtres, prendront ou recevront de l'État, qui les aura payés avec un papier discrédité, de vastes établissements, et s'en partageront le bénéfice, toujours douteux, mais assurément nul quand ces établissements seront gouvernés collectivement, et on appelle cela une réforme, qui aura changé le sort des classes laborieuses de la société! C'est tout simplement l'occupation plus ou moins violente d'un certain nombre de propriétés, au profit de quelques milliers d'ouvriers agglomérés sur divers points, dans les grandes villes notamment, ayant dans leur agglomération même un moyen de se révolter, et de tyranniser ou ceux qui les emploient, ou l'État lui-même, dans les moments où celui-ci est trop faible pour se faire respecter. Ce n'est pas autre chose, et c'est manquer à la vérité, imposer au peuple, que de lui dire qu'on opère une réforme conçue dans son intérêt! On a obéi aux passions d'une classe d'ouvriers, abusant de la force physique pour dicter leurs volontés, ou plutôt les volontés des meneurs qui les exploitent, travaillant pour ces meneurs plus que pour eux-mêmes, et ne représentant pas le trentième de la population totale du pays. On n'a donc rien fait pour le peuple, pas plus en cédant à cette force aveugle, que lorsque, deux ou trois siècles auparavant, on gouvernait sous l'influence de quelques centaines de privilégiés qui composaient la cour. Encore ces privilégiés étaient-ils beaucoup plus éclairés dans leur égoïsme, car après tout la commission du Luxembourg n'a fait que nous sachions rien qui vaille les règnes de Louis XIV ou même de Louis XV, dans leurs plus mauvais jours.

Vingt-quatre millions de cultivateurs mènent en France une vie pénible, trois ou quatre millions d'ouvriers industriels sont quelquefois, par suite de chômages, privés de travail, voilà le mal, et pour remède on a songé à livrer à quelques ouvriers fileurs, mécaniciens ou mineurs, les établissements dans lesquels ils étaient employés, et à changer pour eux toutes les conditions de l'industrie (d'une manière, je le répète, ruineuse pour eux-mêmes), et on prétend qu'on a découvert un moyen de changer le sort du peuple! On trompe, je le redirai sans cesse, et le lieu, le moment où ce système a été produit le prouvent avec évidence. Il l'a été dans un temps où ces ouvriers agglomérés venaient de concourir à une révolution, au sein d'une grande capitale qu'ils dominaient. On a voulu les flatter, se servir d'eux ; on leur a causé beaucoup de mal, et on s'en est fait beaucoup à soi-même. C'est une entreprise exclusive, dans des vues exclusives, qui a abouti où doivent aboutir toutes les tentatives de ce genre. Il ne s'agit donc plus du peuple, mais d'une très-petite partie du peuple, qui avait le triste avantage d'être réunie, de pouvoir dès lors faire sentir sa force, et la mettre aux ordres de ceux qui voulaient s'en servir pour eux-mêmes.

Ce système d'association étant ramené à sa véritable portée, reste à voir s'il a même une valeur pour les classes d'ouvriers auxquelles il est applicable.

CHAPITRE IV.

DU CAPITAL DANS LE SYSTÈME DE L'ASSOCIATION.

Que le capital de l'association, s'il est fourni par l'État, est injustement dérobé à la masse des contribuables, et, s'il est retenu sur le salaire des ouvriers, est un emploi imprudent de leurs économies.

Maintenant oublions tout ce qu'a d'exclusif, dès lors de peu populaire en réalité, le système de l'association entre ouvriers, examinons-le en lui-même, et pour sa valeur propre, quelque restreinte que doive être son application.

A en juger par l'apparence, la pensée du système est on ne peut pas plus humaine, honnête et même touchante. Voilà en effet de pauvres ouvriers qui travaillent du matin au soir pour gagner un salaire fixe, invariablement limité, quel que soit le bénéfice résultant de leurs efforts, et qui procurent de larges profits soit à un entrepreneur, soit à des actionnaires travaillant peu, ou ne travaillant pas du tout, éloignés du théâtre de ces rudes travaux, quelquefois ne l'ayant jamais visité. Pourquoi les uns ont-ils si peu en faisant tant, et les autres tant en faisant si peu? C'est que l'entrepreneur a du crédit et les actionnaires des capitaux. Si les ouvriers avaient l'un ou l'autre, ils pourraient spéculer pour leur propre compte, et recueillir eux-mêmes le bénéfice qu'ils procurent à autrui. N'est-il pas tout simple alors d'amener vers eux le crédit et les capitaux, et de les affranchir de cette dépendance, ou, pour parler pleinement la langue du sujet, de la *tyrannie du capital?* Quel moyen, si on ne veut pas prendre les capitaux de force, comme le propose franchement le communisme, quel moyen, sinon d'en demander à qui en a, c'est-à-dire à l'État, et de fournir ainsi à toute association d'ouvriers la faculté de se constituer pour l'exécution des grandes entreprises? Rien, je le répète, de plus honnête, de plus humain en apparence, et en réalité de plus injuste, de plus inique, de plus insensé.

D'abord cet entrepreneur, ces actionnaires, ne sont pas, il me semble, des monopoleurs bien impitoyables. Si le premier consacre sa vie, son argent, son crédit à diriger, à soutenir une vaste entreprise, conçue par lui, tentée, poursuivie à ses risques et périls ; si les seconds, après avoir amassé quelques économies, les risquent dans une opération hasardeuse, telle qu'un canal ou un chemin de fer, opération qui ne s'exécuterait pas sans leur concours, et qui absorbera, si elle ne réussit pas, les fonds qu'on lui aura consacrés, il me semble que ni cet entrepreneur, ni ces actionnaires, ne sont les sangsues de ces ouvriers, payés de gré à gré, souvent à des prix trois ou quatre fois supérieurs à ceux que reçoivent les paysans, assurés d'être payés dans tous les cas, soit que la spéculation ait été heureuse, soit qu'elle ne l'ait pas été. Il n'y a pas là, je le répète, une si criante injustice. Mais on veut que ces ouvriers puissent, eux aussi, faire des bénéfices d'entrepreneurs ou d'actionnaires. Si cela se peut justement, pratiquement, rien de mieux, rien de plus conforme aux désirs des honnêtes gens.

Mais voyons ce qui en est. Toute opération commerciale ou industrielle suppose deux choses, un capital et une direction : un capital, qui sert à l'entreprendre, une direction, qui, après l'avoir conçue, la gouverne, la restreint ou l'étend, quelquefois l'abandonne après les premières pertes, quelquefois la pousse après les premiers gains à un développement extraordinaire. Il faut donc en même temps le capital et la direction. Les trouvons-nous dans une association d'ouvriers ? C'est ce qu'il s'agit d'examiner.

Le capital, dans toute entreprise, doit être destiné à périr si elle ne réussit pas. S'agit-il d'une mine de charbon, d'un canal, d'un chemin de fer, si le charbon n'est pas de bonne qualité, s'il ne s'extrait pas à bas prix, s'il n'a pas un débouché voisin, si le canal, si le chemin de fer présentent de trop grandes difficultés d'exécution, s'ils sont placés à portée de populations qui n'en fassent pas volontiers usage, la mine, le canal, le chemin de fer ne procureront pas les profits qu'on en attendait, souvent même ne payeront pas les dettes qu'on aura contractées pour l'exécution de devis insuffisants, l'entreprise échappera à ceux qui l'avaient fondée, en ne leur laissant que des pertes et des regrets. Est-ce un cas très-rare ? C'est au contraire le cas le plus commun. Si de ces grandes entreprises on passe à de moindres, à des filatures, à des forges, à des ateliers de construction, combien y en a-t-il dont les créateurs fassent fortune? Très-peu. J'ai depuis trente années suivi fort attentivement la marche de l'industrie en France, par devoir comme homme public, par goût comme observateur; je connais son personnel très-exactement, et j'affirme que les insuccès sont beaucoup plus fréquents que les succès, que s'il s'est créé un assez grand nombre de fortunes moyennes, il s'en est très-peu formé de considérables, très-peu surtout qui puissent traverser infailliblement de fortes crises. Le capital est donc dévoué à une ruine fréquente dans les petites entreprises qu'un individu peut diriger, comme une filature, une forge, une usine, et à une ruine infiniment probable dans les vastes entreprises qui exigent des compagnies nombreuses et puissantes, comme les mines, les canaux, les chemins de fer. Celles même qui finissent par prospérer ne prospèrent qu'après avoir ruiné successivement deux ou trois compagnies. Si je voulais citer les principaux établissements français, je réduirais sur ce point tout contradicteur au silence.

Si donc le capital est destiné à périr en cas d'insuccès, cas extrêmement vraisemblable, il faut qu'il ait en perspective des chances de bénéfice, et qu'elles soient proportionnées aux chances de perte, sans quoi l'industrie serait, ce qu'elle est trop souvent, un métier de dupe. Quand c'est un entrepreneur qui avec ses capitaux ou son crédit, quand c'est une réunion d'actionnaires qui avec leur superflu s'ils sont riches, ou leurs économies s'ils sont pauvres, fournissent le capital, rien n'est plus simple. L'entreprise est mauvaise, le capital perdu, tant pis pour les uns et les autres. L'entreprise est bonne, ils ont gagné, tant mieux pour eux ; ils n'ont rien pris à personne, ils ont recueilli ce qu'ils avaient semé. Mais vous voulez mettre les ouvriers à leur place : soit, qui fournira le capital ? Les ouvriers ? Ils n'en ont pas. A défaut des ouvriers, seraient-ce des banques de prêt, organisées dans cette intention ? Mais toutes les banques qui ont fait des prêts aux entreprises industrielles, au lieu de se borner à escompter des lettres de change, ce qui constitue un prêt, limité, à court terme, fréquemment renouvelé, dont les chances se neutralisent en se divisant, toutes ces banques ont tourné à mal, parce que les entreprises industrielles présentent trop de risques, parce que le nombre de celles qui réussissent est trop peu considérable relativement au nombre de celles qui échouent, et parce qu'enfin c'est tout au plus si les bénéfices entiers de celles qui réussissent peuvent compenser les pertes de celles qui échouent, et qu'en leur prêtant on s'associe à toutes leurs pertes, sans s'associer à tous leurs bénéfices. C'est ce qui explique comment toute banque, ou maison de banque, qui s'est bornée à l'escompte, subsiste, et traverse les crises commerciales les plus difficiles, tandis que toute banque ou maison de banque qui a fait des prêts aux entreprises industrielles, succombe à la première crise un peu grave. Et cependant les banques qui ont agi de la sorte n'ont fait que des prêts qui représentaient une très-petite partie du capital des entreprises qu'elles voulaient secourir. Se figure-t-on ce que deviendrait une banque qui fournirait le capital entier d'un plus ou moins grand nombre d'entreprises industrielles? Elle y périrait avant peu, à moins qu'elle ne commanditât que de très-bonnes entreprises, et qu'elle eût la totalité des bénéfices, car exposée à essuyer toute la perte, étant par le prêt entier du capital l'entrepreneur lui-même, n'ayant de moins que le gouvernement de l'entreprise, elle devrait avoir toute la chance de gain, ou elle accepterait un rôle ruineux. Il en pourrait être autrement si on supposait que les bénéfices industriels fussent tels qu'il y eût des ressources pour rémunérer deux capitaux au lieu d'un, ce qui est faux, car s'il y avait des bénéfices pour plus d'un capital, la concurrence les aurait bientôt annulés. Qu'il y ait en effet quelque part un avantage notable à forger du fer, à filer du lin, à extraire du sucre de la betterave, on s'y porte avec empressement, on crée des établissements en quantité, on amène la baisse des prix, on finit souvent par succomber devant cette baisse, mais on n'abandonne la partie que lorsqu'il n'y a plus absolument moyen de couvrir ses frais. Même quand il y a monopole, comme pour les chemins de fer, ce monopole n'est jamais tel qu'il n'y ait pas à côté la rivalité d'un canal, d'une rivière, ou du roulage lui-même, et on arrive presque toujours à la limite extrême des bénéfices indispensables, à moins qu'il ne s'agisse de quelque industrie tout à fait nouvelle, ou de quelque conception extrêmement heureuse, encore dans ce cas l'avantage n'est-il que pour les premiers venus.

Il n'y a donc pas de quoi défrayer deux capitaux, ce dont on se convaincra facilement si on embrasse dans ses observations toute la filature, tout le tissage, toute la métallurgie, toutes les mines. On y verra, effectivement, que si tel ou tel fabricant a eu de bons moments, il en a eu de très-mauvais aussi, qu'il y a eu bientôt compensation entre les uns et les autres, et qu'il n'a été réalisé des fortunes considérables que par les entrepreneurs très-prudents, très-assidus au travail, et à la suite d'une longue vie. Si on examine les grandes entreprises comme les mines, et si on cumule les bonnes avec les mauvaises spéculations, on verra que le bénéfice moyen est fort au-dessous des plus médiocres placements. Si je prenais pour exemple les mines de l'Aveyron, d'Alais, de Saint-Étienne, du Creuzot, d'Anzin, les plus célèbres de toutes, et que, tenant compte des capitaux perdus depuis cinquante ans, je cherchasse à établir la moyenne des profits, je ne trouverais pas un revenu de 4 pour cent du capital engagé. Et ce sont les plus grandes, les plus solidement fondées de toutes les entreprises de ce genre. Ceux qui ne connaissent pas les faits, qui construisent des théories sans commencer par observer la nature des choses, se récrieront peut-être en entendant cette assertion, mais elle n'étonnera que les ignorants ou les utopistes.

Ainsi je tiens pour certain qu'en considérant les

industries en masse, non dans tel ou tel accident heureux, il n'y a pas de bénéfices suffisants pour défrayer deux fois le capital. On ne peut pas dès lors concevoir une banque de prêt qui fournirait le capital entier à des associations industrielles, et qui ne serait pas substituée à ces entreprises elles-mêmes pour le gain et pour la direction. Ou il faudrait qu'elle dirigeât puisqu'elle aurait fourni tout le capital, et qu'elle eût tous les bénéfices parce qu'il n'y en a jamais de trop, ou bien elle périrait par le double fait de confier ses capitaux à d'autres qui spéculeraient avec son argent, et de ne recevoir qu'une partie des bénéfices qui lui reviendraient de droit. Il est même certain qu'elle périrait, car la commandite n'est raisonnable qu'à titre d'exception, de la part d'un capitaliste très-riche qui ne craint pas de perdre, en faveur d'un individu très-capable et très-connu du capitaliste qui prête, et, comme ce double cas est rare, la commandite tourne plus souvent mal que bien. Mais, si la commandite est admissible à titre d'exception, on ne comprend pas la commandite devenue le fait universel de l'industrie, c'est-à-dire une banque qui prêterait tout le capital de toutes les entreprises, qui courrait la chance tout entière, et qui n'aurait ni la direction ni le bénéfice intégral. Si les banques qui n'ont accordé que des prêts partiels aux entreprises industrielles ont fini par succomber, conçoit-on une banque prêtant le capital de la plupart des spéculations industrielles ?

Cette banque serait folle, dirigée par des fous, et

je défie qui que ce soit d'oser en proposer une fondée sur ce principe.

A qui une telle spéculation serait-elle proposable? A l'État, à l'État seul, qu'on charge de suffire à tout. Et à quel titre l'en chargerait-on? A titre de capitaliste universel, obligé de perdre pour tout le monde, et le pouvant parce qu'il est supposé riche comme tout le monde.

Or je pose cette simple question. L'État fournirait-il le capital de création pour toutes les industries ou pour un petit nombre? S'il le fournissait pour toutes, cela pourrait devenir moins injuste, en devenant plus absurde. Si, au contraire, il ne le fournissait que pour quelques-unes, la chose serait d'une injustice criante, et, sans cesser d'être absurde, le serait cependant un peu moins.

Conçoit-on, en effet, l'État fournissant le capital de toutes les spéculations, et ne spéculant pas lui-même? Sous le rapport des risques, s'il le fournissait pour tous les travaux de la terre, du commerce, des manufactures, le commerçant ne pourrait se plaindre au manufacturier, le manufacturier au fermier, des dangers qu'ils se feraient courir les uns aux autres, puisque ce serait une vaste réciprocité ; et encore ceux qui exercent une profession peu hasardeuse, comme de cultiver la terre, auraient-ils lieu de se plaindre d'être associés au sort de ceux qui envoient des vaisseaux dans l'Inde, ou qui jouent à la Bourse. Enfin le risque étant généralisé, on pourrait retrouver une espèce de compensation, dès lors de justice dans son extrême généralisation. Mais je demande si l'on n'aurait pas dès cet instant consommé la plus souveraine des folies, celle de faire spéculer tout le monde avec le capital d'autrui, et de supprimer cette garantie de l'intérêt personnel dans l'emploi des capitaux, garantie qui, toute grande qu'elle soit, est à peine suffisante, puisque vous voyez chaque jour les hommes agissant avec leurs propres capitaux se ruiner, dominés, entraînés qu'ils sont par leur imagination. Que serait-ce s'ils spéculaient avec les capitaux d'autrui? On aurait donc, pour arriver à une espèce de justice, rencontré l'absurde, mais l'absurde au delà des proportions connues avant le temps présent, puisqu'il ne s'agirait de rien moins que de supprimer la vigilance de l'intérêt personnel dans l'ensemble des travaux humains, et de faire spéculer tous les entrepreneurs avec un capital qui étant à tous ne serait à personne.

Si, au contraire, et c'est en effet le cas, si au contraire il s'agissait d'accorder cette faveur à une très-petite partie des travailleurs, à quelques industries qui ont pour caractère particulier de réunir plusieurs centaines d'ouvriers dans le même atelier, oh! alors je demanderais en vertu de quel privilége on permettrait à certaines associations d'ouvriers de spéculer, non pas à leurs risques et périls, mais aux risques et périls de toutes les autres classes d'ouvriers, aux risques et périls des maçons, des menuisiers, des domestiques, des porteurs d'eau, des paysans surtout, qui ne spéculent pas, eux; car leur salaire est bien limité, bien invariable, quelque argent que d'autres gagnent ailleurs à forger du fer ou à fabriquer des machines à vapeur? On veut toujours voir dans l'État, non la masse des contribuables, mais quelques riches, qui tous réunis ne fourniraient pas même un budget par le sacrifice entier de leurs biens, et alors on raisonne à l'aise. On dit que ce n'est pas un mal de procurer à leurs dépens le moyen à de pauvres ouvriers de réaliser quelques bénéfices. Mais c'est là une fausse supposition. Le vrai, c'est que la masse des contribuables, c'est-à-dire trente-six millions d'individus, fournira à un million le moyen de spéculer à ses dépens, sur le coton, le fer ou la houille. La chose ramenée à ces termes est encore insensée, comme on le verra bientôt, car ce million d'ouvriers tentera ce qu'il est incapable de faire, en voulant diriger des entreprises; mais elle est surtout d'une injustice révoltante relativement à la masse des travailleurs, car chacun en ce monde doit spéculer à ses risques et périls, et non aux risques et périls d'autrui. Et, dans cette circonstance, je ne craindrais pas de m'adresser à la conscience des ouvriers eux-mêmes, et de leur demander s'ils trouveraient juste, par exemple, de mettre à la loterie avec l'argent des autres? La question est tout aussi simple que je la présente ici.

Maintenant, si l'on suppose une retenue sur le salaire des ouvriers afin de pourvoir à la création du capital, c'est alors sur eux-mêmes que retombent la duperie et l'injustice, ainsi qu'on va l'apercevoir tout aussi clairement.

En général, quand l'industrie est prospère, l'ouvrier trouve dans son salaire de quoi suffire à son entretien, à celui de sa famille, à ses plaisirs honnêtes, enfin à quelques économies pour les temps de chômage, de maladie et de vieillesse. La partie de ce salaire destinée aux économies pourrait à la rigueur être employée à former le capital des entreprises fondées sur le principe de l'association. Mais il ne faut qu'un simple coup d'œil pour reconnaître l'insuffisance radicale de cette ressource. Les dépôts des caisses d'épargne représentent à peu près 400 millions en France. Il y a parmi les déposants plus de la moitié qui ne sont que de vieux domestiques ou de vieux employés, et la moitié à peine d'ouvriers consacrés à l'industrie. Il est vrai que tous les ouvriers ne déposent pas, qu'il n'y a peut-être pas le tiers ou le quart d'entre eux qui apportent leur argent aux caisses d'épargne. Mais en tenant compte de cette circonstance, et en triplant ou quadruplant la somme par eux déposée, conçoit-on qu'avec six ou huit cents millions on pût fournir le capital engagé dans toutes les industries : filature, tissage, métallurgie, mines, chemins de fer, canaux, etc., je laisse, bien entendu, l'agriculture à part? Beaucoup de milliards n'y suffiraient pas.

L'idée d'une retenue sur les salaires pour constituer le capital des associations serait donc une pure chimère. Mais je l'admets si l'on veut. Cette retenue serait pour les ouvriers un indigne emploi de leurs épargnes. Rien n'est plus hasardé, comme je l'ai dit et comme chacun le sait, rien n'est plus hasardé que les capitaux engagés dans les entreprises industrielles.

Il n'y a que les riches capitalistes, garantis contre les conséquences des fausses spéculations par leur richesse même, ou les entrepreneurs garantis par leur propre vigilance, qui doivent spéculer. Tous autres spéculateurs sont des imprudents et des victimes. On tremble quand on voit de pauvres gens apporter leur argent à des compagnies qui entreprennent de vastes travaux, ou à des gouvernements qui empruntent, et on éprouve une terreur tout humaine à les voir confier à des aventuriers ou à de mauvais administrateurs de la fortune publique les épargnes de toute leur vie. On s'est plaint souvent de ce que certains emprunts étrangers étaient publiquement admis au marché français, c'est-à-dire cotés à la Bourse, et on a eu raison. Dans quels sentiments élevait-on ces réclamations? Dans des sentiments d'humanité, parce qu'on regardait comme barbare de livrer à des mains peu sûres la fortune du pauvre. Et on confierait à ces spéculateurs de toute espèce que nous avons vus depuis un demi-siècle agiter, bouleverser, souvent déshonorer l'industrie, les économies des classes ouvrières! Sans doute ces spéculateurs ont été depuis cinquante ans plus téméraires que de coutume, parce que la découverte de la vapeur a mis le monde industriel en fermentation. Ils ont agité et poussé en avant l'industrie, comme c'est la mission des esprits aventureux. Mais, en la faisant marcher, ils ont dû la faire marcher à leurs dépens, à leurs dépens seuls, et non aux dépens des infortunés ouvriers qu'ils employaient. Je le disais dans un chapitre précédent, les capitaux accumulés du riche sont destinés aux entreprises hasardeuses. Deux alliés, la richesse et le génie, doivent accélérer la marche de l'industrie. Mais la pauvreté et l'association ne sont pas propres aux témérités. La première n'a rien à perdre et la seconde n'inventa jamais rien. Quoi! les mille filatures, les mille forges, les mille fabriques de tout genre, entreprises depuis trente ans, fermées, abandonnées après des essais plus ou moins longs, suivies de la ruine ou de la gêne des capitalistes qui les avaient commanditées, auraient été tentées aux dépens des ouvriers! C'eût été un malheur et un crime de l'avoir souffert. Ne demande-t-on pas avec raison aujourd'hui de faire payer les ouvriers par préférence à tous autres, en cas de non-réussite des entreprises industrielles?

On dira peut-être que rien n'est mieux entendu, en général, que de placer sur soi-même, et que de mettre son argent où l'on met son travail. Cela est vrai quand on place réellement sur soi-même. Un cultivateur qui emploiera son argent sur sa terre plutôt que dans des placements hasardeux, un marchand qui emploiera ses bénéfices à étendre son commerce, et non à acheter des actions industrielles, agiront sagement l'un et l'autre. Mais ce n'est pas là ce qu'on prépare aux ouvriers associés. On leur propose de confier leurs économies à des entreprises qu'ils ne dirigeront pas, et qui seront réduites à l'alternative, ou de n'être dirigées par personne, ou de l'être par des directeurs capricieusement élus, en un mot de confier leurs économies à l'anarchie. Tout le monde redoute l'anarchie en politique, et se garde bien de lui prêter son argent. Je vais vous faire voir que l'anarchie industrielle ne vaut pas mieux, et que lui donner l'argent des ouvriers serait une véritable cruauté. Ce sera le sujet du chapitre suivant. Je termine le présent chapitre en posant la question ainsi :

Ou l'État fournira le capital des industries fondées sur le principe de l'association, et il y aura injustice à permettre qu'une classe favorisée de travailleurs spécule avec l'argent de tous les autres travailleurs de la ville et de la campagne;

Ou l'on tâchera de former ce capital avec un prélèvement sur les salaires, et alors il y aura l'emploi le plus imprudent, le plus inhumain des économies des ouvriers.

Injustice intolérable dans le premier cas, imprudence barbare dans le second, voilà comment je qualifie les moyens employés pour se procurer le capital, dans le système soi-disant philanthropique de l'association.

CHAPITRE V.

DE LA DIRECTION DES ENTREPRISES DANS LE SYSTÈME DE L'ASSOCIATION.

Que la direction des entreprises, dans le système de l'association, est impossible, et tend à substituer au principe de l'intérêt personnel qui convient seul à l'industrie privée, le principe de l'intérêt général qui n'est applicable qu'au gouvernement des États.

L'anarchie dans le corps politique est un grand mal. On la craint, on l'abhorre, et on a raison. Avec l'anarchie il n'y a plus ni ordre, ni sécurité, ni justice, ni bonne administration, ni sage économie, ni force publique, ni grandeur. Par elle les États se décomposent, se déshonorent, et périssent. De César à Augustule, telle est leur marche. Pour moi surtout qui aime deux choses avec passion, la justice au dedans, la grandeur au dehors, l'anarchie est un objet d'insurmontable aversion.

Mais si odieuse qu'elle soit dans le corps politique, elle est la maladie naturelle de ce corps; elle y est prévue; elle y a ses remèdes comme certaines fièvres contractées en certains lieux malsains. On en peut mourir, mais on en peut guérir. Enfin dans l'État elle est malheureusement chez elle, comme la peste à Constantinople. Mais dans l'industrie, comprenez-vous l'anarchie? On se désole, mais on ne s'étonne pas de voir des factions se disputer le pouvoir, déchirer la République, l'ensanglanter, la conduire au bord de l'abîme, l'y jeter ou l'y arrêter. C'est le mal d'un bien, car enfin il faut que le pouvoir, pour passer aux mains des bons, coure quelquefois la chance de se trouver aux mains des mauvais. Mais vous figurez-vous le pouvoir contesté, disputé, transmis des uns aux autres, dans une manufacture? Vous figurez-vous le chef d'une usine élu par ses ouvriers, tour à tour destitué par les paresseux, ou porté par eux à la direction des ateliers? Vous figurez-vous ce président d'une république industrielle appuyé sur de semblables influences, traçant équitablement la tâche de chacun, réglant les salaires sur l'assiduité ou sur l'aptitude, inspirant confiance aux capitalistes, obtenant du crédit, et surtout réalisant des économies? Vous figurez-vous cet être chimérique, remplaçant l'unité, la suite, la vigilance de l'intérêt personnel, dans la direction d'une entreprise industrielle? Dans l'État, on conçoit que tous se mêlent des affaires publiques, car elles sont les affaires de tous. Mais dans une fabrique, pouvez-vous imaginer quelques centaines d'ouvriers délibérant sur les engagements à prendre, sur les lettres de change à signer, à accepter, à refuser, sur les crédits à ouvrir, sur l'extension à donner à la production, sur les chances probables du commerce national ou européen?

Sans doute on voit quelquefois des actionnaires délibérant, mais une fois par année, sur la marche générale d'une affaire, fondant leur contentement ou leur mécontentement sur l'abondance ou la modicité des dividendes, jetant un coup d'œil rapide sur ce qui prête le plus au contrôle, sur la comptabilité, abdiquant pour tout le reste leur autorité en faveur d'un directeur, qu'ils jugent par le résultat, c'est-à-dire par le bénéfice obtenu, et ne le rencontrant plus ensuite jusqu'à l'année suivante. Un pareil système d'administration n'est praticable que dans de très-grandes entreprises, à condition d'une intervention très-discrète et très-rare des actionnaires, terminée, je le répète, par leur abdication en faveur du directeur qu'ils ont choisi. Mais vous représentez-vous un chef d'atelier élu par les ouvriers auxquels il doit donner des ordres? Quand on observe la plupart de nos établissements industriels, on est frappé d'une chose, c'est que ceux qui ont réussi, et ils sont en petit nombre, l'ont dû à la supériorité de l'entrepreneur qui les dirigeait, non pas seulement à sa supériorité d'intelligence (cette intelligence ne fait souvent que des entrepreneurs hardis, et destinés à ruiner eux et les autres), mais à une heureuse combinaison de l'intelligence et du caractère, à un rare mélange d'esprit, de prudence et d'application. Si cet entrepreneur ne joint pas à l'invention, la mesure, la suite dans les idées, il échoue même avec des qualités éminentes, et il est obligé d'aller prêter son génie inventif à un autre doué de moins de hardiesse, mais de plus de sagesse et d'amour du travail. Quand les entrepreneurs possèdent toutes les qualités désirables, il faut encore qu'ils aient une longue expérience, la connaissance des marchés étrangers, de grandes relations, de la considération, du crédit, en un mot avec les avantages qu'on reçoit de la nature ceux qu'on n'obtient que du temps. J'ai vu en effet de ces entrepreneurs, ouvriers dans leur enfance, parvenus ensuite par leur génie naturel, réunissant ainsi les vues générales à la connaissance pratique de leur état, ayant voyagé et comparé les divers procédés usités en Europe, jouissant d'un crédit immense, maîtres absolus chez eux, obéis comme on l'est quand on ne dépend pas de ses ouvriers, qu'on peut les prendre ou les renvoyer à volonté, j'ai vu de ces entrepreneurs, génies peu apparents, mal placés à l'Académie, mais pour moi supérieurs à beaucoup de gens d'esprit, et qui avec toutes ces qualités arrivaient à être riches un quart ou une moitié de leur vie, puis tout à coup, parce que la fortune les trahissait après les avoir longtemps favorisés, ou parce qu'il leur manquait une qualité toute modeste, celle de la modération dans les désirs, ou parce que la vanité de toucher aux affaires publiques les prenant trop tôt les détournait de leurs affaires privées, ou enfin parce qu'il avait plu à leur nation de renverser un gouvernement, perdaient leur fortune, et tombaient dans une profonde misère. J'ai vu des entrepreneurs doués d'un vrai génie finir de la sorte, et on me persuadera qu'une masse de cinq ou six cents individus saura se conduire et parviendra à réussir, là où l'unité de volonté la plus complète, jointe à une incontestable capacité, à une vaste expérience, réussit si rarement! Non, je ne le croirai pas, quoi qu'en puissent dire des lettrés instruits qui n'ont jamais vu marcher une usine, ou agir un gouvernement. Ils me l'affirmeraient cent et cent fois, m'ordonnant de le croire, comme sous les Romains on ordonnait de sacrifier aux dieux ou de mourir, que je me refuserais à l'admettre.

Comment d'ailleurs ces ouvriers associés organiseraient-ils leur gouvernement? Délibéreraient-ils eux-mêmes sur les affaires de la Société, sur les salaires, sur les règlements, sur la production, sur les achats, sur les ventes, sur les contrats à conclure? Il serait bien cruel de les priver d'une telle prérogative, et ce ne serait pas la peine d'avoir placé leurs économies dans une entreprise, ou d'avoir emprunté à leurs risques et périls, ou d'avoir reçu de l'État le cadeau de quelques millions d'avances, pour abandonner à l'un d'entre eux la solution de toutes les questions qui les intéresseraient à un si haut degré. Et d'un autre côté il serait bien dangereux, bien insensé de leur laisser le soin de les résoudre! Quoi! ils seraient devenus associés, c'est-à-dire maîtres, ils auraient mis leur argent, ou celui qu'on leur aurait prêté, dans une forge ou dans une fabrique de machines, pour laisser à l'un d'entre eux le droit de les classer eux-mêmes en hommes de peine, ouvriers ordinaires, ajusteurs, assembleurs, maîtres, contre-maîtres, en ouvriers payés à 2 francs, à 3 francs, à 5, à 10 francs! ils laisseraient à l'un d'entre eux le soin de les punir, de les renvoyer (renvoyer des associés!), de fixer les heures de travail, de conclure tous les marchés, de régler le prix des ventes et des achats, de décider s'il faut travailler pour telle maison ou pour telle autre, d'accorder des crédits, d'en demander ; ils délégueraient, eux parties du maître, de tels pouvoirs à l'un d'entre eux ! ou bien ils se les réserveraient ! Et alors comprenez-vous ces cinq ou six cents ouvriers se classant eux-mêmes en bons et en mauvais ouvriers, se constituant en aréopage pour se juger, décidant si la signature de monsieur un tel est bonne, médiocre ou mauvaise, s'il faut vendre ou retenir les marchandises, suspendre ou développer la production ! L'une et l'autre de ces suppositions sont bien difficiles à admettre, car l'une est une désolante abdication, et l'autre une extravagante incompétence.

Je reconnais du reste que les hommes assemblés, toujours prompts à se soulever, sont tout aussi prompts à abdiquer, quand le goût du soulèvement est passé chez eux. Ces ouvriers nommeraient entre eux des chefs, et entre ces chefs un directeur ; je suis porté à le croire. Mais à quoi bon alors n'avoir plus voulu d'un maître ! Ou ce directeur pourrait punir les ouvriers, les faire descendre d'une classe à une autre, les renvoyer enfin, ou, s'il ne le pouvait pas, il n'obtiendrait ni la quantité, ni la qualité du travail, sans lesquelles tout succès est impossible dans un établissement industriel. Et s'il le pouvait, encore une fois on se serait donné un maître aussi absolu que celui qui aurait été propriétaire de l'établissement ; on aurait perdu surtout la qualité d'associé, car il est impossible en droit qu'un associé puisse être éconduit par un autre. Mais ne voyez-vous pas, me dira-t-on, que si, pour le succès de l'association, on s'était résigné à une autorité aussi absolue que celle du propriétaire, resterait l'avantage d'être intéressé dans l'entreprise et de se partager les bénéfices, qui dans l'état ordinaire sont pour le propriétaire seul?

J'ai montré tout à l'heure que l'on n'a droit aux bénéfices que lorsqu'on est propriétaire de tout ou partie du capital, et que l'on court les chances de perte comme de gain. Mais je néglige cette considération, je suppose les ouvriers propriétaires du capital par une retenue sur leurs salaires, ou ayant reçu un prêt de l'État, et je demande si c'est une combinaison raisonnable que celle où l'industrie, d'entreprise particulière, gérée par l'intérêt personnel, avec l'ardeur qu'excite la chance d'être ruiné ou enrichi suivant qu'on fait bien ou mal, deviendrait une sorte d'administration, une espèce de fonction publique, de manière que l'entrepreneur, au lieu d'être payé par un succès ou un revers de fortune, recevrait, quoi qu'il fît, ses appointements, sauf quelque part au bénéfice, selon le cas de succès ou de revers.

On aurait donc substitué, dans l'industrie, des administrateurs à des propriétaires, c'est-à-dire un ressort très-faible à un ressort très-énergique. La nécessité de l'*œil du maître* est un vieil adage qui est, et restera éternellement vrai. Il faut dans les affaires privées la vigilance, l'attention passionnée de l'intérêt individuel, et non le zèle affaibli de l'intérêt collectif.

Or là où l'intérêt personnel réussit tout juste assez pour que l'industrie puisse vivre, on voudrait en vain me persuader que l'intérêt collectif pourrait avoir la suite, l'énergie, l'audace, l'amour enfin qui fait réussir. Vous figurez-vous les filateurs de coton et de lin, les fabricants de toile peinte, les fabricants de lainage, de Mulhouse, de Saint-Quentin, de Lille, de Rouen, d'Amiens, les fabricants de soieries de Nîmes, de Lyon, de Saint-Étienne, les maîtres de forges de Franche-Comté, de Champagne, de Bourgogne, du Berry, les fabricants de machines d'Arras, du Havre, de Paris, tous industriels dont vous connaissez les peines, les tribulations, les malheurs, qui souvent après une longue carrière, en cumulant les bonnes années avec les mauvaises, seraient bien heureux d'avoir gagné les appointements d'un directeur, vous les figurez-vous convertis de propriétaires en administrateurs, et gagnant comme administrateurs ce qu'ils n'auraient pas gagné comme maîtres?

Savez-vous ce que je conseillerais aux ouvriers? ce serait de prendre leur argent ou celui que l'État leur aurait prêté, et de le placer, non pas dans la fabrique où ils seraient associés, mais dans celle qui appartiendrait à un maître absolu, dont le mérite et la probité leur seraient connus.

Ainsi, ou point de direction, point d'autorité, le gouvernement de cinq à six cents individus décidant de tout ce qu'ils ignoreraient, ou un directeur dans les mains duquel ils auraient abdiqué, et alors le zèle très-incertain du fonctionnaire substitué à la toute-puissance, à l'activité infinie, à la vigilance incessante de l'intérêt personnel, telle serait l'étrange révolution produite dans l'industrie.

Il faut bien une autorité déléguée dans les grandes entreprises qui ne peuvent être la chose d'un seul, telles qu'un chemin de fer ou une mine. Alors il faut en effet choisir un intéressé qui dirige pour tous. Mais chacun sait que c'est une cause grave d'infériorité pour les entreprises de cette nature, qu'elles périssent le plus souvent par l'administration, quand ce n'est pas par la qualité même de l'opération, et on ne comprend pas, lorsque l'étendue du capital engagé n'oblige pas à renoncer à la souveraineté de l'intérêt privé, comment on songerait à se passer de ses avantages. Enfin l'expérience, qui en ce genre est le juge le plus sûr, n'a jamais, depuis qu'il existe des nations commerçantes, indiqué d'autre mobile de l'industrie que l'intérêt personnel travaillant pour lui-même. On conçoit l'autorité déléguée pour les affaires publiques qui ne sont pas la chose d'un seul, mais de tous, pour lesquelles il faut moins encore l'ardeur, l'activité passionnée de l'intérêt privé, que l'impartialité, le désintéressement, la justice, le courage de celui qui est mû par des vues d'intérêt général ; et encore dans les gouvernements perfectionnés a-t-on inventé une sorte d'intérêt personnel pour la direction des États, une façon d'*œil du maître*, c'est la responsabilité de celui qui gouverne, responsabilité qui engage sa vie, son ambition, son honneur, sa gloire! Mais c'est renverser toutes choses, confondre toutes les notions, que de transporter le gouvernement des États dans les affaires privées, et c'est peut-être par contre-coup s'exposer à trouver le gouvernement des affaires privées dans l'administration des États. On aurait donné aux manufactures pour les faire prospérer la froideur du fonctionnaire, et à l'État pour le gouverner l'égoïsme de l'intérêt privé. Il arrive souvent, en effet, que le principe qu'on ne met pas où il doit être, va se placer là où il ne devrait jamais se rencontrer.

Mais nous avons supposé la meilleure, la moins probable des chances, c'est la délégation, entière, absolue de l'autorité du propriétaire à un directeur, ce qui ne s'effectuerait jamais complétement. Ces maîtres ne se donneraient pas, quoi qu'on en dise, un maître, qui pourrait les renvoyer, et surtout les classer sous le rapport du salaire.

Comment pourraient-ils effectivement être renvoyés par celui qu'ils auraient le pouvoir de renvoyer eux-mêmes? Comment s'y prendrait ce directeur élu pour régler avec eux la question des salaires? Ce maître institué par eux établirait-il un seul salaire ou plusieurs? Payerait-il au même prix l'homme de peine qui remue du charbon à la pelle, ou qui prête ses épaules au transport d'un lourd fardeau, et l'ajusteur adroit qui rapproche toutes les pièces d'une machine? Il faut avoir perdu le sens pour imaginer que l'association garderait un seul ouvrier habile, en les payant également, et en leur offrant pour toute perspective une part dans des bénéfices futurs. Si, pour se conformer à la règle commune, elle les payait inégalement, je demande encore comment s'y prendrait ce maître, délégué des ouvriers, pour les ranger équitablement et sans appel, dans la classe à 2 francs, à 3 francs, à 5 francs, à 10 francs? Imaginez-vous ces ateliers qui doivent marcher avec le silence, la précision, la continuité des machines dont ils empruntent le secours, qui n'approchent de la fécondité de la nature qu'autant qu'ils approchent de ses deux qualités essentielles, la régularité et la suite, les imaginez-vous partagés en factions, ayant des opinions non sur les affaires publiques, ce qui importe peu, mais sur les affaires de la maison, exigeant qu'on travaille tant d'heures et pas plus, qu'on paye tant de salaire et pas moins, et ayant leurs suffrages, tous les ans, tous les mois, tous les jours, pour faire prévaloir leur sentiment? Ce serait la ruine, la ruine inévitable et prochaine. On arrive tout juste avec l'autorité absolue du propriétaire, avec le stimulant de l'intérêt personnel, à faire vivre l'industrie, et il est rare, en compensant les mauvaises années par les bonnes, qu'un manufacturier gagne plus de 7 ou 8 pour cent de ses capitaux engagés, soit pour l'intérêt de son argent, soit pour la rémunération de son travail personnel, et à ce compte il reste à peine 4 ou 5 pour les capitaux, 2 ou 3 pour l'entrepreneur. Appliquez maintenant aux mêmes manufactures le gouvernement d'Athènes, de Rome, de Florence, d'Amsterdam, de Paris même, et je vous prédis la ruine tant pour les capitaux que pour l'entrepreneur, et je renouvelle aux ouvriers associés le conseil que je leur ai donné, c'est de s'employer de leur personne dans les manufactures de l'association, surtout s'ils sont paresseux, querelleurs, aimant la brigue, l'agitation plus que le travail, et de placer leur argent, s'ils en ont un peu amassé, ou celui qu'on leur prêtera, dans d'autres entreprises que celles qui seraient gouvernées de la sorte.

Du reste je ne fais point ici une utopie, pour opposer à une utopie. Ce que je prédis a existé trois mois dans Paris. Le propriétaire d'un grand établissement consacré à la fabrication des machines a pour un temps cédé ses ateliers à ses ouvriers, de manière qu'il n'y avait pas de capital à débourser pour la création de l'établissement, et il est convenu de leur acheter à un prix déterminé les machines ou pièces de machines qu'ils fabriqueraient. Ce prix a été augmenté de 17 pour cent en moyenne. C'était aux ouvriers associés entre eux à se gouverner, à se rétribuer, à se partager les bénéfices. Le maître n'avait pas à s'en mêler. Il payait les pièces exécutées, leur assemblage en machines, au prix convenu, et naturellement il ne devait payer que l'ouvrage exécuté.

Les ouvriers associés sont restés divisés, comme ils l'étaient auparavant, en divers ateliers (facilité d'organisation fort grande, puisqu'ils n'avaient qu'à persister dans des habitudes prises); ils ont placé à la tête de chaque atelier un président, et à la tête des ateliers réunis un président général. Ils ont conservé la classification antérieure des salaires (autre facilité naissant d'habitudes prises), seulement ils ont donné 3 francs au lieu de 2 francs 50 centimes à la dernière classe, celle des hommes de peine, et ils ont cessé de payer aux ouvriers habiles (appelés marchandeurs) le salaire élevé résultant du travail à la tâche. Ceux-ci n'ont comme tous les autres travaillé qu'à la journée. Pourtant, comme il fallait les satisfaire dans une certaine mesure, on leur accordait des suppléments de paye de 50, de 75 centimes, et quelquefois de 1 franc, ce qui, joint aux 4 francs de la paye moyenne, procurait 5 francs au plus à des ouvriers qui, à la tâche, gagnaient auparavant 6, 7 et 8 francs par jour. C'étaient les présidents d'ateliers qui accordaient ces suppléments. Après avoir ainsi élevé le salaire de l'homme de peine, abaissé celui de l'ouvrier habile, voici ce qui est arrivé à la suite d'un essai de trois mois.

Le tumulte a été quotidien dans les ateliers. Il est vrai que le tumulte était général alors, et qu'il n'était pas moindre au Luxembourg, à l'Hôtel-de-Ville, que dans les manufactures. On se donnait des relâches quand il convenait de prendre part à telle ou telle manifestation, ce qui du reste ne nuisait qu'aux ouvriers eux-mêmes, car le propriétaire ne payait que l'ouvrage exécuté. Mais on travaillait peu, même quand on était présent, et les présidents d'ateliers chargés de maintenir l'ordre, de surveiller le travail, étaient changés jusqu'à deux ou trois fois par quinzaine. Le président général, n'exerçant pas la police locale dans les ateliers, avait moins de variations de faveur à subir, et il n'a été changé qu'une fois pendant la durée de l'association. Si on avait travaillé comme autrefois pendant les trois mois qu'a existé ce régime, on aurait dû toucher 367 mille francs de main-d'œuvre. On n'en a cependant touché que 197 mille, quoique les prix d'exécution fussent élevés de 17 pour cent. La cause principale de cette moindre production n'a pas seulement tenu à ce que le nombre de jours et d'heures de présence a été très-inférieur à ce qu'il était antérieurement, mais à ce que le travail a été beaucoup moins actif, même quand on était présent. Les ouvriers à la tâche qui n'avaient plus qu'un insignifiant supplément de 50 centimes ou d'un franc au plus, n'ont pas mis grand zèle à travailler pour l'association. Les hommes qu'ils prenaient ordinairement avec eux, lorsqu'ils étaient rémunérés à la tâche, auxquels ils accordaient un supplément, et qu'ils surveillaient eux-mêmes, ont été livrés à la surveillance à peu près nulle des présidents d'ateliers, et un millier d'ouvriers sur quinze cents ont déployé l'ardeur dont on est animé quand on ne travaille pas pour soi. En définitive cent hommes de peine ont reçu 50 centimes de plus par jour, trois ou quatre cents ouvriers ont reçu 3 ou 4 francs comme par le passé, mais moins de journées parce qu'ils prenaient plus de vacances, et enfin les mille plus habiles qui travaillaient autrefois à la tâche ont été privés de la plus-value qu'ils devaient à leurs efforts, et qui portait leurs journées à 7, 8 et 10 francs. Aussi les bons ouvriers étaient-ils tous résolus à quitter l'établissement, et les trois mois assignés à l'association étant expirés, elle a fini sans réclamation. Elle était dans une sorte de faillite, car elle devait plusieurs heures qui n'ont pas été payées, et elle avait dévoré le petit avoir d'une caisse de secours instituée avant ce régime philanthropique par le propriétaire de l'établissement.

Dix sous de plus par jour à cent hommes de peine sur quinze cents travailleurs, le salaire de trois ou quatre cents maintenu, celui des mille plus habiles diminué, la totalité beaucoup plus pauvre par suite des absences, qui ont représenté 32 pour cent de temps perdu, 197,000 francs d'ouvrage au lieu de 367,000 dans une même période, tous les bons ouvriers découragés, enfin l'association au-dessous de ses affaires après trois mois d'existence, bien qu'on eût un établissement tout monté fourni par le propriétaire, tel est le résultat. Les causes de ce résultat étaient le désordre, l'insuffisance d'autorité, le nivellement dans les salaires par la suppression du travail à la tâche, en un mot l'association substituée au gouvernement absolu d'un entrepreneur travaillant pour son compte et traitant librement avec les ouvriers. De ces diverses causes, il en est une qu'il importe de développer davantage, c'est l'abolition du travail à la tâche, vulgairement connu dans la langue des ateliers sous le titre de *marchandage*. On va voir que, sous prétexte de faire participer les ouvriers aux profits du capital, on les a privés du seul moyen qu'ils eussent de devenir eux-mêmes entrepreneurs, entrepreneurs sans capitaux. Cette courte dissertation complétera ce que j'ai à dire des associations au point de vue de leur mode de gouvernement.

CHAPITRE VI.

DU TRAVAIL A LA TACHE.

Que, par l'abolition du marchandage, on a détruit le seul moyen pour les ouvriers de participer aux bénéfices du capital.

Vous ne voulez donc pas, me dira-t-on, que l'ouvrier sorte jamais de sa condition de salarié, d'esclave du maître, de prolétaire exclu des bénéfices du capital!... Tel est le langage des socialistes quand on leur démontre la vanité de leurs systèmes. Je leur en demande pardon, mais la nature, plus habile qu'eux, et non moins humaine, avait enseigné aux hommes un procédé au moyen duquel les ouvriers de génie avaient jusque-là franchi les premiers degrés de l'échelle de la fortune. Mais on a eu l'esprit de détruire ce procédé, et de briser l'échelle, ou du moins de la laisser briser par les mauvais ouvriers, qui n'avaient jamais pu en franchir le premier échelon. Le fait est certain, et j'en vais fournir la preuve.

Oui, je désire, pour ma part, que l'ouvrier qui n'a que ses bras puisse aussi participer aux bénéfices de son maître, devenir capitaliste à son tour, et s'élever à la fortune. Je ne crois pas qu'il le puisse en se mettant à la place de son maître, en s'associant avec ses camarades pour former avec eux une entreprise collective, qui manquera de capital, de direction, de tout ce qui fait réussir ; mais voici, pour l'ouvrier de mérite, un moyen certain d'arriver au résultat proposé, de devenir entrepreneur sans capital, et sans l'inconvénient attaché à une entreprise collective : ce moyen est celui du travail à la tâche ou *marchandage*, que les nouveaux amis des ouvriers ont aboli.

Il y a en effet des ouvriers intelligents et laborieux qui travaillent mieux et plus que d'autres, peuvent, dans la même journée, exécuter deux ou trois fois plus d'ouvrage que tels de leurs camarades, et font, sous le rapport de la perfection, ce que ne ferait aucun d'eux. Ceux-là, certainement, méritent d'être distingués et encouragés. On ne peut pas cependant leur donner la croix d'honneur, qu'on doit réserver pour le jour où ils iront sur l'Adige ou sur le Rhin, qui ne suffirait pas d'ailleurs, car il faudrait des centaines de décorations dans un atelier de mille ouvriers, tandis qu'à l'armée on en donne trois ou quatre pour un régiment de deux mille hommes. Il faut donc distinguer ces ouvriers à la fois plus laborieux et plus intelligents, il le faut pour eux, il le faut pour le développement de la production, car, payés à la journée, ils n'auraient aucun motif de travailler mieux ou plus que leurs camarades, et, portés même à une classe supérieure, ils n'auraient pas de motif de se comporter autrement que les ouvriers de cette classe, tandis, au contraire, qu'en proportionnant le salaire exactement à ce qu'ils sont capables de faire, chacun d'eux est amené à produire tout ce qu'il peut produire. Il est donc nécessaire de trouver pour ces habiles un système de rémunération proportionné à leur travail. Mais ce n'est pas tout. Il y a encore une classe de travailleurs pour laquelle il importe d'imaginer une manière de les employer autre que le travail à la journée ; cette classe est celle des jeunes ouvriers.

Le jeune ouvrier, intelligent, appliqué, qui annonce des dispositions, mérite aussi d'être encouragé, et surtout d'être surveillé et enseigné. Un maître qui a mille ouvriers, qui est condamné à des soins de tout genre, qui a des matières premières à acheter, des produits à vendre, des engagements à conclure, des relations étendues à entretenir, ne peut aller redresser un jeune homme qui tient mal sa lime ou son ciseau. Il ne peut ni le surveiller, ni le diriger, ni le former. Dans cette impuissance, il le laisserait sans enseignement, sans avancement, dans une classe inférieure, et l'en tirerait le plus souvent par raison d'âge, sans une suffisante appréciation de ses services. Si donc il y avait une manière d'employer ce jeune ouvrier suivant ses dispositions et de le former, ce serait chose fort bonne aussi et digne d'être approuvée.

Ainsi voilà deux classes, l'ouvrier habile et l'apprenti, le mérite éprouvé et la jeunesse qui inspire des espérances, voilà deux classes pour lesquelles il y a un système de travail à trouver, un système qui les combine et leur fasse produire tout ce qu'elles peuvent. Ce système, je le répète, était découvert depuis le déluge; nos novateurs l'ont détruit sous le nom de *marchandage*.

Par exemple, un maître s'apercevant qu'un ouvrier habile emploie dix jours à exécuter une pièce de machine ou une portion de menuiserie, la lui donne à exécuter à la tâche. Il lui payait, à 5 francs par jour, la somme totale de 50 francs. Il la lui commande au même prix, en lui laissant le choix du temps. L'ouvrier l'exécute en sept jours, au lieu de dix, et il gagne un peu plus de 7 francs. Il consent même à la faire à 45 francs, au lieu de 50; car, à ce prix, il gagne encore 6 francs 50 centimes environ. Mais ce n'est que le début du système. Voici un ouvrier plus habile encore, qui peut fabriquer les parties les plus compliquées d'une machine. Son maître lui donnera, par exemple, à exécuter le cylindre d'une machine à vapeur, valant deux ou trois mille francs, ou la menuiserie d'un grand bâtiment, en valant de cinq à six. L'ouvrier dont le coup d'œil est exercé juge bien vite ce qu'il lui faudra de temps et de main-d'œuvre, il traite avec son maître à un prix qui lui assure des bénéfices, s'adjoint ensuite plusieurs ouvriers de son goût, ou des jeunes gens qui, sous sa main, vaudront ce qu'ils ne vaudraient pas sous la main du maître, parce qu'il est avec eux dans le même atelier, traçant des profils tandis qu'ils tiennent le rabot ou la lime, exécute avec leur concours l'ouvrage convenu, arrive ainsi à gagner 7, 8, 10 francs par jour, et trouve encore le moyen d'accorder un supplément de paye à ses auxiliaires, de manière à les encourager au travail. Dans une fabrique de machines, l'atelier de la fonderie, où l'on coule les grandes pièces de fonte, est souvent donné à l'entreprise à un ouvrier principal, qui, ayant une centaine d'ouvriers au-dessous de lui, peut gagner depuis 300 jusqu'à 500 francs par mois, c'est-à-dire, à vingt-cinq jours de travail par mois, depuis 12 jusqu'à 20 francs par journée. C'est ce qui est fréquemment arrivé dans l'un des grands ateliers de Paris.

Le maître fournit l'atelier, les modèles, le sable à moulage, la fonte, le coke, c'est-à-dire tous les capitaux. Dans la menuiserie, le maître fournit également l'atelier, une partie des outils, les bois, c'est-à-dire encore les capitaux. De plus, dans tous ces états, le maître accorde une avance chaque semaine pour acquitter la paye quotidienne.

Quel est donc, dans ce système, le véritable rôle de l'ouvrier à la tâche? C'est celui d'un petit entrepreneur qui, n'ayant que ses bras et son savoir-faire, mais point de capitaux, c'est-à-dire ni atelier, ni sable à moulage, ni coke, ni fonte, ni bois, ni rabots, ni hangars, ni argent pour la paye quotidienne, reçoit tout cela de son maître, auquel il a inspiré confiance en travaillant sous ses yeux, gagne ainsi deux, trois, quatre fois ce qu'il aurait gagné dans le système du travail à la journée, obtient par conséquent les bénéfices d'une véritable spéculation, sans avoir ni à risquer les capitaux de l'État, ni ceux qu'il doit à son économie. Il a de plus employé la médiocrité bien intentionnée ou la jeunesse inexpérimentée, et les a fait participer dans un degré inférieur, bien entendu, à son bénéfice. Vous voulez que l'ouvrier s'élève par son mérite, spécule comme un entrepreneur : voilà un moyen simple, qui ne coûte ni à l'État ni à lui, qui ne compromettra ni le trésor ni ses petites économies. Vous voulez qu'il devienne maître à son tour : voilà un moyen sûr, bien gradué, car il finit par avoir dix, quinze et jusqu'à cent ouvriers sous sa direction. Vous voulez qu'il soit associé au bénéfice du capital : voilà un moyen certain, car un ouvrier qui gagne 6, 8, 12 francs par jour, quelquefois 20, sans courir de chance, quoi qu'il arrive du commerce de son maître, est associé certainement aux bénéfices du capital, sans être exposé au partage des pertes. Vous voulez enfin une organisation du travail ; en voilà une, toute trouvée, toute facile, qui combine ensemble l'ouvrier jeune, l'ouvrier médiocre, l'ouvrier habile, et qui est tout à la fois un système d'éducation, de surveillance, de rémunération exactement proportionnelle au travail produit. Elle existait, et vous l'avez détruite! O bienfaiteurs des ouvriers, applaudissez-vous de votre génie créateur!

On a détruit ce moyen, et pourquoi? Parce qu'il était, disait-on, *l'exploitation de l'homme par l'homme.* Comme s'il y avait un moyen quelconque de faire concourir les hommes les uns avec les autres sans qu'ils gagnassent les uns par les autres, le banquier par l'entrepreneur, l'entrepreneur par le maître-ouvrier, le maître-ouvrier par l'ouvrier, l'ouvrier par le manœuvre, tous par tous, mais tous suivant leur mérite à chacun; à moins qu'on ne veuille l'égalité absolue des salaires, ce qui suppose l'égalité des facultés, des besoins, et surtout des produits, ce qui ramènerait bientôt la totalité des travailleurs à ne travailler qu'autant que les plus paresseux et les moins habiles, au lieu de tendre tous à travailler comme les plus laborieux et les plus habiles, ce qui, loin d'être une amélioration, serait une aggravation de la situation générale; car moins il y a de pain, de viande, de chaussure, de vêtements, moins il y en a pour tous, et particulièrement pour les plus pauvres.

Voulez-vous savoir encore à quelle classe d'ouvriers on a sacrifié le travail à la tâche, à titre d'*exploitation de l'homme par l'homme?* A la classe des ouvriers à la journée, qui n'obtenaient pas des commandes à la tâche parce qu'en général on ne les en jugeait pas dignes. La médiocrité jalouse a donc été écoutée au détriment de l'ouvrier jeune, de l'ouvrier habile, et c'était même la médiocrité paresseuse, car la médiocrité laborieuse trouvait souvent de l'emploi auprès de l'ouvrier *marchandeur,* et un supplément de paye, quand elle inspirait confiance à ce juge le meilleur de tous, puisqu'il la faisait travailler sous ses yeux. Cette fois, comme toujours, on a, sous prétexte d'humanité, immolé les bons ouvriers aux mauvais.

O les plus inconséquents des hommes! vous voulez que l'ouvrier devienne entrepreneur : il peut l'être, il le peut sans spéculer ni aux dépens de l'État, ni aux dépens de ses économies, et dès qu'il l'est devenu, vous le détestez, vous l'appelez *marchandeur,* indigne tyran qui exploite l'homme! Vous vantez le travail comme la plus sainte des vertus! Vous voulez que l'homme travaille, qu'il s'applique, qu'il gagne, qu'il prospère, et lorsqu'il vous a obéi, qu'il a réussi, qu'il a spéculé heureusement dans les limites qui lui conviennent, vous l'appelez usurpateur, tyran du prolétaire! Oui, pour vous plaire, il faut n'avoir pas réussi!

Et voyez comme la fin couronne l'œuvre! Le lendemain du jour où le travail à la tâche était aboli, les bons ouvriers étaient découragés, les mauvais ne gagnaient pas plus, et les jeunes demeuraient sans ouvrage. Dans les ateliers de menuiserie surtout, où se trouve plus complétement réalisée la combinaison qui place les commençants sous le patronage des *marchandeurs*, les jeunes ouvriers venaient implorer du travail, que le maître ne pouvait plus leur donner. Il a fallu pourtant revenir à ce que la nature des choses commandait, et le *marchandage*, ou travail à la tâche, a été rétabli presque partout. Seulement on a recours à un mensonge; les compagnons du *marchandeur* s'appellent associés, et l'on a ainsi annulé le décret émané du Luxembourg dans des jours de vanité et de déraison.

Maintenant voulez-vous savoir la cause, non pas unique, mais principale, du non-succès assuré de toute association tentée ou à tenter? C'est le découragement, le défaut de zèle des ouvriers ramenés du travail à la tâche au travail à la journée, et indemnisés seulement par quelques suppléments de paye assez mal déterminés, et d'une rentrée incertaine. Dans l'association, en effet, l'ouvrier n'a pour tout stimulant que le succès d'une vaste entreprise, pouvant réussir ou ne pas réussir, ne devant donner des bénéfices qu'à la fin de l'année, si toutefois elle en doit donner, dépendante par conséquent des mille et mille accidents du commerce, tandis que dans le travail à la tâche, l'ouvrier a un bénéfice certain, infaillible, dépendant de son habileté seule, et surtout très-prochain, puisqu'à la fin de la quinzaine ou du mois, sa besogne achevée, il est assuré de toucher le prix de ce qu'il a fait. Ici le socialisme retrouve tous les inconvénients du communisme, puisque le but, pour être trop éloigné, cesse d'attirer les yeux et de passionner le cœur. Ainsi l'association manque de capital, de direction, d'activité, et lorsque l'industrie avec les fonds fournis par elle-même, avec l'autorité du propriétaire, avec l'ardeur du travail à la tâche, gagne à peine de quoi rémunérer le capital, de quoi récompenser l'entrepreneur, quelquefois ruine l'un et l'autre, on aurait trouvé à payer le capital, puis à réserver une part pour l'enfance, une part pour la vieillesse, une part pour les mauvais jours! Ah! je souhaite que jamais le pauvre ne soit réduit à vivre sur de tels bénéfices!

Il est vrai que le système n'est pas complet, que je lui fais tort en lui refusant son complément, la suppression de la concurrence. Si, en effet, l'industrie ne prospère pas, c'est, dit-on, parce que l'affreuse concurrence qu'elle se fait à elle-même la mine, la réduit aux abois, l'oblige à dévorer ses propres entrailles.

L'association proposée, au contraire, ne doit pas avoir lieu des ouvriers aux ouvriers seulement, mais des associations d'ouvriers à d'autres associations, de manufacture à manufacture, d'industrie à industrie, et probablement aussi de nation à nation, de continent à continent, de l'Europe à l'Amérique, de l'Amérique à l'Inde! Ce beau phénomène se réaliserait-il seulement de nation à nation, ce serait déjà prodigieux, et je conviens qu'à ces conditions l'entreprise la plus mal pourvue en capital, la plus mal dirigée, la plus paresseusement servie, pourrait vivre et très-bien vivre. Il suffirait d'avoir fixé le prix des produits en vertu des décisions de l'association universelle.

Je n'aurais pas traité du système de l'association d'une manière complète, si je n'avais pas examiné cette chance de faire réussir le système, chance dernière, mais certaine si elle se réalisait. C'est le devoir qui me reste à remplir, et° que je remplirai brièvement. J'ai peur cependant que, même avant tout examen, les gens de bon sens n'aient pas plus de confiance que je n'en ai moi-même dans cette chance extrême. Toutefois examinons avec une patience inaltérable, jusqu'aux plus étranges des inventions. Il n'y a pas dans le temps où nous vivons une seule erreur à dédaigner.

CHAPITRE VII.

DE LA SUPPRESSION DE LA CONCURRENCE.

Que la concurrence est la source de toute amélioration dans le sort des classes pauvres, et que la concurrence écartée il ne resterait que le monopole au profit des ouvriers associés, au détriment de ceux qui ne le seraient pas.

La concurrence est, dit-on, un principe abominable, avec lequel rien ne peut prospérer, pas plus l'association que tout autre système de travail, qui fait de l'industrie un combat à mort, de la découverte d'une machine nouvelle un moyen de destruction, car à peine inventée l'auteur en produisant mieux, plus vite, s'en sert pour détruire des populations entières d'ouvriers et d'entrepreneurs. Voyez en effet depuis cinquante ans les ravages du génie des découvertes! L'auteur de la machine à filer le coton a ruiné l'Inde, ce qui nous touche peu, mais il a fait aussi mourir de faim des milliers d'Européens. La machine à filer le lin, bienfait que Napoléon avait promis de payer un million, est enfin imaginée, transportée sur le continent, et elle a réduit à la famine une partie du peuple belge, et elle en fait autant en Flandre et en Bretagne. Les chemins de fer, ce moyen merveilleux de communiquer, ruinent les bateliers des canaux et des rivières, et atteignent déjà les matelots voués au cabotage. L'éclairage au gaz, ce moyen non moins merveilleux de remplacer dans nos rues la lumière du jour pendant la nuit, a ruiné l'un des principaux produits agricoles. La vapeur, ce grand bienfait de la Providence, a conduit à la mort par la misère une masse innombrable d'ouvriers. Enfin il n'y a pas un bien qui ne s'introduise dans le monde sans y commettre d'affreux ravages, parce que ce bien l'homme s'en empare, pour le changer en une arme de combat, grâce à cette abominable concurrence, qui a converti toutes les industries en un champ clos où le plus faible doit périr. A cela il faut substituer la fraternité, c'est-à-dire l'association.

Eh bien, ici comme précédemment, je vais au même sophisme opposer la même réponse. J'avais dit à propos du théâtre de Cicéron : Aimeriez-vous mieux que le théâtre n'existât pas? Je dirai : Aimeriez-vous mieux que la découverte ne fût pas faite, car sans la rivalité on n'aurait pas songé à la faire? Vous verrez que cette réponse est encore la bonne, et que si elle se répète, c'est que le sophisme se répète aussi. Il s'agit toujours en effet d'étouffer les facultés de l'homme pour n'en pas souffrir.

Pour moi, je ne comprends pas deux hommes à côté l'un de l'autre, travaillant à la même chose sans que la concurrence s'établisse à l'instant, c'est-à-dire sans que l'un fasse plus ou moins bien que l'autre, et dès lors ne gagne davantage ou pas autant. Allez-vous arrêter celui qui travaille mieux ou plus vite, et lui dire : Mon ami, contenez-vous, de peur de surpasser votre voisin. — Ce discours serait passablement ridicule, mais il est indispensable que vous le teniez, et que vous soyez écouté, sans quoi le laborieux concurrent persistera, et commettra le crime de rivalité heureuse. Le principe consisterait donc à renfermer l'ardeur des hommes dans une certaine limite, à trouver de plus la limite, et à la rendre obligatoire. Mais comme on craint de trop produire, il faudrait non pas la fixer d'après les facultés du plus fort, mais d'après celles du plus faible, supprimer tous les excès de travail que se permet l'homme laborieux ou habile, et on dirait au genre humain : Frères, ne vous surpassez pas les uns les autres, contenez votre ardeur indiscrète et fatale. Ainsi pas trop de blé, pas trop de vin, pas trop d'étoffe, pas trop de maisons, etc... On empêcherait par ce moyen les houillères du Nord de porter préjudice aux houillères de Saint-Étienne, celles de Saint-Étienne de faire tort à celles d'Alais; on empêcherait les fabricants de drap d'Elbeuf et de Louviers de nuire à ceux de Lodève, les filateurs de Rouen de nuire à ceux de Mulhouse; on empêcherait le chemin de Rouen de tourmenter la Seine, le chemin de fer du Nord de désoler le canal de Saint-Quentin. On laisserait vivre tout le monde en paix. Miltiade n'empêcherait plus Thémistocle de dormir; le génie d'Hérodote n'exciterait plus celui de Thucydide; Alexandre ne porterait plus dans une cassette de cèdre le récit des exploits d'Achille; César enfin ne pleurerait plus en voyant une statue de ce même Alexandre! Fort bien, mais en guérissant les insomnies du genre humain, ne craindriez-vous pas de l'avoir jeté dans le sommeil de la mort?

L'homme marche-t-il autrement que par l'émulation? Qu'est-ce que l'amour de la gloire, sinon le désir d'effacer ses rivaux? Il ne faut pas les tuer, pas même les dénigrer, mais il est permis de vouloir les dépasser. Baccio Bandinelli, dévoré d'une basse jalousie à l'aspect du carton de la guerre de Pise, réputé la plus sublime des œuvres de Michel-Ange, s'introduisit dans le palais où ce carton était exposé et le déchira. Andrea del Castagno, pour enlever le mérite de la peinture à l'huile à Antonello de Messine, l'assassina. Cette manière de rivaliser n'est pas licite. Il ne faut pas non plus briser secrètement la machine de son rival; il ne faut pas placer une pierre sous la locomotive du chemin de fer de Rouen, pour l'empêcher d'arriver; il ne faut pas incendier les magasins de ce même chemin, détruire ses ponts, comme l'ont fait, il n'y a pas longtemps encore, beaucoup d'ennemis de la concurrence; mais il est pardonnable de vouloir transporter plus vite, à meilleur marché, savez-vous pourquoi? Parce que la tonne de marchandises (souffrez que je descende d'Alexandre et de Michel-Ange à ce vulgaire détail), la tonne de marchandises qui coûtait 20 fr. de transport sur la route de Rouen n'en coûte plus que 10, et que toutes les matières premières ou fabriquées, n'étant plus chargées des mêmes frais, seront à meilleur marché. C'est grâce à la concurrence qu'on a substitué au cheval portant sur son dos, le cheval traînant une voiture à roues ; à la voiture roulant sur la terre et ralentie par le frottement, le bateau glissant sur la surface liquide d'un canal ; et enfin au bateau glissant sur l'eau, une suite de wagons roulant sur deux arêtes de fer, qu'ils touchent à peine, et traînés par une puissance illimitée, celle de la vapeur. Sans le désir de se surpasser les uns les autres, les hommes n'auraient pas ainsi réduit de dix, et même de cent fois, la dépense primitive des transports, ce qui a permis de brûler du charbon à quelques centaines de lieues de la mine d'où on l'extrait, de rapprocher le minerai du combustible qui le convertit en fer, et de transporter ce fer au pied du bâtiment où on l'emploie, tellement débarrassé de frais, que de 60 fr. il est descendu à 20 fr. la tonne. Par exemple, avait-on besoin de fabriques de coton, quand les Indiens le filaient et le tissaient avec une telle délicatesse qu'on l'aurait cru travaillé par la main des fées? Avait-on besoin de fabriques de tissus de laine, quand les pâtres de Cachemire élevaient des troupeaux dont la toison égalait la finesse de la soie, et quand les femmes de ces belles vallées tissaient des châles que le luxe de l'Orient vendait au luxe de l'Occident depuis les croisades! Eh bien, des mécaniciens voulant gagner sur le prix de fabrication, se sont ingéniés pour remplacer la main de l'homme. Ils ont mis le coton brut en atomes, puis profitant de ce que ces atomes s'attiraient les uns les autres, ils les ont étendus autour d'un cylindre, en ont formé une nappe de coton, légère comme une nappe d'eau s'échappant d'une cascade, ont recueilli cette cascade, l'ont concentrée en un filet de coton, ont tordu ce filet, et en ont fait un fil qui égale aujourd'hui le cheveu le plus fin. Ce fil retourne dans l'Inde étonnée, et quoique chargé des frais d'un double voyage, après avoir assuré la fortune du mécanicien, du filateur, du négociant anglais, écrase de son bas prix le coton indien lui-même. Et maintenant ces charmantes toiles peintes qu'on appelait autrefois les *indiennes* se fabriquent en Europe, et vont se vendre dans l'Inde. Malheureux Indiens, victimes de la concurrence, vous êtes sans doute bien à plaindre, mais les trois quarts du monde peuvent se vêtir d'étoffes de coton avec la plus modique dépense! Le peuple de nos villes, qui ne pouvait en avoir que si la femme riche en donnait à la femme pauvre, en porte à présent tous les jours.

Des filateurs de laine, un surtout qui s'appelait Ternaux, et qui est mort à la peine, peu populaire après d'immenses services, tandis que d'autres pour n'avoir rien fait sont restés l'idole du peuple abusé; des filateurs, voulant rivaliser avec le Thibet, envoient un savant chercher des chèvres, les amènent en France, en filent le poil, et fabriquent des châles que le préjugé de nos femmes, fondé ou non (je n'entre pas dans cette grave querelle), place encore au-dessous du châle de cachemire, mais, chemin faisant, perfectionnent le châle de mérinos, au point que la femme du peuple peut s'en vêtir les jours de fête. Il a bien été causé quelque mal dans l'Inde, même en Europe, par cette concurrence; mais enfin le vêtement du peuple n'en est pas moins devenu meilleur et moins coûteux.

Vos distractions sont bien grandes, en vérité, ô profonds inventeurs de l'association! Quoi! vous vous souvenez que le peuple est producteur, et qu'il se condamne par la concurrence à travailler à trop bas prix? Vous dites vrai, mais avez-vous oublié qu'il est consommateur aussi, et autant consommateur que producteur, car il ne produit pas une chose qu'il ne finisse par consommer lui-même? Eh bien, supposez qu'on le payât moins (ce qui n'est pas exact pour le salaire de l'ouvrier, comme vous le verrez bientôt), n'y aurait-il pas compensation lorsque lui-même arrive à payer toutes choses à meilleur marché? Ouvrez donc les yeux : n'apercevez-vous pas que c'est le peuple qui vend au peuple, et qu'il y a dès lors compensation? Et si le principe de la concurrence a été cause que chacun, animé du désir de mieux faire que son rival, a travaillé à tout améliorer, le peuple n'y a-t-il pas gagné d'avoir du grain, du vêtement, du logement, de toutes choses enfin en meilleure qualité et en plus grande abondance? On se récrie contre les disciples de Malthus qui arrêtent l'homme prêt à se rapprocher de sa femme, en lui disant : Prenez garde, il y aurait un être de plus à nourrir sur la terre!... On se récrie contre ces philosophes de l'abstention, on les appelle barbares, on les dénonce au peuple, et on a raison. Arrêter la fécondité du genre humain est un crime contre la nature. Oui, mais n'y a-t-il pas d'autres disciples de Malthus plus condamnables encore, et ne seraient-ce pas ceux qui arrêteraient l'homme passionné pour le travail, et occupé à nourrir, à vêtir, à loger l'enfant que Malthus défend de mettre au monde? Celui qui veut ralentir la production, qui ne veut pas qu'on produise de quoi nourrir l'enfant à naître, n'est-il pas seul responsable de la défense de Malthus, car Malthus aurait levé son interdit, s'il avait vu sur la terre de quoi fournir à la subsistance de tous les nouveau-nés?

C'est donc une grave erreur que de s'en prendre à la concurrence, et de n'avoir pas aperçu que si le peuple était producteur, il était consommateur aussi, et que, recevant moins d'un côté, payant moins de l'autre, restait alors, au profit de tous, la différence d'un système qui retient l'activité humaine à un système qui la lance à l'infini dans la carrière, en lui disant de ne s'arrêter jamais.

Toutefois je suis dans l'erreur moi-même en m'exprimant comme je viens de le faire, et en admettant, par exemple, que le travailleur paye moins et reçoive moins, par suite de la concurrence. Les choses se passent mieux encore que je ne l'ai dit, grâce à la nature, toujours meilleure qu'on ne l'imagine. Entre qui s'établit la concurrence? Est-ce entre ouvriers et ouvriers? Point du tout, c'est entre fabricants et fabricants. Si c'était entre ouvriers et ouvriers, la conséquence deviendrait en effet redoutable pour ces derniers, car ils en arriveraient à ne pouvoir plus vivre, par suite d'un abaissement continu dans leurs salaires. Il peut bien en être ainsi dans certains moments de chômage où, l'ouvrage manquant, ils sont obligés de louer leurs bras à tout prix ; mais ce n'est pas la marche constante des choses. Depuis trente-trois années, c'est-à-dire depuis la paix, cette marche est digne d'être observée, non pas qu'elle ait été réglée par d'autres lois que les lois éternelles de l'univers ; mais ces lois, secondées par les circonstances, ont agi avec une puissance plus grande. Les circonstances qui ont si singulièrement accru leur action sont les suivantes : la paix succédant aux plus longues, aux plus affreuses guerres dont l'histoire fasse mention ; le besoin de se reposer après ces guerres et d'acquérir du bien-être ; l'application sans cesse diversifiée des moteurs mécaniques aux travaux industriels. Sous l'influence de ces causes, trois phénomènes se sont manifestés : un bas prix croissant dans la production au profit des consommateurs, une augmentation de salaire pour les ouvriers, et pour les fabricants une diminution de bénéfice. Ces trois faits se sont accomplis dans des proportions différentes, mais ils se sont accomplis d'une manière constante et invariable. Je ne voudrais pas surcharger de détails un livre consacré à poser des principes, pourtant je présenterai deux ou trois exemples appuyés sur des calculs.

Trois grandes industries sont devenues, dans le demi-siècle écoulé, l'objet de l'activité humaine : le coton comme matière la plus usuelle du vêtement, le fer comme matière principale dans la construction des machines, dans la bâtisse, dans la navigation ; la houille enfin comme principe de la force motrice. Les quantités produites dans ces trois industries se sont quadruplées, quintuplées en trente années, et les prix d'achat réduits de moitié, des trois quarts. Je citerai particulièrement la production du coton comme la plus caractéristique de toutes.

En 1814, la France employait 12 millions de kilogrammes de coton brut, qu'elle transformait en fils, tissus, linge, bas, vêtements de femmes, d'enfants et d'hommes, etc. Elle payait 7 francs le kilogramme la matière première, et 33 francs les façons diverses qu'elle lui faisait subir. En 1845, elle a employé 65 millions de kilogrammes de coton brut, c'est-à-dire une quantité cinq fois plus considérable, ce qui suppose une plus grande proportion encore de produits ouvrés, parce que les progrès de la filature et du tissage ont procuré plus de produit avec la même quantité de matière. Elle a payé 2 francs au lieu de 7 la matière première, et 8 au lieu de 33 la mise en œuvre. Pour avoir 12 millions de kilogrammes de coton ouvré sous toutes les formes, elle a dépensé en 1814 480 millions, et pour en avoir 65 millions en 1845, elle a dépensé 650 millions, c'est-à-dire que, moyennant un quart de plus dans la dépense, elle a obtenu cinq fois plus de marchandise. Le progrès a donc été immense, comme on le voit. Il a été le même à peu près pour le fer ou la houille.

Est-ce l'ouvrier qui a supporté les conséquences de cette singulière réduction dans les frais de production? Heureusement non. Il a profité de la baisse survenue dans le prix d'achat de tous les objets, et n'a pas supporté la baisse correspondante dans leur prix de fabrication. Les machines y ont pourvu par leur secours, les fabricants par leur habileté et leurs sacrifices.

Pour les ouvriers fileurs et tisseurs, la journée est montée de 2 francs à 3 francs quant aux premiers, de 1 franc 50 centimes à 2 francs quant aux seconds, en moyenne, bien entendu. Le même progrès s'est opéré dans la journée des femmes et des enfants. Pour les ouvriers employés au travail du fer, la journée est montée pour un forgeron de 3 à 5 francs, même à 6 et 8 en travaillant à la tâche; pour les tourneurs en fer, de 3 francs 50 centimes à 4 francs 50 centimes, et même à 5 et 6 francs en travaillant à la tâche; pour les ajusteurs, de 3 francs à 5 et 6 francs, même à 8 francs à la tâche; pour les mouleurs enfin, les plus favorisés par les circonstances, de 3 et 4 francs à 8, 9, 10 et même 12 francs par jour, à la tâche. Il faut reconnaître que le perfectionnement des machines a surtout contribué à cette augmentation singulière. Quant aux ouvriers des mines, le prix de la journée a passé pour eux de 1 franc 50 centimes à 2 francs 50 centimes et 3 francs.

Quelle a été dans ces mêmes trente années la marche des prix, relativement aux objets de consommation? Quant aux vêtements dont le coton fournit la matière, la réduction a été des trois quarts en général; quant à ceux qui se composent de laine, la réduction a été de moitié environ. Le pain n'a pas varié sensiblement. La viande a un peu augmenté; néanmoins l'ouvrier des villes a pu en manger jusqu'à deux fois la semaine, au lieu d'une fois par mois. La dépense du logement s'est accrue d'un quart en moyenne; mais le logement, sans être ce qu'il faudrait souhaiter qu'il fût, est fort amélioré. En somme, les salaires ont augmenté, et la plupart des objets de consommation ont diminué. L'ouvrier des campagnes a moins participé à cette amélioration de sort, mais aux environs de Paris la journée a monté de 30 sous à 40, et quelquefois 45.

Comment tous ces changements se sont-ils accomplis? Par la concurrence ardente que se sont faite entre eux les entrepreneurs armés de procédés nouveaux. Quand on a fabriqué cinq fois plus d'objets en coton, on n'a pas employé cinq fois plus d'ouvriers. L'augmentation des bras a été presque insensible; les machines ont exécuté l'ouvrage inférieur, ont joué en un mot le rôle d'hommes de peine, et l'ouvrier a été généralement employé à un ouvrage plus relevé. C'est ainsi qu'un même nombre de bras a produit beaucoup plus de travail. Dès lors un nombre d'ouvriers très-peu accru s'est partagé une somme de salaires très-supérieure, tandis que par suite du même progrès, ils pouvaient avoir à meilleur marché tous les produits qu'ils avaient créés plus facilement et mieux.

Et dans ces mêmes circonstances qu'advenait-il du fabricant? Obligé d'attirer à lui l'acheteur par le bon marché et la qualité réunis, il tâchait de produire mieux, de produire plus; il y réussissait, et cherchait ses bénéfices, non pas en gagnant beaucoup sur peu de produits, mais en gagnant peu sur beaucoup. La concurrence continuant, il a été obligé de se contenter de bénéfices infiniment moindres, et même dans les dernières années, il y a certaines industries, celle du coton par exemple, où les profits ont été presque nuls. Et tandis que l'entrepreneur consentait à réduire ses bénéfices, il ne pouvait pas réduire le salaire de ses ouvriers, qui n'augmentaient pas en nombre d'une manière proportionnée à la masse du travail, et dont il fallait quelquefois se disputer les bras. L'entrepreneur, placé entre le consommateur qu'il était obligé de pourvoir à plus bas prix, et l'ouvrier que l'activité imprimée à la production mettait en mesure d'élever ses prétentions, a cédé à tous deux, et tandis que le consommateur avait de toute chose en plus grande quantité et meilleure qualité, l'ouvrier obtenait une augmentation de salaire. L'entrepreneur, tout à la fois auteur et victime de la concurrence, réduit à satisfaire deux exigences contraires, en souffrait seul, et il est notoire, pour quiconque connaît la véritable marche de l'industrie, que les fabricants, si on embrasse tout entière la période des trente-trois ans de paix, ont beaucoup moins gagné dans les dernières années que dans les précédentes. Le filateur de coton, notamment, depuis dix ans a plus perdu que gagné. Le maître de forges s'est relevé un moment par l'extravagante précipitation apportée à l'exécution des chemins de fer; le fabricant de machines également. L'industrie des mines n'a cessé de souffrir; elle s'était relevée, elle retombe dans la détresse. Tous ces faits révèlent une fort belle loi de la nature, qu'on avait négligé d'observer, et qui est constante : c'est qu'à l'entrepreneur seul appartiennent tous les risques de la concurrence, entre le public qu'il faut contenter, et l'ouvrier dont il faut obtenir les bras. Être intelligent et courageux, c'est à lui, placé entre une double exigence, à s'ingénier pour les satisfaire toutes deux ; et, soit qu'il triomphe de la difficulté, soit qu'il y succombe, le résultat finit toujours par être au profit du plus grand nombre.

Il s'ensuit, il est vrai, des jours de crise, pendant lesquels l'industrie est arrêtée, l'ouvrier condamné au chômage, et très-malheureux, s'il n'a pas amassé quelques économies pour ces moments difficiles (prévoyance qu'il importe de lui enseigner, et qui lui sera plus utile que tous les faux systèmes imaginés de notre temps). Mais ces crises passées, la progression reprend, l'ouvrier retrouve le prix des objets de consommation singulièrement réduit, son salaire peu à peu rétabli, bientôt même augmenté.

La concurrence est donc loin de peser sur lui, bien qu'elle amène des perturbations momentanées dont il souffre, et qui sont à l'industrie manufacturière ce que la grêle, l'inondation, la sécheresse, les mauvaises récoltes sont à l'industrie agricole. Mais enfin a-t-on découvert un moyen de faire marcher le monde sans soubresaut et sans secousse ? Supprimez le goût du mieux, supprimez le désir de surpasser son voisin, et aucun des procédés abréviateurs qui ont procuré cette abondance de laquelle vit le pauvre, de laquelle seule il peut vivre, car le bien-être n'arrive à lui qu'en débordant, aucun de ces procédés abréviateurs n'eût été inventé. Sans ce stimulant, on filerait, on tisserait encore à la main, on aurait des chevaux pour tourner des roues, on aurait la machine de Marly au lieu de la machine à vapeur; l'industrie ne serait composée que de monopoles sommeillant doucement les uns à côté des autres. Quoi! vous avez déclamé trente années contre les monopoles, vous les avez poursuivis de cris de réprobation sous toutes les monarchies, vous avez soutenu que la concurrence pouvait seule nous en garantir, vous l'avez demandée comme la liberté même, et vous venez nous proposer les monopoles sous la République! Vous ne me surprenez pas, moi vieux témoin de plusieurs révolutions; mais prenez donc garde d'éclairer le monde à force de contradictions! Ainsi des associations industrielles dotées par l'État s'entendraient entre elles pour ne pas trop produire, ou pour produire à tel prix plutôt qu'à tel autre, s'assureraient de la sorte le moyen de réaliser des bénéfices suffisants, de ne pas ruiner le capitaliste qui leur aurait prêté des fonds, et de salarier les ouvriers travaillant doucement sous leur propre et bénévole surveillance, ne travaillant que dix heures, neuf heures, même moins, et dédommagés de l'égalité des salaires par des dividendes! Cette fois, je le reconnais, on a fait preuve de génie pratique, et j'accorde sans hésiter que sous ce commode régime le capital des associations ne serait point compromis, que leur anarchie intérieure, leur paresse, seraient compensées; qu'il y aurait rémunération certaine pour le capital, dividende infaillible pour les ouvriers, si peu, si mal qu'ils travaillassent; je l'accorde sans hésiter! Prenez dix fabricants, cent, peu importe le nombre; accordez-leur la faculté de s'entendre entre eux, quant à l'étendue de la production, de manière qu'ils ne puissent l'augmenter à volonté, oh! alors, ils seront maîtres des prix, car les prix ne baissent que par les trop grandes quantités jetées sur le marché. Ils pourront être aussi maladroits, aussi paresseux qu'ils le voudront, ils pourront s'en aller à la campagne, laisser un commis chez eux, et ils n'en feront pas moins de grandes fortunes, car les bénéfices dépendent des prix, et les prix de la quantité produite. Si telle est la découverte, je m'incline profondément devant le génie de ses auteurs. Voilà effectivement la première, entre toutes celles du temps, qui présente un résultat concevable. Oui, à ces conditions, les associations d'ouvriers auront réussi, et je ne m'inquiéterai plus ni du sort de leur capital, ni de la forme de leur gouvernement! Mais est-ce bien là ce que l'on veut?

J'exagère, dira-t-on, pour rendre ridicules les philosophes mes contemporains. Je déclare que cela n'est pas, car cette manière d'argumenter serait indigne de la gravité des circonstances. Mais je demande comment on s'y prendrait pour agir autrement que je ne viens de l'indiquer. De quoi se plaint-on, en effet? De ce que chacun, livré à lui-même, fait baisser les prix par une concurrence effrénée. Est-ce de cela, oui ou non? Comment dès lors y porter remède? Laisserait-on chacun produire autant qu'il le voudrait, comme par le passé? Mais alors le mal serait exactement le même. On n'en aurait rien retranché, absolument rien. Peut-être dira-t-on que dans les bénéfices de l'association il y aurait une part réservée pour traverser les mauvais temps du bas prix. Je répondrai que, dans le système du bas prix résultant de la liberté accordée à chacun de produire sans mesure, il n'y aurait aucun moyen de faire une telle réserve, puisque l'industrie, aujourd'hui gouvernée par l'autorité absolue du propriétaire, trouve à peine le moyen de vivre, et qu'il n'est pas admissible qu'une association anarchique et paresseuse trouvât à gagner ce que ne gagne pas une autorité absolue, servie par une activité incessante. Dans ce cas, au surplus, ce serait un simple palliatif qu'on aurait apporté à la concurrence, et il ne faudrait pas afficher la superbe prétention d'avoir fait cesser le combat à mort que se livrent les industriels. Veut-on, au contraire, arrêter véritablement le mal, il faudrait que les associations, associées entre elles, s'entendissent par le moyen d'un gouvernement général pour limiter la production. Alors on aurait réellement atteint un résultat. Mais sur quelle base s'appuierait-on pour dire : Il y a assez de toile de coton, assez de drap, assez de fer? Sur une seule, celle du prix, car il est impossible, dans une société de vingt, trente, quarante ou quatre-vingts millions d'hommes, de savoir s'il y a ou s'il n'y a pas assez de vivres, de vêtements, de logements. On n'a qu'une manière d'en juger : c'est par ce qu'on appelle l'exagération ou l'avilissement des prix. Le seul élément de décision pour limiter la production serait évidemment le prix. Vous auriez par conséquent décidé de votre opinion propre cette question insignifiante, cette question de si peu d'importance, qu'on appelle le prix des choses! Oui, voilà la conséquence certaine, infaillible, du système de l'association : ou vous n'auriez rien fait, rien absolument, que de projeter une réserve que les fabricants actuels ne parviennent pas à se procurer sur leurs bénéfices, ou vous auriez contracté l'engagement de fixer le prix de tous les produits; et, en effet, qui est-ce qui fixe ce prix dans la société libre? La concurrence. Si vous la supprimez, il faut bien le fixer vous-même.

Telle est donc la société que vous voudriez constituer, un immense monopole, en pleine république, après la chute de plusieurs monarchies qu'on a renversées pour crime de monopole, monopole de l'élection, monopole de la publicité, monopole de l'impôt! Tel serait le dernier mot de la nouvelle fraternité!

Mais les malheureux paysans qui ne pourraient pas entrer dans le système de l'association, les ouvriers de tout genre qui travaillent, soit individuellement, soit à trois ou quatre, et qui n'auraient pas le bénéfice du monopole, que feraient-ils? Ils donneraient le pain, la viande, les meubles, le logement au prix de la concurrence, conservée pour eux seulement, et quelques ouvriers des villes, abusant de la force de l'agglomération, qui leur a ouvert pour quelques jours les portes du Luxembourg, feraient payer aux premiers tous les produits manufacturés, le coton, le drap, le fer des charrues, à un prix qu'ils détermineraient eux-mêmes. Et c'est là de la justice, de l'amour du peuple ! Les inventeurs de l'association ne sortiront pas de l'alternative dans laquelle je les enferme ici : ou le capital que les ouvriers associés auraient reçu, et qu'ils ne pourraient recevoir que de l'État, serait compromis, perdu par le principe anarchique inhérent à toute entreprise collective, ou ils pourraient limiter les quantités, fixer les prix, ce qui alors sauverait le capital et assurerait leurs bénéfices, en condamnant les neuf dixièmes de la population à payer tous les produits manufacturés à un prix arbitraire. Ou une spéculation absurde, dont la masse des contribuables fournirait on ne sait pourquoi le capital, ou une spéculation certaine, dont la masse des contribuables payerait les bénéfices exagérés, et tous les progrès de l'industrie immolés au monopole, tel est au vrai le système de l'association !

Ainsi en présence de la population des campagnes dont la vie ne cesse jamais d'être dure, en présence d'une grande partie de la population des villes qui vit de salaires fixés par la concurrence, on aurait pourvu, dit-on, au bien-être du peuple, en constituant le monopole de quelques grands ateliers, où les ouvriers ont l'avantage d'être réunis mille ou deux mille à la fois ! Nouvelle aristocratie, ayant pour titre principal l'agglomération des bras. Et ce que j'avance ici n'est pas une chimère, car si on parcourt la liste si triste à considérer des malheureux condamnés à la transportation, on y verra qu'il s'y trouve, outre beaucoup d'étrangers, des ouvriers appartenant à des ateliers où l'on gagne depuis 3 jusqu'à 10 francs par jour. Que diront nos paysans, si la vérité leur arrive, que diront nos paysans qui gagnent 30 sous par jour, en apprenant qu'on se révolte à Paris parce qu'on y gagne depuis 3 francs jusqu'à 10 francs par journée?

Je dénie donc aux inventeurs de l'association le titre d'amis du peuple. Loin d'être ses véritables amis, ils sont les flatteurs de quelques classes d'ouvriers, dont ils se serviraient pour dominer le gouvernement et pour opprimer la République, s'ils réussissaient. Voilà l'exacte vérité. Qu'on déclame tant qu'on voudra, elle restera telle que je viens de la présenter.

CHAPITRE VIII.

DE LA RÉCIPROCITÉ.

Que le bon marché ne saurait être produit par les lois, et que le numéraire ne pourrait être remplacé avec sécurité que par un papier aussi difficile à obtenir que le numéraire lui-même.

Voici un nouveau réformateur, doué de plus d'esprit que les autres réformateurs ses rivaux, qui en fait preuve en les jugeant tous avec une sévérité impitoyable, qu'on croirait suscité par la Providence pour les contredire et les confondre, et qui montre tant de bon sens à les juger, qu'on serait presque tenté de douter de sa sincérité quand lui-même il invente des systèmes. Les communistes lui inspirent du dégoût; les auteurs du système de l'association le font sourire; en un mot, ils lui font tous éprouver ce que doit éprouver un homme de sens au spectacle de tant de puérilités, et puis voulant à son tour reconstruire la vieille société, voici ce qu'il imagine.

Il ne trouve pas, quant à lui, que tout soit à trop bon marché, et qu'il faille soumettre l'industrie au régime du monopole, pour relever le prix des choses. Loin de là, il pense que tout est trop cher, beaucoup trop cher, et en cela je me range de son avis, contre les partisans de l'association si pressés de mettre un frein à la concurrence. Bien que depuis trente années de paix, les prix aient baissé sous l'influence d'une activité industrielle extraordinaire et d'un calme profond, il n'en est pas moins vrai que beaucoup de jouissances, fort légitimes, sont encore interdites aux dernières classes de la population. Un accroissement de bon marché serait donc fort désirable. Mais enfin nous étions il y a quelques instants avec les ennemis du bon marché, et nous voici maintenant avec ses amis passionnés. J'aurais cru, moi, qu'en laissant l'axe du monde tourner quelque temps encore, en permettant à l'industrie de continuer à se développer, sous le régime de lois sans cesse améliorées, on aurait fait de nouveaux pas dans cette carrière du bon marché toujours croissant. Point du tout ; ce bon marché qu'il fallait naguère arrêter sur une pente trop rapide, il faut au contraire l'y précipiter, et le produire violemment de nos propres mains ! Soit, écoutons et jugeons.

Il est donc bien certain, dit l'auteur du système de la réciprocité, que tout est encore trop cher, et qu'on se serait rapproché de la vraie égalité, si le prix des choses était abaissé. Puis, ajoute-t-il, il y a un second mal, triste complication du premier. Ces objets divers de nos jouissances, que la cherté met hors de notre portée, on serait tenté de se les procurer par le travail ; mais pour le travail lui-même il faut des instruments, il faut une terre si on est agriculteur, un atelier si on veut être fabricant, des matières enfin, de l'or qui les représente toutes, de l'or, ce détestable et odieux roi, plus roi que ceux qu'on a détrônés en 1830 et en 1848, qui a pour propriété de s'enfuir devant celui qui le recherche, de manière qu'on ne le peut saisir quand on en a besoin. Tels sont les deux maux vrais de la société, la cherté d'une part, la disposition du numéraire à se refuser, de l'autre. — Ici encore je suis de l'avis de ce réformateur. On pourrait en effet rendre exactement tous les embarras matériels qu'on éprouve en ce monde, avec ces deux mots : Ceci est trop cher, ou bien : Je n'ai pas d'argent. — Il n'y a pas un de nous, excepté deux ou trois banquiers en Europe, à qui cela ne soit arrivé, encore l'ont-ils dit peut-être en traitant des emprunts.

Ce double mal si bien caractérisé, comment propose-t-on de le guérir? En décrétant d'abord le bon marché, et ensuite en supprimant le numéraire. Il est bien certain que si un décret peut avoir action sur la valeur des choses, il vaut la peine d'y recourir, et que si on peut supprimer le numéraire sans être obligé de le remplacer, sa disposition à se refuser sera détruite avec lui.

Les moyens, chez un esprit résolu, sont bientôt trouvés. On réduira, par une décision de la puissance législative, tous les revenus, tels que loyers de maisons, fermages de terres, intérêts de capitaux, salaires de toutes les professions, puis cela fait on établira la compensation. Par une autre décision, on diminuera la valeur des choses d'une quantité proportionnelle, en décrétant que personne ne pourra, dans aucune transaction, exiger au delà des prix connus les plus récents, réduits de 25 pour cent, si c'est de 25 pour cent qu'on a réduit les salaires. Tout débiteur devenant dès lors auxiliaire du système, tout acheteur aussi, car l'un et l'autre seront intéressés à ne pas payer plus que la loi ne les y oblige, on sera assuré d'être obéi. Ce sera une sorte de réciprocité, car les salaires auront été diminués, le prix des consommations également, et on sera arrivé au bon marché sans avoir causé de tort à personne. Je supprime beaucoup de détails pour laisser la pensée principale briller de tout son éclat.

Suit maintenant le procédé imaginé à l'égard du numéraire. On le corrigera de son penchant à se refuser en le supprimant, ce qui est une manière assurée d'en finir avec lui, et on le suppléera au moyen d'un papier de banque, qui ne sera ni le billet de la Banque de France, lequel a quelquefois aussi le défaut de se refuser, ni le papier-monnaie, véritable banqueroute selon l'auteur, ni le papier hypothécaire, autre invention des plus sottes, toujours selon l'auteur, conçue par les partisans du crédit foncier. Ce nouveau papier sera établi de la manière suivante. On créera une vaste banque d'échange, qui aura pour gage la production entière du pays, et qui, avec un pareil gage, sera certainement bien solide. Puis tout travailleur pourra se présenter à elle, et en recevra la somme de papier dont il aura besoin, dans une proportion égale à ce qu'on lui aurait accordé d'escompte dans une banque ordinaire. (Ce point n'est pas complétement éclairci dans le projet.) Ce papier ayant cours comme l'ancien numéraire, servira au travailleur, qui, avec son secours, se procurera tous les moyens de travailler et tous les moyens de jouir, sera parfaitement actif et parfaitement heureux, deviendra de sa personne une source intarissable de production, et un débouché impossible à combler. L'or qui, en se refusant, était un obstacle placé entre le travail de l'homme et son désir de consommer, l'or étant supprimé, l'humanité travaillera et consommera sans fin, deviendra, en un mot, aussi heureuse qu'elle peut l'être. Pour qu'il en soit ainsi, il aura suffi de la suppression de ce léger obstacle qu'on appelle l'or. Ce double phénomène du bon marché et de la suppression du numéraire accompli, on aura atteint tous les buts que se proposaient le communisme et le socialisme, et personne ne pourra plus prononcer l'un de ces deux mots funestes : Ceci est trop cher; ou bien : Je n'ai point d'argent.

On supposera peut-être que je cherche, soit en exagérant, soit en dénaturant ces divers systèmes, à les rendre ou inintelligibles ou ridicules, que je leur retranche ici ou là quelque partie qui les rendait concevables, praticables, merveilleux, et dont la privation ne les rend plus qu'incomplets, impuissants, inadmissibles. Je déclare en toute sincérité qu'il n'en est rien, que je fais pour les comprendre, pour les analyser, les efforts les plus consciencieux, que je voudrais rendre les systèmes que je combats compréhensibles pour les pouvoir mieux réfuter. La réfutation, en effet, n'est concluante que lorsqu'on a su présenter clairement le système qu'on réfute. Je répète donc que je fais de mon mieux pour comprendre et faire comprendre mes adversaires.

J'affirme que pour le bon marché il n'y a pas un autre moyen indiqué que la réduction par décret de tous les revenus, loyers, fermages, intérêts de capitaux, suivie de la réduction proportionnelle de toutes les marchandises ; que pour la suppression du numéraire il n'y a pas un autre moyen indiqué que celui d'un papier de banque, reposant sur la production entière du pays, et délivré par la banque dite d'échange à tout producteur, dans la proportion de ses besoins.

J'ajoute enfin qu'après ces deux créations l'auteur

traite avec indignation et mépris les inventeurs du *maximum*, et les créateurs du papier-monnaie, tant anciens que nouveaux !

Où prend-il, me dira-t-on, la raison de son indignation ? Je l'ignore ; tant il y a qu'il n'en ménage pas l'expression. Puis il décrit les merveilles de son système. On supprimera par ce moyen l'usure, les commissions de banque, l'*agio* ; on renverra aux usages domestiques l'or et l'argent devenus inutiles, ce qui procurera de nouvelles ressources au luxe, et le rendra moins ruineux ; on supprimera la dette publique, qu'on remboursera avec le nouveau papier, d'une manière prudente toutefois, en sept ou huit ans, par exemple ; on supprimera les frais de perception du budget, car tous les impôts seront remplacés par le produit des escomptes de la banque d'échange, ce qui offrira la plus simple, la plus équitable base d'impôt connue ; on pourra supprimer, en outre, les douanes, la diplomatie étrangère, les armées elles-mêmes, car les peuples, obligés de prendre ce papier pour se procurer nos produits et nous faire accepter les leurs, seront liés indissolublement à nous. On aura donc décrété la paix perpétuelle, en même temps que l'abondance universelle. Tout représentant du peuple qui n'aura pas compris et admis ces principes devra être déclaré *incapable* ou *suspect*.

Je ne suppose pas une seule de ces conséquences ; elles sont toutes annoncées et affirmées par l'inventeur de la *réciprocité*.

Que veut-on que je réponde à ce système du réformateur le plus spirituel du temps? En conscience, je n'en sais rien, et je n'ai jamais été plus embarrassé. Toutefois je vais me comporter comme si tout ceci était sérieux, et présenter quelques réflexions bien simples et bien incontestables.

D'abord je ne crois pas qu'on puisse fixer arbitrairement le prix des choses. Je suis à cet égard aussi rempli de préjugés que la France au lendemain du *maximum*. On s'introduirait inquisitorialement et par un miracle dans les détails infinis de la vie sociale, on atteindrait sans exception toutes les transactions, tous les marchés grands et petits, tous les salaires, jusqu'aux gratifications, même les plus insignifiantes ; on saisirait toutes les valeurs depuis la boîte d'allumettes jusqu'aux objets du plus grand prix ; on pénétrerait enfin la société tout entière, comme la nature irrésistible pénètre les êtres, pour les soumettre à ses lois, que si on avait réussi, après avoir opéré un miracle, on n'aurait rien fait, car si le prodige de la réciprocité s'était exactement réalisé, tout le monde aurait perdu autant que gagné. Quand, par exemple, la concurrence fait baisser les prix, nous prétendons que l'ouvrier a gagné parce qu'il paye ses objets de consommation un peu moins cher, tandis que son salaire, loin d'être diminué, est sensiblement augmenté. Si au contraire son salaire avait subi une diminution exactement proportionnelle à celle qu'auraient subie tous les objets de consommation, nous ne dirions pas qu'il a gagné ; nous dirions qu'on ne lui a causé ni bien ni mal. On se serait donné beaucoup de peine, la peine d'un prodige, pour n'amener aucun résultat. Mais du reste ce prodige on l'annonce sans l'accomplir. On tourmente en vain la société, on saisit quelques valeurs, et on ne saisit pas les autres. C'est même le moindre nombre qu'on atteint, car cette prétention de prendre les prix des marchés comme point de départ, est trop simple, en vérité. Chacun sait en effet que la vente des grains est accompagnée de mercuriales sur lesquelles sont cotés les prix; que le pain est tarifé en vertu de règlements de police, mais qu'excepté ces objets tous les autres se vendent de gré à gré, sans laisser aucune trace du prix, sans règle que la volonté instantanée, toujours changeante, de milliers de contractants. Vous voudriez connaître ce qui se passe à chaque instant du jour dans la tête de trente-six millions d'hommes, découvrir toutes leurs pensées, écouter toutes leurs paroles, être informé de tous leurs actes, que vous n'auriez pas conçu une prétention plus extravagante que celle de connaître les conditions de tous les achats et de toutes les ventes. Vous savez apparemment que l'administration de l'enregistrement n'est pas encore parvenue à constater à quel prix se vend un immeuble, un immeuble qui est quelque chose de si gros, de si saisissable, de si apparent. Une terre d'un million, une maison de cinq cent mille francs, se vendent publiquement par-devant notaire à Paris, sans que le fisc puisse être exactement informé de la somme stipulée, et vous prétendez connaître pour le réduire d'un certain taux le prix auquel se livreront toutes les aunes de toile, tous les souliers, tous les chapeaux qui se débiteront en France! Vous n'ignorez pas d'ailleurs comment se comporte la valeur, quand on veut la fixer arbitrairement. Elle ment. Vous déclarez que tel objet subira une réduction de 25 pour cent, et sur-le-champ ce même objet s'estime 133, pour se retrouver à 100. Quand la Convention prétendait que 100 francs en assignats valaient effectivement 100 francs, tandis qu'ils n'en valaient que 10, un objet qui aurait coûté 10 francs ne se livrait pas à moins de 100. Et lorsque pour y remédier on fixait le prix de l'objet, avec menace de l'échafaud, l'objet disparaissait, et le commerce cessait ou devenait clandestin. Tout cela est aussi fou aujourd'hui qu'il y a cinquante ans. On ne règle pas plus les valeurs qu'on ne règle les pensées, les goûts, les désirs, les volontés insaisissables de l'homme, car les valeurs n'en sont que l'expression parfaitement exacte. Mais il y a çà et là une partie du phénomène que vous réalisez; vous parvenez à agir contre tel ou tel individu, je le reconnais. En réduisant tous les revenus de 25 ou de 33 pour cent, vous atteignez le rentier, le propriétaire, dont un contrat écrit a réglé le revenu pour nombre d'années. Celui-là vous l'atteignez sans doute, et comme vous l'atteignez seul, car le médecin, l'avocat, le négociant, le manufacturier, ne lui feront pas payer leurs services moins cher, ce n'est pas la propriété qui sera le vol, mais votre prétendue réciprocité.

En résumé, si on réussissait on ne ferait rien ; mais on ne réussit pas, on tire aveuglément sur la masse, on frappe celui-ci ou celui-là, on ne réduit pas les valeurs, on spolie quelques individus.

J'en ai déjà trop dit sur ce premier moyen d'assurer le bonheur général. Quant au second, il est assez singulier pour mériter qu'on lui consacre quelques lignes.

L'or se refuse, il fait le renchéri, j'en conviens ; mais je vais vous révéler son secret, c'est qu'il a une valeur réelle, incontestable, et c'est pour ce motif que les hommes l'ont pris pour intermédiaire des échanges. Quand je parle de l'or, c'est comme si je parlais de l'argent lui-même, seulement celui-ci est moins coupable, parce qu'il vaut moins. L'échange est la suite forcée de la division du travail, car les uns produisant du blé, tandis que les autres produisent de la toile ou du fer, il faut bien que celui qui produit du blé l'échange contre de la toile ou du fer, s'il en a besoin. Mais n'ayant, par exemple, que du blé à offrir à tous ceux auxquels il s'adresse, et qui dans le moment où il aura recours à eux auront peut-être besoin d'autre chose, on a imaginé de prendre un objet commun, ayant une valeur reconnue, acceptée universellement, avec laquelle on pût se présenter partout, assuré qu'on serait de tout obtenir. On a choisi l'argent, l'or, qui ont une valeur intrinsèque bien solide, et qui sous forme de lingot seulement valent à peu près autant que sous forme de monnaie. Il résulte de cette valeur même qu'ils ne se donnent qu'à bon escient, contre une autre valeur réelle, aussi réelle que celle qu'ils portent en eux-mêmes. Ils se refusent toutes les fois qu'on ne leur offre pas un équivalent réel. C'est le propre de la valeur vraie de se refuser. Or, quant à votre papier, je vous pose pour le juger une seule question. Se refusera-t-il, ou ne se refusera-t-il pas? S'il ne se refuse à personne, je n'en veux pas pour mon compte, car c'est une preuve qu'il ne vaut rien. Ce qui se donne à qui le demande ne vaut rien, homme ou chose.

Maintenant comment se le procurera-t-on? Suffira-t-il de se présenter à la banque d'échange et de dire : Je suis travailleur, ou je veux l'être, pour obtenir une somme de papier? Ou bien faudra-t-il faire ses preuves de crédit, de bonne conduite, justifier de la confiance qu'on réclame? Tout le monde, depuis le prolétaire, ouvrier des champs ou des manufactures, jusqu'au banquier en crédit, sera-t-il admis à en demander?

Il faut répondre à ces questions, dont aucune n'est résolue, sans quoi le projet reste sans base.

Si tout le monde sans distinction est admis à demander du papier à la banque d'échange, oh! alors je conviens que le problème de faire cesser dans le numéraire la disposition à se refuser est résolu, et je comprends comment on a préféré du papier à du métal, car avec du papier on n'a pas besoin d'y regarder de si près. Il peut y en avoir pour tout le monde; il suffit de multiplier les éditions. En ce cas, c'est bien pis que les assignats, car en 1793 il n'y avait à satisfaire qu'aux besoins du gouvernement, et ici il faudra satisfaire aux besoins de tous. Il n'y avait à se garder que du laisser-aller du gouvernement, et ici il faudra se garder du laisser-aller universel! Quiconque voudra de ce nouvel argent pour consommer ou pour produire, en obtiendra. C'est, me dira-t-on, une calomnie qu'il vous plaît d'imaginer contre le système! Soit, je ne demande pas mieux que d'être rassuré. Mais alors vous mettrez-vous à la suite de celui qui aura reçu du papier de la banque d'échange, pour savoir quel usage il en fera? Si vous ne prenez pas ce soin, j'ai raison de m'alarmer. Si au contraire vous surveillez celui qui a obtenu de votre papier, pour savoir quel emploi il en veut faire, c'est une étrange police à imposer à votre banque. Mais non, répliquera-t-on, c'est encore une vaine supposition qu'il vous plaît d'imaginer. On ne délivrera de ce papier qu'à celui qui le méritera, et qui aura justifié de la confiance qu'il réclame. L'appréciation de sa solvabilité sera donc placée avant la remise du papier. Soit encore. Je crois que cela vaut mieux ainsi. Mais alors on accordera ou l'on n'accordera pas, et voilà un refus! Votre papier fera le difficile à son tour, se donnera à l'un, se refusera à l'autre! Il tranchera du roi, de ce roi que vous appelez l'or, et qu'on a, dites-vous, oublié de détrôner le 24 février, en même temps que la branche cadette des Bourbons! Ainsi pas de milieu : ou une appréciation avant, et c'est la possibilité du refus, ou une surveillance après, et c'est une étrange police mise à la suite des clients de la banque, avec une possibilité de refus encore, car si la conduite de ces clients n'est pas satisfaisante, on ne devra plus leur accorder de papier ; et si enfin, comme je suis porté à le craindre, ce n'était ni l'un ni l'autre, ce serait alors du papier à tout venant, à quiconque en voudrait, ce serait l'émission infinie, auprès de laquelle l'émission des assignats n'aurait été qu'une étroite parcimonie. Dans ce système, j'avoue qu'on aurait assuré la consommation illimitée, et ouvert à tous les produits du travail humain un débouché impossible à combler. Il n'y a qu'une chose qu'on aurait oublié d'assurer, ce serait le travail lui-même, car si on pouvait avoir du nouveau numéraire en papier sans offrir d'avance un produit réalisé en échange, je craindrais fort que la consommation ne précédât toujours la production, ce qui voudrait dire que bientôt elle ne trouverait plus rien à consommer.

Les anciennes banques, en se modelant sur l'éternelle nature des choses, s'y sont prises autrement, et elles ont, il faut en convenir, rendu de grands services, en écoutant cette disposition au refus qui est inhérente à l'or. Elles n'ont pas commencé par dire aux hommes qu'ils n'avaient qu'à se présenter pour qu'on leur ouvrît un crédit, ce qu'un banquier peut faire à l'égard des individus qu'il connaît, ce qu'un établissement collectif ne peut pas se permettre avec sûreté, mais elles ont consenti à escompter les effets que les commerçants ou les manufacturiers souscrivent les uns au profit des autres pour la facilité des affaires, effets qui doivent être acquittés en valeurs effectives et à des termes fixes. Elles les prennent, les examinent par l'intermédiaire de comités d'escompte chargés de connaître les commerçants ou industriels de la contrée, et en avancent la valeur moyennant un intérêt, quand le souscripteur est jugé solvable et qu'il ne prodigue pas sa signature. De la sorte, elles n'ouvrent pas des crédits préalables et généraux; elles en ouvrent un pour chaque engagement pris, ce qui suppose une affaire conclue entre celui qui a souscrit et celui au profit duquel on a souscrit cet engagement; elles secondent ainsi la production en fournissant à celui qui a reçu la promesse d'un produit futur, la valeur même de ce produit. Mais elles ne font rien de trop, rien à la légère, se bornent à seconder chaque affaire conclue moyennant l'avance qu'elles accordent, et, cette avance, elles la font en un papier qui inspire confiance, savez-vous pourquoi? Parce qu'il peut à l'instant même où on le désire se convertir en or, c'est-à-dire en une monnaie qui porte sa valeur avec elle. S'il en était autrement, le papier des banques ne vaudrait plus rien.

Ainsi l'expérience enseigne qu'on peut devancer par l'escompte le moment où un produit sera réalisé, mais avec la certitude que ce produit n'est pas une chimère, avec des précautions infinies pour s'en assurer, et des refus, des refus fréquents comme conséquence. Enfin l'expérience apprend de plus que les avances accordées par les banques, et représentant le produit non encore réalisé, ne peuvent se faire en papier, qu'à la condition que ce papier puisse se convertir en or au premier désir, c'est-à-dire qu'il ait toutes les qualités et tous les défauts de ce métal, défaut de se refuser notamment, car un billet de banque de mille francs se refuse tout autant que mille francs en or.

Ainsi ou la banque d'échange dont il s'agit est un bureau ouvert, dans lequel on donnera du nouveau papier à tout venant, c'est-à-dire une extravagance, ou c'est une banque qui, au lieu d'escompter, ouvre des crédits comme ferait un banquier, ce qui constitue une pratique fort inférieure à celle que l'expérience a fait adopter, les banquiers seuls ouvrant des crédits généraux, et les banques n'escomptant que des effets souscrits, et ne prêtant ainsi leur argent que sur une affaire conclue. Dans ce cas même, on n'a pas remédié au prétendu mal dont on se plaint, car les crédits devant être limités, le refus est certain au terme du crédit. Ou folie, ou rien de nouveau qu'une pratique inférieure à celle qui existe, telle serait la nouvelle banque d'échange.

Il y a toutefois une hypothèse dont l'auteur ne parle pas, car le projet est exposé sans indication des moyens d'exécution, manière de procéder toujours plus commode, et cette hypothèse consisterait en ce que tout travailleur pût obtenir crédit à la banque d'échange, en y déposant des marchandises, c'est-à-dire des produits réalisés. Mais alors elle serait une banque de prêts sur dépôts de marchandises, une espèce de mont-de-piété du commerce. On a imaginé de ces établissements pour les temps de détresse, mais d'une manière temporaire, sans quoi il faudrait qu'un établissement de ce genre se fît l'acheteur et le vendeur universel, et centralisât dans ses mains le commerce tout entier, qui ne peut être bien fait que par les individus. Il n'y aurait là rien de nouveau, rien qui ne soit connu, qui ne soit contesté, et admis tout au plus pour les jours de crise. Dans ce cas enfin on n'aurait accordé le nouveau papier que sur un produit réalisé. Mais devant le produit réalisé l'or ne se refuse pas, à moins que ce ne soit dans certains moments d'avilissement général, et encore il se donne alors au prix réduit que les circonstances indiquent. Ce n'est donc pas une grande faveur à accorder que de donner du numéraire après le travail accompli. Dans les banques ordinaires on le donne avant, par l'escompte. Si au contraire on devait obtenir le papier dont il s'agit avant le produit, resterait toujours la question de savoir quelles précautions on prendrait pour s'assurer de la confiance que mériterait la promesse du producteur. Ainsi, ou le produit avant la remise du papier, ce qui n'est pas une grande faveur, ou le produit après, ce qui entraîne des précautions pour s'assurer le produit plus tard, ce qui suppose des refus, toujours des refus, avec des embarras de détails, embarras consistant à faire d'une banque un dépôt général de marchandises. Je le répète donc, ou le nouveau papier ne vaudrait rien, ou il égalerait l'or en mauvaise volonté.

Il est bon de faire remarquer en finissant avec quel superbe mépris se traitent entre eux les réformateurs contemporains. L'auteur de la banque d'échange est indigné contre les assignats. Il méprise le crédit foncier, qui consiste en un système de banques prêtant du papier pour la moitié ou le quart constatés des immeubles. Il remarque en effet que les immeubles ne se vendant pas à volonté, quand il faudra dans certains moments rentrer dans la valeur du papier prêté, on sera fort embarrassé, car on ne peut pas vendre toute une contrée à la fois. C'est vrai! Mais enfin on aura un gage. On sera très-embarrassé sans doute, on aura de la terre quand il faudrait de l'argent, ce qui constituerait une fort désagréable situation, et ce qui me fait repousser, quant à moi, ce qu'on appelle le crédit foncier; mais vaudrait-il mieux se trouver devant un papier qui n'aurait aucun gage? — Il en aurait, me dira encore l'auteur, dans la production tout entière. Mais je lui répondrai une fois de plus, que ce serait après de nombreuses précautions pour se saisir de cette production, après avoir refusé, refusé aussi souvent que l'or, et à l'aide d'une organisation très-inférieure à celle des banques actuelles.

Ainsi voilà encore l'un des moyens imaginés par les nouveaux réformateurs réduit, il me semble, à sa juste valeur. Un bon marché, qui n'aurait aucun effet s'il était général, car tout le monde donnerait moins et recevrait moins aussi, et qui, s'il n'était pas général, serait une spoliation; de plus un nouveau numéraire en papier, ou se refusant comme l'ancien, ou se donnant à tout venant, idée folle comme celle de remettre de l'argent à quiconque en demanderait : tel est, au vrai, le système de la réciprocité.

Je soupçonne pourtant une chose, c'est que l'on n'accorderait pas de ce papier au premier venu, c'est qu'on n'en donnerait pas au paysan, au prolétaire, nécessairement peu connus de la banque d'échange, qu'on aurait la précaution de limiter les émissions, afin que l'extravagance fût moins complète, qu'on en donnerait dans les villes à quelques-uns de ces ouvriers pour lesquels l'association a été inventée, à quelques gens d'esprit dont le génie n'aurait pas encore percé, ou à quelque failli peu fortuné dans ses spéculations. Mais je demande alors, ici comme pour l'association, quand on songera enfin au pauvre paysan, qui, dans la Corrèze ou les Cévennes, se nourrit de pommes de terre ou de châtaignes? Les socialistes ne penseront donc jamais à lui?

CHAPITRE IX.

DU DROIT AU TRAVAIL.

Que l'obligation imposée à la société de fournir du travail aux ouvriers qui en manquent, ne saurait constituer un droit.

Il me reste une dernière invention à examiner, celle-ci moins singulière, plus pratique, j'en conviens, mais aussi ne dissimulant point la prétention de puiser dans le trésor, pour certains favorisés, toujours les mêmes, ceux dont on se sert lorsqu'on veut exercer sur le gouvernement une contrainte quelconque, cette invention c'est le droit au travail, droit en vertu duquel tout individu qui se prétend sans ouvrage est fondé à en demander à l'État.

Quoi! s'écrie-t-on, vous refuseriez du travail à l'homme qui vous en demande pour vivre, à l'homme qui, au lieu de se ruer sur la société afin de lui arracher le pain qu'elle a et qu'il n'a pas, se borne à vouloir la servir pour prix de la subsistance qu'il implore? Mais vous voulez donc ou qu'il pille, ou qu'il meure de faim! Y a-t-il une réponse, une seule à opposer à une prétention si fondée et si honnêtement exprimée? Aucune, assurément, si à cet homme on refusait des secours; plusieurs, au contraire, et plusieurs également péremptoires, si on lui donne tous les secours dont la société peut disposer. Mais, répliquera-t-on, c'est l'aumône, toujours l'aumône, que vous offrez à qui ne veut pas la recevoir, à qui est trop fier pour tendre la main, à qui demande le moyen de gagner ce qu'il recevra. A cela je répondrai encore que la charité ne fut jamais une offense pour ceux dont elle prend soin, que du reste ce sentiment de dignité est louable, que la société doit l'accueillir, et fournir à ceux qui le voudront l'occasion de gagner les secours qu'elle leur donnera; mais qu'elle ne peut considérer comme un droit la prétention qu'on élève contre elle, car en premier lieu ce n'est pas un droit, et secondement, si elle la reconnaissait comme droit, elle s'engagerait à y pourvoir dans une mesure qui dépasserait ses forces. Je vais démontrer brièvement ces diverses propositions. Qu'on m'écoute un instant, et on reconnaîtra que sous ce cri d'humanité il n'y a pas autre chose que le cri des factions imitant la voix du malheur, afin de s'introduire dans le sein de la société désarmée et de la bouleverser; qu'en un mot il n'y a rien, rien, ou les ateliers nationaux.

Pour s'entendre il n'y a qu'à remonter aux principes mêmes. Quel est le but que se proposent les hommes en se réunissant en société? C'est de travailler les uns à côté des autres, sous leur protection réciproque, en se défendant s'ils sont attaqués, en se prêtant secours si l'un expire de fatigue, de maladie ou de vieillesse au milieu du travail commun, en s'enseignant aussi à mieux faire par les exemples qu'ils se donnent; mais je ne sache pas qu'ils aient mission de se trouver du travail les uns aux autres. La protection, le secours mutuel, le perfectionnement, voilà le motif, l'avantage de la vie en société; voilà ce que l'homme ne rencontrerait pas dans l'isolement; voilà ce qu'il obtient du rapprochement avec ses semblables. Seul, il serait dévoré par un animal plus fort, ou succomberait faute de secours dans les cas de maladie et de décrépitude; seul, il n'apprendrait jamais rien, et le savoir de l'un serait perdu pour l'autre. Mais chaque homme valide a mission de s'occuper de lui-même, de se chercher un emploi, et je ne sache pas que ce soit à la société de lui en trouver un. Elle le protége dans l'exercice de l'emploi trouvé; elle peut lui enseigner à s'en acquitter mieux, mais lui en chercher un, le lui créer artificiellement, me semble au delà de ses obligations, et surtout de ses possibilités. Il serait mieux, plus humain, me dira-t-on, d'aller jusque-là, et d'assurer ainsi en tout temps, à tout homme, les moyens de travailler. Voulez-vous dire que la société devrait agir comme ces associations qui cherchent des placements aux domestiques ou aux ouvriers sans emploi? Je vous comprends. Mais ces associations promettent leur bonne volonté seulement. Pourquoi ne promettent-elles pas davantage? Parce qu'elles ne peuvent rien de plus. La société en est au même degré de puissance.

Pour arriver à s'en convaincre, il n'y a que bien peu de réflexions à faire. Quand le travail manquera-t-il? Dans certains cas, heureusement accidentels, dans les cas de chômage. Le plus ordinairement, l'homme réussit à s'employer lorsqu'il veut sincèrement travailler. Dans les champs, les alternatives d'activité extrême ou d'inaction complète ne se produisent jamais. Vous ne verrez pas dans l'agriculture cent, deux cent mille ouvriers aux bras desquels la terre se refusera tout à coup. Toutefois, à la porte des villes, les ouvriers qui cultivent des fruits ou des légumes, qui travaillent pour procurer des jouissances raffinées au riche, pourront souffrir, eux aussi, d'une perturbation commerciale. Mais, dans l'agriculture, il n'y a pas de ces crises résultant de l'exagération de production, et il est bien rare qu'un homme qui a des bras ne trouve pas une ferme pour les employer. Il en est autrement, comme je l'ai déjà dit, dans les manufactures. Là, pendant un temps, il arrivera que les bras manqueront, qu'on se les disputera, qu'on les payera à des prix élevés, puis que, l'exagération de la production faisant naître l'impossibilité de vendre, on s'arrêtera tout à coup, on cessera de produire, et que, si l'ouvrier n'a pas été économe, il sera privé du nécessaire, et sera réduit aux plus cruelles extrémités. Voilà les cas où le travail manque véritablement, et les seuls dont nous ayons à nous occuper. Il faut bien qu'il en soit ainsi, car si le chômage était l'état ordinaire de la société, elle succomberait bientôt. Si habituellement il y avait un nombre de bras auxquels manqueraient les champs pour labourer, les métiers de tout genre pour tisser, forger, elle y devrait périr. Ce serait le cas de cette invasion de la terre et des capitaux dont il a été parlé ailleurs, et qui n'est qu'une fable, car ordinairement il y a de la terre non appropriée pour qui en veut, de la terre appropriée à meilleur marché que dans le passé, et des capitaux instruments de travail à plus bas prix qu'à aucune époque. Il y a en un mot, sauf certaines exceptions, il y a du travail préparé pour les bras qui se présentent, non pas cependant que je veuille dire que tous les solliciteurs qui désirent des emplois puissent en obtenir; ceux-là, je n'y pense pas, quoiqu'ils soient fort partisans du droit au travail. Mais enfin je pose comme chose certaine que le travail ne manque qu'accidentellement, seulement dans le cas de chômages, et que ces chômages ont lieu, non pas dans les champs, mais dans les villes; non pas dans l'agriculture, mais dans les manufactures.

Que signifie ce fait accidentel qui se produit dans les manufactures, et que j'appelle chômage? Il signifie que dans le moment où il se produit la société n'a pas besoin de fer, de machines, de tissus de coton, de draps, d'étoffes de soie, de châles de cachemire, etc., parce qu'elle en a trop fabriqué. Eh bien, voulez-vous que l'État se fasse, tout juste pour ce moment, fabricant de fer, de tissus de coton, de draps, d'étoffes de soie, ou de châles de cachemire? Le voulez-vous, oui ou non? Toute la question est là, et point ailleurs.

Je comprends dans le communisme l'État exerçant toutes les professions à la fois. Mais hors du communisme, vous figurez-vous l'État fabricant des souliers, des chapeaux, de la quincaillerie, des objets de modes? En fabriquerait-il habituellement? en fabriquerait-il accidentellement? Habituellement, ce serait contre nature, car, outre qu'il ferait ce qui ne lui convient pas, ce qu'il est impossible qu'il sache faire, il créerait la plus redoutable concurrence à l'industrie privée, et la ruinerait ou serait ruiné par elle. Accidentellement, ce serait encore pis. Vous figurez-vous l'État élevant à la hâte des fabriques de tout genre, et essayant pendant une année ou deux d'exercer tous les métiers à la fois, pour les abandonner ensuite? Outre qu'il s'en acquitterait fort mal, d'abord par sa nature, qui ne s'y prêterait pas, ensuite par l'insuffisance de son savoir, qui serait tout récent, il susciterait à l'industrie une concurrence encore plus dangereuse que celle qu'il lui opposerait en fabriquant d'une manière constante et permanente. Il empêcherait en effet le seul bien de ces funestes chômages, qui est, en suspendant la production, de débarrasser les marchés du trop-plein dont ils sont encombrés. Le chômage signifiait que la production devait s'arrêter, parce qu'elle avait été excessive, et elle continuerait par les mains de l'État, maladroitement, chèrement, inopportunément. Le remède serait donc non-seulement mauvais, mais inopportun au plus haut point.

Non, non, me dira-t-on, c'est une exagération de l'idée que vous combattez ; ce n'est pas l'idée elle-même, dans sa simplicité et sa justesse. On ne peut pas vouloir que l'État devienne quincaillier, orfévre, tisseur de soie, fabricant de meubles ; mais quand il aura des colonies agricoles en Bretagne ou en Algérie, des travaux de terrassement enfin, préparés sur diverses parties du territoire, il aura rempli ses obligations. A cela je répondrai qu'on ne parle pas sérieusement, ou qu'on parle sans avoir consulté les ateliers nationaux. Quoi ! vous reconnaissez le droit, et après l'avoir reconnu vous y satisfaites de la sorte? Des travaux de terrassement, à aucune époque on n'en a refusé, et jamais avec un peu de prévoyance l'État ne doit en manquer. Mais pouvez-vous offrir une pioche à des gens qui tenaient une navette ou un burin? Ils vous diront que c'est une cruauté, et c'en est une en effet. Ceux qui sont honnêtes, s'ils veulent essayer de manier la pioche et la bêche, ont bientôt les mains en sang, le dos brisé, sont malades, épuisés ; et si le travail est donné à la tâche, comme on l'avait essayé à Paris dans les derniers jours de l'existence des ateliers nationaux, ils gagnent à peine de quoi manger un morceau de pain, tandis qu'à côté d'eux un manouvrier de profession peut gagner huit à dix francs par jour. Alors, qu'arrive-t-il? Un sentiment d'humanité s'empare des surveillants, on paye ces ouvriers pour ne rien faire, et ce secours qu'on repousse en leur nom avec tant d'orgueil, ils se le procurent par un mensonge. Au lieu d'une aumône, c'est une fraude. Or, il est encore moins déshonorant de recevoir une aumône de l'État que de commettre une infidélité, c'est-à-dire de se faire payer un salaire pour un ouvrage qu'on n'exécute pas. Ce n'est pas tout : je parle de terrassements à Paris, mais offrez-les en Bretagne ou dans les Landes, et vous verrez si on les acceptera. On prendra les armes pour ne pas quitter Paris, et je ne fais pas ici une vaine supposition : les malheureuses journées de juin ont eu lieu justement à la nouvelle du départ forcé des ouvriers des ateliers nationaux.

Les droits sont ou ne sont pas : s'ils sont, ils entraînent des conséquences absolues. Si l'ouvrier a droit à ce que l'État lui fournisse du travail, ce doit être un travail conforme à ses habitudes, à son genre de vie, à ses talents; un travail qui ne l'exténue pas, qui ne le rende pas impropre à son métier; un travail surtout qui ne l'oblige pas à s'expatrier, qui ne le sépare pas de sa famille, qui ne fasse pas de sa femme une veuve, de ses enfants des orphelins. Il faut qu'il trouve en s'adressant au gouvernement un atelier tout prêt à le recevoir, une filature, une forge, un métier à soie, une boutique de chapelier, etc.... Le droit n'est pas, ou il entraîne ces conséquences, car, je le répète, mettre une pioche dans les mains d'un ouvrier en soie, n'est pas l'accomplissement d'un droit, mais une cruauté. Cet ouvrier, s'il la prend, la laisse de côté, ne s'en sert point, et trompe l'État. Encore un coup, c'est se placer dans la nécessité d'être cruel soi-même, ou de faire de l'ouvrier un malhonnête homme. Je ne comprends pas un droit qui aurait de tels résultats.

Il y a plus : si le droit est, il est à tous les instants. Il est entier, aujourd'hui, hier, demain, après-demain, en été comme en hiver, non pas quand il vous plaira de le déclarer en vigueur, mais quand il plaira à l'ouvrier de l'invoquer. Eh bien, comment ferez-vous s'il convient à quelques ouvriers de quitter leur maître parce qu'il ne les paye pas à leur gré, ou parce qu'il exige telle condition qui n'est pas de leur goût, et de venir vous demander du travail? Vous serez dès lors les complices obligés de toutes les grèves, de toutes les violences essayées envers les maîtres pour les contraindre à élever les salaires. Si le droit est un vrai droit, non une flatterie écrite dans une loi pour n'y plus penser ensuite, mais un droit sérieusement reconnu et efficacement accordé, vous fournirez à tous les ouvriers un moyen de ruiner l'industrie par l'élévation factice des salaires. Serait-ce là une vaine supposition? Mais les ateliers nationaux fourniraient encore la réponse. Beaucoup de fabricants de Paris avaient des commandes qu'ils ne pouvaient pas exécuter, parce que leurs ouvriers ne voulaient pas travailler pour eux. Il y a telle partie d'équipement dont le ministère de la guerre avait un besoin urgent, et qu'il n'a pu faire confectionner que fort tard, à cause des ateliers nationaux qui procuraient aux ouvriers paresseux ou mécontents des vacances payées. Mais, direz-vous, nous saurons discerner si le droit invoqué l'est à propos ou non. Eh quoi! est-ce là le caractère d'un vrai droit? Quand il s'agit de liberté individuelle, de liberté de la presse, dépend-il du pouvoir de dire : Je vous l'accorde aujourd'hui, je vous la refuse demain? C'est ainsi dans l'état de siége, mais dans l'état de siége il n'y a plus de droit. Dans l'état ordinaire, laisse-t-on le droit dépendre de l'arbitrage du pouvoir qui serait autorisé à dire : Il y a lieu d'exercer le droit aujourd'hui et non demain, ou bien demain et point aujourd'hui?

Et d'où vient cette malheureuse contradiction entre le principe que vous voulez poser, et l'application de ce même principe? C'est que vous avez abusé du mot pour donner aux choses un caractère faux et forcé, c'est que vous avez appelé droit ce qui n'en est pas un, et que vous prétendez convertir en obligation absolue ce qui est et doit rester de la part du pouvoir un simple acte de bonne volonté. Si vous aviez droit au travail, à votre droit devrait répondre, de la part de l'État, l'obligation positive, formelle, inéludable, de vous fournir du travail, un travail conforme à vos habitudes, à vos forces, à vos talents. Je ne veux pas railler en matière si grave, mais comme il n'y a pas de limite tracée entre les travailleurs, qu'on ne peut pas prétendre que le droit qui existe pour une classe n'existe pas pour l'autre, car s'il y avait des droits de classe, on reconnaîtrait à l'instant même une étrange aristocratie, je vous dirai que le droit au travail existe pour les médecins sans malades, les avocats sans causes, les écrivains sans lecteurs, comme pour les ouvriers eux-mêmes, que le droit enfin existe ou n'existe pas, et que vous devez de l'emploi à tous, ou que vous n'en devez à personne. Oui, si vous êtes conséquent, vous devez de l'emploi à tous. Et alors apercevez-vous les suites? Préparez donc des places pour tous ces ouvriers de la pensée, comme ils s'appellent, et si le droit au travail est un vrai droit, cédez-leur vos places, ou partagez avec eux celles que vous avez, car, je le répète, le droit de la liberté individuelle, de la liberté de la presse est absolu, et à l'usage de tous. L'ouvrier qui veut écrire, le peut comme celui que vous qualifiez du titre de bourgeois. Pourquoi donc le droit au travail serait-il, par exception, le privilége d'une seule classe de travailleurs?

Vous n'avez ici qu'une réponse raisonnable, et que je me hâte d'accepter comme excellente, c'est que vous ne pouvez pas ce qu'on exige de vous, c'est que vous ne pouvez donner des places à tous ceux qui en demandent, que vous ne pouvez faire du gouvernement un quincaillier, un marchand de modes, un fabricant de meubles, un décorateur d'appartements, pas plus qu'une collection d'emplois toujours prêts pour qui en voudrait, que l'imaginer serait de la folie, en un mot qu'à l'impossible nul n'est tenu, pas même l'État, que par conséquent il n'y a pas obligation absolue, mais seulement convenance, urgence de faire le mieux qu'on pourra. Où cela nous conduit-il ? A dire qu'il y a lieu, non pas de proclamer un droit, mais d'invoquer fortement la bienfaisance de l'État, de lui imposer le devoir d'employer tous ses moyens pour venir au secours des ouvriers sans travail. En parlant ainsi tout devient vrai et simple ; tous les dangers cessent ; tous les abus que les partis peuvent faire d'une déclaration insensée, disparaissent. L'État ne prend pas l'engagement de tenter l'impossible, d'appointer deux cent mille bras aux ordres des factions, de fournir à tous les ouvriers le moyen d'interrompre à leur gré les travaux de l'industrie, et d'élever les salaires à leur volonté, car n'étant obligé qu'à soulager des misères, il a le droit de distinguer entre la misère vraie et la misère feinte, entre le malheur intéressant, digne des secours du pays, ou le malheur factieux. Il n'est plus en présence d'un droit, mais de ce qu'il y a de plus respectable au monde, de l'humanité souffrante, à qui on doit tout, tout excepté l'impossible, excepté la violation des principes sur lesquels la société repose. Et si on répète encore que c'est l'aumône qu'on offre, je répondrai toujours que ce n'est pas l'aumône, mais la bienfaisance, laquelle ne fut jamais une offense, quand elle est accordée par quelqu'un qui est presque aussi au-dessus de nous que la Providence elle-même, c'est-à-dire par l'État, et accordée à des hommes vraiment malheureux, malheureux non par leur faute, mais par celle des événements. Je répondrai que saint Vincent de Paul ne passa jamais pour avoir outragé l'humanité, et qu'enfin ce qu'on ne veut pas accepter à titre de secours, mais à titre de salaire après l'avoir gagné, on ne le gagnerait pas la pioche à la main, on le toucherait sans l'avoir gagné, ce qui serait un acte beaucoup moins honorable que de recevoir un secours.

Cela établi, l'État devra s'ingénier pour trouver des moyens, afin de parer à ces cruels chômages. Il ne pourra pas tout ce qu'on lui demandera, mais avec de la prévoyance il pourra quelque chose, et même beaucoup, car l'État n'a pas moins que des murailles, des machines, des vaisseaux, des cordages, des fusils, des canons, des voitures, des harnais, des souliers, des habits, des chapeaux, du drap, de la toile, des palais, des églises à exécuter; et une administration habile, qui réserverait ces travaux si divers pour les temps de chômage, qui pour certaines fabrications telles que machines, armes, voitures, draps, toiles, aurait des établissements susceptibles de s'étendre ou de se restreindre à volonté, qui, pour les places fortes ou les palais à construire, aurait ses devis préparés, et les tiendrait prêts pour les moments où l'industrie privée interromprait ses travaux, qui recueillerait ainsi sur le marché général les bras inoccupés, comme certains spéculateurs achètent les effets publics dépréciés, qui à cette prévoyance administrative joindrait la prévoyance financière, et garderait sa dette flottante libre et dégagée de manière à trouver de l'argent quand personne n'en aurait plus, une administration qui se donnerait tous ces soins, difficiles mais non impossibles, parviendrait à diminuer beaucoup le mal, sans réussir toutefois à le supprimer en entier. Car si l'État doit fabriquer du drap de troupes ou de la toile à voiles, si même il devrait songer à décorer le plafond du musée du Louvre, aujourd'hui pauvre et nu comme le toit d'une écurie, il n'aurait pourtant pas des cachemires ou des bijoux à commander; il ne pourrait donc pourvoir à tout, et il ne resterait toujours pour moyen définitif et complémentaire à l'égard de certaines classes d'ouvriers, que la bienfaisance, noblement faite et dignement acceptée. Il ne pourrait enfin jamais remplir ce devoir absolu de donner, sur la sommation de quiconque se présenterait, un travail conforme à la profession du réclamant, depuis une serrure, une montre, ou une aune de dentelle jusqu'à une place de magistrature ou de finance. Ce prétendu droit, auquel ne correspondrait que l'impossible, n'est qu'un prétexte inventé par les factions pour avoir le moyen de lever à leur profit des armées soldées par le trésor.

Qu'on ne prétende donc plus que nous voulons laisser mourir de faim l'homme sans travail, car je réponds que nous nourrirons l'homme dépourvu de travail, sans lui donner toutefois ni un salaire égal à celui des temps prospères, ni un salaire qu'il touche sans travailler, ni un salaire qui lui permette de faire monter violemment la main-d'œuvre, ni un salaire enfin qui lui serve à être le soldat de la guerre civile. Un salaire de ce genre, aucun État n'y pourrait suffire, et ne doit même songer à y suffire ; car il commettrait un suicide, un attentat contre la société, en l'accordant. Ce cri d'humanité qu'on affecte de pousser quand il s'agit du droit au travail, n'est donc qu'un cri simulé, imitant la voix du malheur, et ne décelant en réalité que la voix des factions.

Telle est la solidité du troisième et dernier moyen imaginé par les socialistes. On voit qu'il vaut l'*association* et la *réciprocité*. Mais il reste une conclusion à tirer de tout ceci, ce sera le sujet du dernier chapitre de ce livre.

CHAPITRE X.

DU CARACTÈRE GÉNÉRAL DES SOCIALISTES.

Que les socialistes en réalité attaquent autant la propriété que les communistes eux-mêmes, et ne s'occupent que d'une petite partie du peuple, de celle qui est agglomérée dans les villes.

Résumons ce qui précède.

Les socialistes, voulant se distinguer des communistes, considérant même la qualification de communistes comme un outrage, ont inventé ces trois choses :

> L'association ;
> La réciprocité ;
> Le droit au travail ;

L'association, qui consiste à réunir entre elles certaines classes d'ouvriers, pour spéculer sur un capital fourni par l'État, ou formé de leurs économies, afin de leur procurer les bénéfices du maître, et de soutenir les prix que la concurrence tend sans cesse à avilir ;

La réciprocité, qui, poursuivant un but opposé, décrète le bon marché, le commande par une réduction arbitraire de toutes les valeurs, substitue au numéraire un papier que délivrerait une banque d'échange, et dont l'avantage serait de ne jamais se refuser, de ne jamais se faire payer à un taux usuraire comme l'or et l'argent ;

Enfin le droit au travail, qui affiche la prétention de faire cesser toute misère, en assurant à tout homme inoccupé un emploi immédiat de ses bras.

J'ai prouvé que le premier de ces systèmes, l'association, procurait à quelques travailleurs privilégiés le moyen de spéculer aux dépens de tous les autres, si l'État était contraint à fournir le capital, et les exposerait à se ruiner si le capital était formé avec leurs économies ; qu'il supprimait dans l'industrie le seul vrai principe d'action, c'est-à-dire l'intérêt privé, qu'il y introduisait l'anarchie, et qu'il n'échappait à la ruine qu'en créant le monopole au profit de quelques industries, par la suppression de la concurrence; qu'enfin en supposant qu'il fût praticable il ne s'occupait que de quelques classes d'ouvriers, les classes agglomérées dans les grands ateliers.

J'ai prouvé que le second de ces systèmes, la réciprocité, contradictoire avec le premier, poursuivant le bon marché au lieu de la cherté, était tout aussi chimérique, car si on réussissait on ne ferait rien, tout le monde ayant perdu autant qu'il aurait gagné; mais qu'on ne réussirait point, parce que les valeurs sont de leur nature insaisissables, qu'on atteindrait les unes, non les autres, et qu'on aurait ainsi frappé de spoliation le petit nombre de celles sur lesquelles on aurait agi; que le nouveau papier substitué au numéraire, ou se donnerait à tout venant, et ne vaudrait rien, ou s'il ne se donnait qu'avec des précautions rassurantes, serait aussi enclin à se refuser, à se faire payer cher que le numéraire lui-même; que ce moyen enfin, fût-il pratiqué, n'aiderait pas plus que le précédent la masse des ouvriers, ceux des campagnes surtout demeurant forcément inconnus des banques qui délivreraient le papier.

Quant au troisième système, j'ai prouvé que l'État ne pouvait reconnaître un droit auquel il serait dans l'impossibilité de satisfaire, dont l'exercice serait ouvert dans quelques moments et pas dans tous, invocable par certaines classes et point par certaines autres; que proclamer un droit formel c'était créer dans les grandes villes des ateliers nationaux indissolubles, constitutionnellement autorisés à s'insurger, si on voulait les dissoudre; que l'État devait donner des secours abondants, mais ne pouvait faire davantage; que cette troisième invention, enfin, comme les autres, s'occupait de quelques ouvriers agglomérés, et d'eux seulement.

Le premier caractère de ces divers systèmes est de se contredire les uns les autres; car l'un associe les ouvriers pour lutter contre le bon marché, l'autre, au contraire, veut produire ce bon marché par des lois; le dernier, excluant les deux premiers et allant droit au but, veut que l'État paye à tant par jour l'ouvrier qui n'a pas d'ouvrage, ou qui n'en trouve pas à son goût. Le second caractère de ces systèmes est d'être chimériques, contre nature, impraticables, car on conviendra qu'associer entre eux les filateurs, les tisserands, les forgerons, les mécaniciens, les mineurs, qu'associer entre elles ces associations, puis les nations elles-mêmes, que fixer par décret la valeur des choses, et créer un numéraire de papier qui ne se refuserait jamais, ou enfin, tenir constamment ouverts, pour le compte de l'État, des ateliers où l'on fabriquerait de la soierie, des châles, de la bijouterie, des aiguilles, etc., que tout cela vaut bien la folie du communisme. Le troisième caractère de ces systèmes, c'est de violer la propriété, comme le communisme lui-même, de la violer gravement, car prendre forges, usines, mines, pour les livrer à l'association, ce qui ne pourrait se faire qu'en les payant avec des rentes discréditées par l'immensité de l'émission, réduire à volonté toutes les valeurs, supprimer une partie des loyers, fermages, intérêts de capitaux, tenir ouverts aux dépens des contribuables des ateliers nationaux en rivalité avec les ateliers privés, élever d'une part et arbitrairement les salaires, de l'autre avilir les prix, c'est atteindre la propriété de mille manières également cruelles, c'est la violer, la torturer, la détruire, au lieu de l'abolir franchement, comme le communisme. Le quatrième caractère, c'est de ne rien faire pour le peuple entier, de s'occuper exclusivement de quelques ouvriers agglomérés des villes; et le cinquième, enfin, c'est d'avoir constamment recours à un être commun, chargé de suffire à toutes les dépenses, à toutes les inventions, à toutes les fantaisies, le trésor de l'État, c'est-à-dire le trésor de tout le monde, et des pauvres encore plus que des riches, car les riches, quelque durement qu'on les impose, produisent peu, parce qu'ils ne sont pas nombreux, si peu que leur ruine absolue n'enrichirait pas le budget.

Le bien de tous avec les moyens de tous, ne se trouve évidemment dans aucun des systèmes proposés.

De ce qui précède, il résulte que les socialistes, avec la prétention de se séparer des communistes, n'en violent pas moins le principe de la propriété, sont seulement plus inconséquents et moins sincères, ne s'occupent en réalité que d'une partie du peuple, non pas de la partie la plus souffrante, mais de la plus agitée, de la plus agitable, et que parmi eux, enfin, les seuls qui fassent quelque chose de sérieux pour la classe dont ils s'occupent, sont ceux qui tout simplement proposent de la payer à tant par jour, comme l'avait imaginé M. de Robespierre, afin de l'avoir à sa disposition. Les communistes sont de purs utopistes ; les socialistes ont la prétention d'être des esprits plus pratiques, et ils ne justifieraient, à mon avis, cette prétention qu'en s'avouant factieux, car je ne saurais définir autrement la volonté de payer à tant par jour, pour ne leur rien donner à faire, cent mille ouvriers à Paris, cinq à six mille à Rouen, et un nombre proportionné à Lille, à Lyon, à Marseille.

Ou utopistes, ou factieux, voilà comment je définis les philosophes qui, pour ne pas s'appeler *communistes,* ont imaginé de s'appeler *socialistes*. Je leur demande pardon de cette manière de les définir, et je les supplie de croire que, dans mon jugement sur leurs systèmes, il n'entre pas la moindre rancune contre leur personne, mais une incurable aversion pour la déraison orgueilleuse, stérile et perturbatrice.

LIVRE QUATRIÈME.
DE L'IMPOT.

CHAPITRE PREMIER.

DE LA MANIÈRE D'ATTEINDRE LA PROPRIÉTÉ PAR L'IMPÔT.

Qu'il n'est pas vrai que les gouvernements aient eu pour vue principale, dans tous les siècles, de décharger une classe aux dépens des autres, et qu'ils ont eu pour but essentiel de prendre l'argent où il était plus facile de le trouver.

Je n'aurais pas traité dans toute son étendue la question qui m'occupe, si je ne recherchais quelle part des charges publiques la propriété doit supporter. Je ne l'aurais complétement traitée, ni quant au fond, ni quant aux circonstances présentes, car, entre les ennemis de la propriété, les plus habiles se reposent sur l'impôt du triomphe de leurs vues. Pour le moment, disent-ils, on respectera la distribution présente des biens, vu que la génération actuelle n'est pas encore assez éclairée pour qu'on puisse donner une solution complète des questions sociales, mais, en attendant, les riches payeront. On peut donc créer des dépenses populaires, supprimer des impôts impopulaires, les riches payeront. — Soit, répondrai-je, si c'est juste. Mettant même toute justice de côté, j'ajouterai : Soit, si les riches le peuvent.

Il n'y a pas un sujet sur lequel la science économique du temps soit plus courte, plus fausse, qu'en matière d'impôt. On croit, par exemple, que jusqu'ici les gouvernements n'ont songé qu'à écraser le pauvre, à soulager le riche, à faire porter sur l'un les charges dont on débarrassait l'autre. On le croit de tous les gouvernements sans exception, du dernier, de l'avant-dernier, de tous enfin, modernes ou anciens. Cette supposition est pourtant fausse même pour les siècles antérieurs à la révolution de 1789, époque à laquelle le beau principe d'une égalité rigoureuse devant la loi a été introduit pour la première fois dans notre constitution sociale. Bien qu'il y eût alors d'énormes et intolérables abus, que la révolution de 1789 a eu l'honneur de détruire, honneur que celle de 1848 n'aura pas, uniquement parce qu'elle est venue la seconde ; bien qu'il y eût des classes affranchies ou chargées de certains impôts, qu'il y eût des exceptions injustifiables, et toutes au profit de quelques privilégiés, néanmoins, sauf ces préjugés du temps, remplacés aujourd'hui par des préjugés d'un autre genre, et non moins dangereux, il n'est pas vrai que Sully, Colbert, Turgot, et beaucoup d'autres ministres moins célèbres placés entre ceux-là, ne songeassent qu'à écraser le pauvre, et n'apportassent dans leurs vues qu'une brutale injustice, exclusivement occupés qu'ils étaient de remplir les caisses royales. Cette supposition est complétement erronée. Les uns par humanité, les autres par prudence, ne songeaient qu'à une chose, à ménager le plus grand nombre, à le faire souffrir le moins possible, car toute souffrance épargnée laissait une ressource pour de nouveaux impôts. En dehors des nobles et du clergé que les priviléges du temps couvraient, il y avait des riches qu'aucun privilége ne garantissait, et qu'on ne demandait pas mieux que d'atteindre. Ces grands ministres n'avaient qu'un objet en vue, c'était de trouver les impôts les moins onéreux, les moins nuisibles à la production, et de ménager le pays, ne fût-ce que pour en tirer davantage. Il ne faut donc pas mépriser leur science, et croire que tout est à refaire en matière d'impôt, qu'en tout refaisant on dédommagera le pauvre de sa pauvreté, on punira le riche de sa richesse. Non : on bouleversera l'ordre social, et on rendra le pauvre plus pauvre, car il est toujours le plus maltraité dans les révolutions, vu qu'ayant strictement le nécessaire, quand il l'a, il ne peut rien perdre sans être aussitôt réduit aux abois. Les derniers huit mois en sont la preuve. Je vais donc chercher en peu de mots où sont, en fait de contributions publiques, le juste et l'habile, et heureusement on reconnaîtra ici comme ailleurs, que le juste, l'habile sont identiques, et que violer la propriété, soit qu'on l'atteigne indirectement par l'impôt, soit qu'on l'atteigne directement par tous les genres de communisme, ne rapporte pas davantage.

La perturbation, le discrédit, la misère, sont toujours les seuls résultats certains de ce genre d'entreprises.

CHAPITRE II.

DU PRINCIPE DE L'IMPÔT.

Que l'impôt doit atteindre tous les genres de revenus, ceux de la propriété comme ceux du travail.

Il faut d'abord établir les vrais principes de la justice en matière d'impôt, puis, les principes de la justice établis, nous rechercherons ce que la finance de tous les temps enseigne, relativement aux impôts les plus légers à porter, les plus faciles à percevoir, les moins nuisibles à la production.

La justice en matière d'impôt ressort de l'origine de l'impôt bien décrite. Il n'existe pas dans la société un seul genre de travail, celui qui consiste à cultiver la terre, à tisser des fils, à faire de ces fils des étoffes propres au vêtement, à construire des habitations, en un mot à nourrir, à vêtir, à loger l'homme. Il y en a un second, non moins indispensable, c'est celui qui consiste à protéger le premier, à protéger le laboureur, le manufacturier, le constructeur. Le soldat qui porte les armes, le magistrat qui juge, l'administrateur qui préside à l'organisation de tous ces services, travaillent aussi utilement que celui qui fait naître le blé, qui confectionne des tissus, qui construit des maisons. De même que le laboureur produit du grain pour celui qui tisse, et réciproquement, l'un et l'autre doivent labourer et tisser pour celui qui monte la garde, applique les lois ou administre. Ils lui doivent une partie de leur travail en échange du travail qu'il exécute pour eux. L'argent de l'impôt, qui est un moyen de se procurer ou du pain, ou des vêtements, ou des habitations, est cet équivalent dû à ceux qui se sont voués à une occupation différente, mais également nécessaire, également productive.

Maintenant dans quelle proportion le laboureur, le tisserand, le maçon, le banquier, devront-ils payer cet impôt destiné à récompenser le travail de ceux qui portent les armes, jugent, administrent, gouvernent pour eux? Au premier aspect on pourrait se dire : Pourquoi l'un payerait-il plus que l'autre? L'un laboure et produit du blé, l'autre est mécanicien et produit des machines, l'un gagne 2 fr. par jour et l'autre 6 fr. : tant mieux pour le dernier. S'il est plus habile et gagne davantage, ce n'est pas une raison pour qu'il paye plus d'impôt. Mais alors le commerçant dont la journée représente quelquefois des centaines de francs, le banquier dont la journée représente quelquefois aussi des milliers de francs, pourraient dire de leur côté : Tant mieux pour moi si je gagne plus; c'est l'avantage de mon génie naturel de savoir faire un métier plus lucratif.—Voici la réponse vraie, péremptoire, à ce raisonnement.

Tandis que le soldat sur la frontière ou dans l'intérieur, le magistrat à son prétoire, protégent dans la même journée le travail de tous, travail qui pour l'un représente 2 fr., pour l'autre 6 fr., pour un troisième 100 fr., pour un quatrième 1,000 fr., ils ont épargné au premier une perte de 2 fr., au second de 10 fr., au troisième de 100 fr., au quatrième de 1,000 fr., en prévenant le dommage qu'une invasion, un désordre, une illégalité auraient pu leur causer. Il faut que la rémunération soit proportionnée au service reçu. Outre la justice il y a la nécessité, car si chacun payait également, il faudrait prendre à celui qui ne gagne que 2 fr. une part de son bénéfice telle que le malheureux serait réduit à rien. Il y a donc convenance autant que justice à en agir ainsi, et, à vrai dire, l'une et l'autre se confondent dans une considération unique, qui est la raison elle-même.

L'impôt doit par conséquent être proportionné aux facultés de chacun, et par les facultés il faut entendre non-seulement ce que chacun gagne, mais ce que chacun possède. Ainsi l'individu protégé dans son travail par celui qui monte la garde, juge ou administre, est protégé non-seulement dans son travail personnel, mais dans le travail accumulé de ses pères, qui s'est converti en bonnes terres, en belles habitations, en riches mobiliers. Tout cela représente un revenu de 10, 20, 100 fr. peut-être par jour. On le lui conserve, il faut qu'il paye une rémunération pour la protection de son bien antérieurement acquis, comme pour la protection du bien qu'il acquiert chaque jour. On doit donc l'impôt suivant le revenu de son travail, et suivant le revenu de ses biens transmis ou acquis. Voilà ce que l'on entend par la proportionnalité de l'impôt.

Mais de même que l'on doit une part d'impôt pour la propriété qu'on possède et que la protection sociale vous garantit, de même on en doit une pour son travail, et on la doit proportionnée aux profits de ce travail. La prétention de ne pas imposer le travail serait tout aussi déraisonnable que celle de ne pas imposer la propriété. Tout ce qui est placé sous la protection sociale, tout ce qui n'existe comme la propriété, tout ce qui ne s'accomplit comme le travail, qu'à l'abri de cette protection, lui doit une rétribution proportionnée. Vous me sauvez par jour 10 francs de revenu, ou 10 francs de salaire provenant de mon travail, je vous dois une rétribution proportionnée à ces 10 francs. Le principe, comme dans une compagnie d'assurance contre l'incendie, le principe naturel est de payer le risque en proportion de la valeur garantie, et quelle que soit la nature de cette valeur. L'argument qu'on pourrait essayer d'opposer à cette vérité serait que la propriété c'est la richesse, et que le travail c'est la pauvreté, et dans ce cas il y aurait une raison apparente fondée sur l'intérêt qu'inspire la pauvreté, et le peu de faveur qu'inspire la richesse. Mais l'allégation est absolument fausse, et dès lors l'intérêt inspiré mal à propos tombe avec cette allégation.

S'il y a, en effet, la propriété riche, il y a également la propriété pauvre; et s'il y a le travail pauvre, il y a aussi le travail riche. Exemple : voici un malheureux paysan qui, en travaillant toute sa vie, a acquis un hectare de terrain, lequel à force de soins lui rend deux, trois cents francs, dont il vit à la fin de ses jours. C'est la propriété pauvre et la plus répandue peut-être. Voici un vieux domestique, un vieil employé terminant modestement leur vie avec un revenu formé de leurs économies. C'est encore là une propriété pauvre, et une propriété aussi générale que la précédente. Maintenant je vais vous citer un commerçant, un avocat, un médecin, un banquier, qui gagneront dix, vingt, trente, cent mille francs par an, quelquefois un million. C'est là le travail riche, et un travail qui n'est pas rare, excepté le dernier, dont il est vrai qu'il se rencontre peu d'exemples. Et vous imposeriez celui auquel la protection sociale assure les trois ou quatre cents francs composant le pain de sa vieillesse, pour exempter d'impôt celui qui doit à la protection sociale la faculté de gagner dix, vingt, trente, cent mille francs par an! Ce n'est donc pas plus la pauvreté que la richesse qu'on rencontre en imposant la propriété et le travail. On rencontre de l'un et de l'autre, parce qu'il y a la propriété pauvre comme le travail riche. L'observation des faits se trouve ainsi d'accord avec la justice pour établir que chacun est débiteur de la société, quoi que ce soit qu'elle lui garantisse, du bien anciennement acquis, ou du bien acquis nouvellement, du travail ancien ou du travail nouveau; que l'impôt enfin doit porter sur tous les genres de revenus, sans exception, car tous lui doivent de pouvoir se produire, quelles que soient leur nature et leur origine.

Toute exemption d'impôt est donc une iniquité.

L'exemption accordée autrefois aux nobles et au clergé, quoiqu'elle ne fût pas une injustice dans l'origine, l'était devenue avec le temps. Les premières contributions ayant eu pour objet d'entretenir les gens de guerre, il était naturel que les seigneurs, servant en personne, ne payassent pas l'impôt. Ils l'acquittaient en nature Mais plus tard, quand la noblesse ne fut plus qu'un titre, cette exemption était dégénérée en un privilége sans motif, et par conséquent sans justice. Quant au clergé, la terre était son salaire. Dès lors, elle pouvait être considérée comme naturellement exempte des charges publiques. Avec le temps, cette forme de salaire ayant dépassé une juste mesure, étant devenue contraire à toute bonne culture, la terre et l'exemption d'impôt disparurent en 1789. Depuis cette époque, le principe que chacun, sans exception, doit l'impôt, suivant ce qu'il gagne et suivant ce qu'il possède, a été reconnu comme le vrai principe, que la révolution de 1789 est venue inaugurer dans le monde. On n'y peut rien ajouter qu'une nouvelle iniquité, aussi grande que celle qui fut abolie en 1789, ce serait d'exempter le travail pour frapper la propriété, ou de frapper celle-ci dans des proportions exorbitantes. C'est ce dont je vais traiter dans les chapitres suivants.

CHAPITRE III.

DE LA RÉPARTITION DE L'IMPÔT.

Que l'impôt doit être proportionnel et non progressif.

Je viens de faire voir, en remontant simplement à l'origine de l'impôt, que chacun doit contribuer aux dépenses publiques non pas également, mais proportionnellement, proportionnellement à ce qu'il gagne ou à ce qu'il possède, par la raison fort naturelle que l'on doit concourir aux frais de la protection sociale suivant la quantité de biens protégée. Ainsi, par exemple, si on suppose que la France donne 12 milliards de produit brut, et qu'il faille 1,200 millions pour faire face aux dépenses publiques (évaluations fort hypothétiques, je le déclare), il en résulterait que chacun devrait à l'État le dixième de ses revenus de tout genre. Celui qui a 1,000 francs de revenu, soit de son travail, soit de son bien, devrait 100 francs de rétribution commune. Celui qui aurait 10,000 francs de revenus divers, propriété ou travail, devrait, sur le même pied du dixième, 1,000 francs. De même, celui qui aurait 100,000 francs de revenus divers, devrait 10,000 francs. Ils payeraient celui-ci cent fois, celui-là dix fois plus, parce que la protection sociale aurait garanti à l'un cent fois, à l'autre dix fois davantage. En reproduisant ici la comparaison que j'ai déjà faite de la société avec une compagnie d'assurance mutuelle (comparaison la plus vraie, la plus complétement exacte qu'on puisse employer), je dis qu'on doit payer le risque en proportion de la somme de propriété assurée. Si on a fait assurer une maison valant 100,000 fr. (la prime étant de 1 pour cent), on devra 1,000 fr. à la compagnie ; si la maison assurée vaut un million, on devra 10,000 francs. Ces choses sont d'une telle évidence qu'elles ne semblent pas même devoir être discutées.

Mais la limite de la justice atteinte, certains financiers du temps ne savent pas s'y tenir. Ils ont voulu aller au delà, et ils ont prétendu que l'impôt devait être progressif, c'est-à-dire que la proportion, au lieu d'être du dixième pour tous, devra être, par exemple, du cinquième pour l'un, du tiers pour l'autre. Ainsi, celui qui aura 1,000 francs de revenu, payant toujours 100 francs sur le pied du dixième, celui qui aura 10,000 francs devra payer 2,000 francs au lieu de 1,000 sur le pied du cinquième, et le troisième 33,000 au lieu de 10,000 sur le pied du tiers, ce qui fait pour le second double part de contribution, pour le troisième un peu plus du triple. C'est là ce qu'on appelle l'impôt progressif, ce qui veut dire qu'au lieu de proportionner l'impôt à l'étendue du revenu, et de suivre une proportion constante, on double, on triple la proportion à mesure que le revenu est plus grand, à peu près comme ce marchand qui, en voyant arriver un riche étranger à sa porte, se dit : Ce monsieur est riche, il payera plus cher. — Quand il s'agit de frivolités d'une faible valeur, on peut sourire de cette intention de faire payer différemment les mêmes choses, d'autant que ces riches étrangers traitent de gré à gré, et que le mal étant volontaire ne saurait aller bien loin. Mais que diriez-vous si ces acheteurs étaient forcés d'acheter, et point libres de dire non?

Supposez que, chez un marchand, vous achetiez cent livres d'une denrée, il est simple que vous payiez pour cent livres, et que, si vous en achetiez mille livres, vous payiez pour mille. Trouveriez-vous naturel qu'on vous fit payer la livre plus cher si vous en prenez mille que si vous en prenez cent? En général, c'est le contraire qui a lieu, car le marchand tient compte du plus grand bénéfice que vous lui procurez. Eh bien, ici c'est tout différent : plus vous achetez, plus vous payez cher. Si vous vous adressez à une compagnie de transports, et que vous demandiez à expédier mille tonnes, cent mille tonnes, vous payerez comme mille, comme cent mille, et généralement un peu moins par tonne quand vous expédierez davantage, parce que les frais diminuent plutôt qu'ils n'augmentent avec la quantité. Enfin, si vous faites partie d'une compagnie d'actionnaires, et qu'on vote une contribution extraordinaire de 10 francs par action, vous la payerez de 10 francs, que vous ayez cent actions ou que vous en ayez mille. Comprendriez-vous que, si vous en aviez mille, vous la payassiez de 20 francs au lieu de 10? Vous trouveriez cette exigence insensée; vous n'écouteriez même pas celui qui vous proposerait d'y accéder. Qu'est-ce donc que la société, sinon une compagnie où chacun a plus ou moins d'actions, et où il est juste que chacun paye en raison du nombre de celles qu'il possède, en raison de dix, de cent, de mille, mais toujours suivant la quotité imposée à toutes? Il serait aussi injuste de supporter un plus fort prélèvement quand on aurait peu d'actions, qu'injuste d'en payer un moindre quand on en aurait beaucoup. La règle pour tous, ni plus ni moins que la règle; autrement, il n'y a plus que confusion, et la société agit comme ce marchand qui dit : Monsieur est riche, donc il payera davantage les mêmes choses; ce qui, je le répète, fait sourire s'il s'agit de frivolités; ce qui n'a plus de bornes, ce qui devient un vrai pillage s'il s'agit de valeurs considérables. Vous allez voir, en effet, naître un arbitraire immense, incalculable, uniquement parce qu'on est sorti de la règle.

La considération qui décide à faire payer à l'un dans la proportion du dixième de son revenu, à l'autre dans la proportion du cinquième, à un troisième dans la proportion du tiers, quelle est-elle? Pas une autre que celle-ci : le premier n'a pas suffisamment pour vivre, le second a suffisamment, le troisième a trop. Oh! je comprends que vous disiez : Celui-ci a 10,000 francs de revenu au lieu de 1,000, ou même 100,000 francs au lieu de 1,000, et il payera dix fois plus parce qu'il est dix fois plus riche, ou cent fois plus parce qu'il est cent fois plus riche. Mais pourquoi dire : S'il est dix fois plus riche, il payera non pas dix fois, mais vingt fois davantage; et s'il est cent fois plus riche, au lieu de payer cent fois davantage, il payera trois cents, quatre cents fois davantage. Et pourquoi, je vous le demande? Pourquoi? le voici :

Quand vous adoptez la proportion du dixième pour tous, celui qui a 1,000 francs de revenu payant 100 francs, il lui en reste 900; celui qui a 10,000 francs payant 1,000 francs, il lui en reste 9,000; celui enfin qui a 100,000 francs payant 10,000 francs, il lui en reste 90,000. Or, vous dites du second : 9,000 francs, c'est bien assez pour vivre, si on songe surtout à celui à qui il ne reste que 900 francs. Vous dites du troisième : 90,000 francs de revenu, oh! c'est exorbitant, en songeant à celui à qui il reste 9,000 francs, et bien plus exorbitant encore en songeant à celui à qui il ne reste que 900 francs. On peut donc prendre plus au second, plus encore au troisième. En conséquence, on demandera dans la proportion du cinquième au second, et il lui restera 8,000 francs pour vivre : c'est bien assez. On demandera dans la proportion du tiers au troisième, et il lui restera 66,000 francs : c'est non-seulement assez, mais trop! Quoi! 66,000 francs, quand au premier il ne reste que 900 francs, et on se plaindrait!

Je vous défie de trouver un autre raisonnement que celui-là : c'est que le premier a tout juste de quoi vivre avec 900 francs, le second assez avec 8,000, le troisième trop avec 66,000; ce qui revient à dire que vous n'avez plus d'autre règle que le jugement qu'il vous convient de porter sur la richesse, que vous êtes en pleine loi agraire, partageant les fortunes, retranchant à l'un pour donner à l'autre, en un mot, que vous avez mis la main sur la propriété. Sortis de la règle, qui est le mur de clôture, vous avez envahi le champ du voisin, pour en prendre ce qu'il vous plaît, beaucoup ou peu, selon votre jugement. Poussez plus avant dans la voie où vous êtes entré, et où vous n'avez plus que cette règle : Ceci ne suffit pas pour vivre, ceci suffit, ceci est trop; poussez plus avant, et vous allez voir que vous serez conduit loin, bien loin. En effet, vous avez adopté la proportion du dixième pour l'un, du cinquième pour l'autre, du tiers pour le troisième, et il reste à l'un 900 francs sur 1,000, à l'autre 8,000 francs sur 10,000, au troisième 66,000 francs sur 100,000. Pourquoi, je vous prie, cette limite? Quoi! il y a un homme qui n'aura que 900 francs de revenu, et à côté en voilà un qui en garde 8,000, un autre 66,000! Mais 8,000, c'est plus qu'il ne faut, si on considère celui qui n'a que 900, et 66,000, c'est au delà de toute raison. Et pourquoi pas une autre proportion? pourquoi pas le tiers pour le second, la moitié pour le troisième? Ainsi, l'un ayant toujours, et invariablement, ses 900 francs, l'autre en conserverait 6,600 sur 10,000, le troisième 50,000 sur 100,000. Oserait-on dire que ces deux derniers sont à plaindre, l'un avec 6,600 francs, l'autre avec 50,000? Mais à regarder les choses du point de vue de la véritable humanité, on n'aurait pas assez fait. A être complétement humain, il faudrait une autre progression, et on irait aux deux tiers pour le second, ce qui lui laisserait 3,300 francs; aux trois quarts pour le troisième, ce qui lui laisserait 25,000 francs. On irait jusque-là qu'on serait bien assez indulgent pour la richesse, car, après tout, il resterait encore un homme qui aurait 25,000 francs pour vivre, à côté d'un autre qui n'en aurait que 3,300, et d'un troisième qui n'en aurait que 900.

Je vous prie même de remarquer que si vous êtes conséquent, et que si vous élevez sans cesse la progression, comme cela est juste, il deviendrait inutile d'être riche : car en continuant de ce pas, en allant des trois quarts aux quatre cinquièmes, aux cinq sixièmes, aux six septièmes, aux sept huitièmes, aux huit neuvièmes, aux neuf dixièmes, il ne servirait presque de rien, par exemple, d'avoir 150,000 francs de rente au lieu de 100,000; car, dans la proportion des quatre cinquièmes, on ne garderait que 30,000 francs de revenu au lieu de 25,000. Il ne servirait de rien d'en avoir 200,000 au lieu de 150,000, car, dans la proportion des cinq sixièmes, on aurait 33,000 francs au lieu de 30,000. Il ne servirait de rien d'en avoir 250,000 au lieu de 200,000, car, dans la proportion des six septièmes, on aurait 35,700 francs au lieu de 33,000. Il finirait même par être dangereux d'être riche, car il y a telle progression d'après laquelle, arrivé à la proportion des quatre-vingt-dix-neuf centièmes, on garderait 10,000 francs pour vivre avec un million de revenu. Le calcul prouve enfin qu'en appliquant une proportion toujours croissante, le dernier terme serait zéro.

Mais, dira-t-on, vous exagérez. On peut pousser

la proportion dans une certaine mesure, mais ne pas marcher aussi vite que vous venez de le faire, et enfin, pour obvier aux conséquences dernières du calcul, qui conduirait à zéro, on peut s'arrêter et ne jamais prendre au delà de la moitié, car, effectivement, dans aucun système de progression proposé, on n'a dépassé la proportion de 50 pour cent du revenu. Et pourquoi s'arrêter, je vous le demande? Parce que vous êtes modéré. Et quelle règle suivez-vous dans votre modération? La règle qu'il faut ne pas trop prendre, que c'est trop de réduire à 3,300 francs l'homme qui a 10,000 francs de rente, à 25,000 celui qui en a 100,000; qu'on peut se contenter de prendre à l'un 2,000 francs et de lui en laisser 8,000, à l'autre 33,000 et de lui en laisser 66,000. Vous estimez ainsi les proportions que la richesse doit conserver dans notre société. Vous vous appelez d'un tel nom que je ne veux pas dire ici, mais que j'honore; vous êtes de tel parti que je ne veux pas désigner, mais dont je fais cas, et par ce motif vous êtes plus modéré. Je vous rends grâces. Mais les esprits sont bien divers, bien portés à la contradiction. Vous souvenez-vous de l'enchère ouverte pour les appointements des ministres? L'un propose 60,000 francs par an. — Non, c'est trop, dit l'autre; 48,000 francs suffisent. — C'est trop encore, dit un troisième; 36,000 francs sont bien assez. — Arrivés là, une sorte de pudeur saisit les enchérisseurs, et on s'arrête. On fera de même pour déterminer la progression de l'impôt, et l'Assemblée nationale fixera ce qu'on doit garder de la fortune que vous laissa votre père, après avoir travaillé toute sa vie. Mais prenez garde, j'entends des cris. Le peuple souffre, il s'agite, il se presse aux portes de l'Assemblée nationale ; un général a mal compris ses ordres, la salle des séances est envahie, la république qui s'appelle sociale triomphe. Il faut un milliard sur-le-champ : force est donc de trouver une progression plus rapide, car il faut ce milliard, il le faut pour que le peuple n'essuie pas de nouvelles déceptions. Qui est-ce qui arrêtera ces triomphateurs ? Rien, car la règle n'existe plus : vous l'avez détruite quand vous êtes entré dans cet ordre de considérations, que ceci n'est pas assez pour vivre, que ceci est assez, ou que ceci est trop. Il ne reste plus qu'un arbitraire dépendant du goût, des mœurs, des habitudes de ceux qui ont gagné la bataille, cette bataille où l'on se bat en mettant la baïonnette dans le fourreau. Il en résulte que je n'ai plus d'autre garantie que le nom que vous portez, que les engagements pris par vous dans un journal ou dans un discours, que votre caractère, que la justesse plus ou moins grande enfin de votre esprit. Souvenez-vous pourtant que la modération de ceux qui gouvernent ne fut jamais acceptée comme une garantie par personne, et par ceux qui se disent les défenseurs exclusifs de la liberté moins encore que par qui que ce soit. — Vous êtes modérés, ont-ils coutume de répondre, et avec raison, à ceux qui leur demandent l'arbitraire ; vous êtes modérés, tant mieux pour votre gloire. Mais vous l'êtes, et d'autres pourraient ne pas l'être, et ne le seraient certainement pas. Nous n'acceptons donc pas votre modération pour une garantie. Nous aimons mieux une règle, quelque dure qu'elle puisse être, mais une règle qui soit stable, fixe, et qui ne nous rende dépendants des vertus de personne.

Si je me suis fait comprendre, si on n'a pas oublié mes premiers raisonnements, si on se rappelle ce que j'ai dit, que la propriété était le fruit accumulé du travail, que si l'équité veut qu'on la respecte, l'intérêt social le veut encore davantage, car sans sécurité il n'y a pas de travail, sans travail il n'y a pas de prospérité publique, il y a le moyen âge ou l'Orient, si on a ces vérités présentes à l'esprit, on doit sentir que la propriété est aussi sacrée que la liberté, et qu'il faut des règles certaines pour l'une autant que pour l'autre, qu'en un mot il faut des principes. La proportionnalité est un principe, mais la progression n'est qu'un odieux arbitraire. Les frais de la protection sociale représentent un dixième du revenu total, eh bien! soit, le dixième pour tous. Je comprends ce principe, car on payera en raison de ce qu'on aura coûté à la société, en raison du service qu'on en aura reçu, comme dans une compagnie dont le capital est divisé par actions, s'il faut un prélèvement par action, on payera le même prélèvement par chaque action, qu'on en ait cent, qu'on en ait mille, ou cent mille. Exiger le dixième du revenu pour l'un, le cinquième pour l'autre, le tiers pour un troisième, c'est du pur arbitraire, c'est de la spoliation, je le répète. Vous me prendrez plus ou moins suivant votre humeur, mais je dépends de vous, comme en Orient on dépend d'un pacha, et sur les grandes routes de la Calabre ou de la Catalogne, d'un chef de bande. Les chefs de bande ne sont pas toujours sans pitié. On en cite plusieurs en Italie et en Espagne, à qui de belles prisonnières avaient touché le cœur par leurs larmes, et qui leur rendaient leur argent, en respectant leur honneur et leur vie. Je n'ai cependant jamais entendu dire que les grandes routes, la nuit, en certains pays, fussent la véritable image de l'état social, et j'espère que de révolution en révolution nous n'en arriverons pas à ce degré d'intelligence des principes de justice et de liberté.

Ainsi l'impôt proportionnel, c'est-à-dire l'impôt proportionné à la part des frais que la société est supposée avoir faits pour vous, au service que vous en avez reçu, comme en matière d'assurances la prime est proportionnée à la somme assurée, rien de mieux ; j'aperçois là un principe. Mais faire payer plus de ces frais à l'un qu'à l'autre, par cette unique raison qu'on juge qu'il est trop riche, qu'il a trop pour vivre, ce n'est pas un principe, c'est un arbitraire révoltant. Je comprends la bienfaisance, je comprends que la société n'exige rien de l'indigent reconnu, qu'on voit mendiant sur la route, ou souffrant de la faim dans son galetas, je suis cent fois de cet avis. Mais hors de là, il faut la règle pour tous ceux que la société n'a pas déclarés exempts de l'impôt à cause de leur misère. Je demande bonté, bonté parfaite pour le pauvre, et seulement justice pour le riche, mais justice enfin.

C'est assurément une vertu d'aimer le pauvre, ce n'en est pas une de haïr le riche. J'ai écrit cela une fois quelque part, moi qui ne suis pas riche, je l'ai écrit de conviction, car il ne faut pas qu'après avoir vu la société opprimée jusqu'en 1789 par la domination des hautes classes, nous la voyions opprimée, à partir de 1848, par la domination contraire.

CHAPITRE IV.

DES DIVERSES FORMES DE L'IMPÔT.

Que l'impôt, avec le temps, a pour tendance essentielle et utile de se diversifier à l'infini.

Il résulte de ce qui précède que l'impôt doit être proportionné à ce qu'on gagne ou à ce que l'on possède, suivant une proportion constante pour tous, sans acception de riche ou de pauvre : voilà le juste, voilà le vrai, voilà surtout le certain. Hors de là il n'y a rien que d'incertain, d'arbitraire et de déréglé.

Si par exemple on parvenait à savoir très-exactement ce que chacun retire ou de son travail ou de ses capitaux, tant mobiliers qu'immobiliers, on pourrait, en demandant le cinquième, ou le dixième, ou le vingtième de cette somme, suivant les besoins de l'État, arriver au plus équitable de tous les impôts. C'est, à quelques égards, cet impôt presque unique, que Vauban, l'Aristide de la monarchie, voulait établir sur la France, sous le nom de dîme royale, dans un livre respirant le plus haut bon sens et la plus pure vertu. Il laissait subsister toutefois les aides, ou droits sur les consommations, et certains revenus établis sur des services publics, comme les postes. Il fixait entre le dixième et le vingtième les termes extrêmes de cet impôt assis sur tous les revenus.

Cependant cet impôt est une pure chimère, car on ne connaît pas, on ne peut pas connaître d'une manière parfaitement exacte le revenu que chacun tire ou de ses biens ou de son travail. Les terres sont difficiles à évaluer. Veut-on un cadastre, ou registre descriptif des terres et propriétés bâties, il est long et coûteux à dresser, il cesse à chaque instant d'être vrai, car ces terres changent continuellement ou d'état ou de maître. Se passe-t-on de cadastre, la valeur des propriétés reste alors absolument inconnue. Quant aux revenus des capitaux mobiliers, ils sont la plupart du temps ignorés ou insaisissables. On peut bien en frapper quelques-uns, comme les rentes sur l'État et les créances hypothécaires, parce que leur existence est constatée tant au grand livre de la dette publique que chez les notaires. Mais outre qu'il y a injustice à frapper certains capitaux en laissant échapper les autres, on n'atteint pas son but, car c'est le propriétaire du revenu qu'on veut imposer, et il trouve, en exigeant un plus haut intérêt, le moyen de se soustraire à l'impôt, et de le faire payer à l'emprunteur. On n'a réussi de la sorte qu'à élever l'intérêt de l'argent, tant pour l'État que pour les particuliers. Quant aux produits du travail individuel, ils sont plus insaisissables encore, car qui peut dire ce que gagne un marchand, un avocat, un médecin, un banquier?

Cet impôt unique reposant sur les revenus exactement connus de chacun, est donc un pur idéal impossible à réaliser. Les Anglais l'ont essayé, mais ils sont si assurés de se tromper, qu'ils s'efforcent de corriger les inévitables erreurs de cet impôt en le rendant très-modique, puisqu'il est de trois pour cent, c'est-à-dire d'un trente-troisième du revenu, et ne l'emploient, sous la désignation d'*income-tax*, qu'à titre de supplément, dans les temps difficiles, en ayant soin d'exempter tous les petits revenus, comme qui dirait une sorte de souscription, demandée aux classes aisées, pour venir au secours du trésor en détresse.

Supposez cependant que cet impôt chimérique, basé sur le revenu vrai de chacun, fût possible, il aurait encore un inconvénient grave, ce serait de s'adresser directement aux personnes, de leur demander à certains jours de l'année, tous les mois, tous les trois mois, ou tous les six mois, le montant de leurs contributions, et de les prendre souvent au dépourvu, ce qui arrive particulièrement aux classes malaisées, ordinairement peu prévoyantes, et d'ajouter ainsi à l'incommodité naturelle de l'impôt, quel qu'il soit, celle d'une exigence se produisant tout à la fois à un jour déterminé. C'est l'inconvénient attaché à tout impôt *direct*, et on appelle de ce nom celui qui va chercher *directement* les personnes, pour leur demander, ou une part du revenu de leur bien, ou une part des profits de leur travail. Or les gouvernements, beaucoup plus attentifs qu'on ne le croit à ménager la sensibilité du contribuable, ont tenu grand compte de cet inconvénient, et pour ce motif ont repoussé l'impôt *direct* autant qu'il a dépendu d'eux, et plus ils ont eu affaire à un pays riche, plus ils ont eu recours à l'impôt *indirect* que voici.

On peut, en effet, concevoir un autre impôt que cet impôt allant s'adresser nominativement aux personnes, pour leur demander une part de leurs revenus de tout genre ; on peut en concevoir un qui frappant à leur passage toutes les choses qui se consomment, aliments, vêtements, objets de luxe, matières premières elles-mêmes, se confond ainsi avec le prix de ces choses, et vient s'y ajouter. Cet impôt sur les denrées ou marchandises, qu'on appelle *indirect,* pour le distinguer du précédent, a un avantage bien grand sur le premier, c'est de prendre sa véritable place, en se plaçant dans le prix même des choses, dont l'impôt doit faire évidemment partie, car de même que la dépense des assurances contre les naufrages doit être comprise dans le prix des marchandises arrivées d'outre-mer, de même ce qu'il en coûte de protection sociale pour que les produits du travail humain s'accomplissent, doit devenir partie intégrante du prix de ces produits. Il en résulte ceci, par exemple, que l'impôt se trouvant confondu avec le prix de la marchandise sur le marché, s'acquitte successivement, insensiblement, au fur et à mesure de la consommation, de manière que le contribuable, qui généralement n'a pas de prévoyance, n'est pas obligé de songer à l'impôt, comme à son loyer ou à son fermage, et il arrive qu'en acquittant la dépense de tous les jours, il a en même temps acquitté sa part des charges publiques. De plus l'impôt est volontaire de sa part, en ce qu'il s'arrête dans sa dépense s'il ne croit pas pouvoir y suffire, et il ne paye dès lors des contributions que ce qu'il en veut payer, et en proportion des jouissances auxquelles il se livre. L'impôt est plus juste, car le riche qui consomme davantage des produits sociaux, paye en plus grande proportion ce qu'ils ont coûté à protéger, et celui qui par prévoyance, économie ou pauvreté, s'en abstient, est dispensé de payer une part des dépenses publiques proportionnée à son abstention. Cet impôt dit *indirect* est donc insensible, infiniment réparti, prévoyant pour le contribuable qui ne l'est pas, et en général plus juste.

Toutefois il a trois inconvénients, le premier d'être difficile à percevoir, le second de nuire quelquefois à la production, le troisième de céder sous la charge, si on veut l'augmenter outre mesure.

Il est difficile à percevoir, parce que portant sur tous les objets de consommation, il est obligé de se diversifier comme eux, de les suivre dans leurs mouvements, dans leurs transformations, de les attendre à l'entrée des villes, au passage des frontières, d'aller chez les contribuables en constater l'existence dans leur propre demeure (ce qu'on appelle du nom odieux d'*exercice*), quelquefois même de prendre la forme du monopole, et de débiter les choses après les avoir fabriquées, pour être plus sûr de trouver sa place dans leur prix. Il devient ainsi dispendieux, vexatoire, contraire à la liberté du commerce.

Il nuit aussi à la production, lorsque, portant sur certaines matières premières, il élève le prix des produits nationaux, qu'on a intérêt à fabriquer au meilleur marché possible, pour les faire accepter à l'étranger. On est alors obligé de recourir à des procédés compliqués, de restituer au moment de la sortie des produits fabriqués les droits antérieurement perçus, ce qui donne lieu à mille fraudes.

Enfin à l'avantage même d'être volontaire, puisque le contribuable ne paye cet impôt dit *indirect* qu'en voulant acheter, se trouve attaché un dernier inconvénient, celui de céder sous une forte charge, car du renchérissement des objets de consommation, suite de l'élévation des droits, il résulte que l'on ne consomme plus autant, et que l'impôt accru par les tarifs, au lieu de produire davantage, produit moins, par le fléchissement de la consommation. Il arriverait même de là qu'un gouvernement qui aurait tout à coup de grandes dépenses à faire, ne pourrait pas en demander le moyen à l'impôt *indirect*.

Telles sont, avec leurs avantages et leurs inconvénients, les deux grandes formes de l'impôt, l'impôt *direct*, qui s'adresse nominativement aux personnes pour en exiger telle ou telle part du revenu de leurs propriétés ou de leur travail, et l'impôt *indirect*, qui, saisissant tous les objets nécessaires à l'homme, se confond avec leur prix ; le premier, dur, forcé, mais certain ; le second, inaperçu, volontaire, se payant insensiblement, au moment où le contribuable a le goût et le moyen de consommer, mais par ce motif, difficile à percevoir, parfois dangereux au commerce, et incertain dans ses produits.

Savez-vous comment s'y prennent les gouvernements pour parer aux inconvénients de l'un et de l'autre? ils varient à l'infini leurs perceptions, ils ont recours à des contributions qui participent de ces deux natures d'impôt, s'ingénient de mille manières pour saisir l'instant où l'argent est plus facile à trouver, à demander, à obtenir, emploient mille précautions ingénieuses pour être moins à charge au contribuable, cédant sous ce rapport à une prudence qui est excellente en elle-même, qui vaut la sensibilité, et qui est de tous les temps, parce que dans tous les temps, je le répète, on a songé à ménager les peuples, par intérêt autant que par humanité.

C'est ainsi que les deux catégories principales d'impôt, le *direct* et l'*indirect*, se sont diversifiées à l'infini. La première idée de tous les gouvernements est de recourir d'abord à l'impôt direct. Tant par famille et par troupeau dans l'état nomade, tant par terre et par famille dans l'état agricole, voilà la première manière de s'y prendre. C'est en effet ce qu'on trouve dans les sociétés les moins avancées. L'impôt indirect naît bientôt après ; il naît sous forme de péage. Les marchands ont à passer avec leurs marchandises par tel port, pont, ou défilé : on leur fait payer un droit, qui est au début une sorte de rançon levée par le brigandage. Ils viennent débiter leurs marchandises dans tel marché fréquenté : le souverain du lieu leur fait payer un droit d'admission à ce marché. Avec le temps, ces impôts se civilisent en quelque façon ; ils s'adoucissent quant à la forme, et, quant au fond, ils deviennent plus légers en se divisant.

Ainsi au lieu de réclamer une aussi forte part du produit annuel de la propriété, on profite de l'instant où elle change de possesseur, pour exiger un droit de mutation. On pense que le moment où l'acheteur va être obligé d'en réunir toute la valeur dans ses mains, pour en acquitter le prix au vendeur, sera le mieux choisi pour leur demander à l'un ou à l'autre une part de cette valeur, 1 ou 2 pour cent, par exemple, mille ou deux mille francs sur cent mille. Ce sera celui des deux contractants qui aura le plus de penchant à traiter, qui supportera cette charge. Mais elle n'en sera pas moins réelle, quoique l'occasion soit bien choisie, car une terre dont le capital d'achat s'est élevé ne représente plus le même produit.

De même si le père ou l'oncle mourant lègue une terre, une maison, à un fils ou à un neveu, l'occasion est encore opportune pour prélever une redevance sur la transmission, car celui qui devient riche, ou du moins aisé, ne doit pas regarder autant à payer une somme, qui n'est après tout, si l'impôt est modéré, qu'une légère diminution de la richesse ou de l'aisance qui lui arrive. Si la succession n'est pas directe, si elle n'est pas du père au fils, mais de l'oncle au neveu, ou même d'un parent éloigné à un autre parent éloigné, il est concevable que le droit augmente, car moins la succession est naturelle, plus elle est une œuvre des conventions sociales qui protégent la propriété, plus elle doit à la société, c'est-à-dire au fisc qui la représente. Toutefois si par sa quotité l'impôt était une manière hypocrite de confisquer la propriété elle-même, il serait une vraie fourberie du gouvernement, qui serait puni par la fraude du contribuable. Tout collatéral qui verrait le quart ou le tiers de sa succession exposé à la confiscation après sa mort, dénaturerait ses biens, leur donnerait la forme immobilière et insaisissable, pour échapper aux exactions du fisc; et l'État serait puni comme il l'est toujours de toute exagération de tarif.

Cette nature de contribution, qu'on appelle droits de *mutations* et de *successions*, participe de l'impôt direct, par la propriété sur laquelle elle repose, et cependant est variable comme l'impôt indirect, dépend du mouvement des choses, hausse ou baisse avec la prospérité régnante, comme les droits sur les consommations. C'est un véritable droit indirect sur la propriété. On a imaginé aussi d'atteindre les transactions qui ne se font pas par acte notarié, en exigeant que le papier qui en renferme les stipulations, ou qui sert également dans les actes judiciaires, portât un timbre, qui ne s'appose que moyennant un droit. C'est l'impôt du timbre, que l'État perçoit en faisant vendre à bureau ouvert ce qu'on appelle le *papier timbré*.

Enfin, bien que la justice doive être gratuite dans tout pays libéralement constitué, cependant il est naturel d'exiger de ceux qui s'adressent à elle certaines redevances sur les actes judiciaires, car d'une part, ayant recours à elle plus que d'autres, ils doivent quelque chose de plus à un service dont ils aggravent les charges, et d'autre part, au milieu des dépenses que des contendants obstinés font pour disputer une propriété, ils sont peu sensibles, comme celui qui vend ou achète, à une petite fraction de dépense ajoutée à celles qu'ils supportent pour acquérir ou conserver le capital lui-même.

De même que l'impôt frappé sur la propriété se diversifie à l'infini, et se percevant au moment des mutations ou contestations dont elle est l'objet, devient presque un impôt indirect, de même l'impôt qui se perçoit sur les profits du travail se diversifie de cent façons.

Ainsi, quelquefois il frappe sur les personnes par tête, sans tenir compte de leurs facultés, et alors il s'appelle *capitation*. Quelquefois il les frappe par tête en tenant compte de leurs ressources diverses, et on cherche à reconnaître ces ressources aux signes les plus vraisemblables. En France, nous cherchons à atteindre les personnes par une capitation graduée qui s'appelle impôt *personnel et mobilier*. Chaque individu paye pour sa personne trois journées de travail, 3 francs, 4 francs 50 centimes, suivant les pays, et de plus une addition proportionnée à son loyer, signe ordinairement le plus sûr de l'aisance de chacun, de façon que le paysan payera 3 francs, l'habitant d'un hôtel à Paris 500 francs, 1,000 francs, 1,500 francs.

Pour être plus certain encore d'atteindre les personnes proportionnément à leurs facultés, on s'adresse à toutes celles qui exercent des professions industrielles, on les range en diverses classes, et on leur impose une patente qui s'élève depuis 30 francs jusqu'à 2,000 francs, quelquefois à davantage.

Nous avons un autre impôt gradué sur les fortunes : c'est l'impôt sur les portes et fenêtres, qui, frappant les habitations d'après le nombre des ouvertures, les frappe suivant le luxe du logement.

Après ces impôts, qui ont pour but d'atteindre les divers genres de revenus, en s'adressant soit aux propriétés, soit aux personnes, et qui ont la forme tantôt directe, tantôt indirecte, viennent les impôts véritablement *indirects*, portant sur les consommations. Ainsi, tandis qu'on ose rarement frapper les aliments de première nécessité, tels que le pain, on hésite moins à frapper les liqueurs, qui tantôt se consomment honnêtement, à titre d'aliments et dans le sein de la famille, tantôt et plus souvent se consomment à titre de débauche au sein des cabarets.

Y a-t-il, par exemple, une production de peu de valeur, comme le sel, dont le besoin est universel, que les consommateurs sont obligés de venir chercher à un seul endroit, les marais salants? Les gouvernements, frappés de l'universalité de l'usage et de la facilité de saisir l'objet à son point de départ, établissent un impôt sur le sel. Ils l'ont fait dans tous les temps, dans tous les pays, plus ou moins durement, suivant les époques de civilisation ; mais ils l'ont tous fait. C'est une espèce de capitation, car tous les habitants d'un pays la payent également, mais une capitation rendue presque insensible parce qu'elle se cache dans une consommation.

Enfin, le principe de l'impôt indirect étant de frapper les consommations ou les plus générales, ou les plus faciles à saisir, ou les moins intéressantes, dès que la feuille végétale connue sous le nom de *tabac* s'est introduite en Europe, on a songé à l'imposer. Utile aux marins contre le scorbut, aux militaires contre les souffrances du bivouac, elle n'est chez les habitants paisibles de nos cités qu'un vice, vice peu élégant, peu digne de faveur, mais digne d'encouragement dans l'intérêt des finances. Les gouvernements, ne s'astreignant à nulle gêne à l'égard d'une consommation qui est un vice, ont cherché le moyen le plus sûr de percevoir l'impôt, et ils ont imaginé de fabriquer eux-mêmes le tabac : c'est ce qu'on appelle le monopole du tabac. Dans les temps de raison, tout monopole était un sujet de reproche, car l'État ne doit rien fabriquer que les canons, la poudre, les vaisseaux de guerre, un tel soin ne pouvant être délégué à personne. Toutefois l'intérêt attaché à l'entière perception d'un impôt qui en France rend 120 millions, a fait négliger le reproche adressé à ce monopole.

Certains services, comme les postes, ont fourni à tous les États, en les faisant payer un peu plus cher qu'ils ne coûtent, l'occasion d'un revenu.

Telles sont les diversités infinies des impôts dans les États modernes. Ils varient suivant les lieux, et suivant la forme que la richesse prend chez chaque nation.

Pareils aux eaux qui, en suivant certaines directions souterraines, se réunissent en certains endroits du sol, d'où elles jaillissent en sources abondantes, les impôts prennent des formes appropriées à chaque pays, et se révèlent d'eux-mêmes aux gouvernements qui savent observer la nature. En Angleterre, par exemple, pays insulaire, de vaste commerce, la richesse tout entière passe par le rivage. Dans cette même Angleterre, pays d'immense consommation, et où les boissons se fabriquent en grand dans quelques ateliers peu nombreux, l'*excise*, perçue au moyen d'une vérification chez quelques brasseurs, fournit avec les douanes presque tout le produit de l'impôt. Un simple supplément sur le revenu des personnes, sans aucune contribution foncière, procure le complément nécessaire. En Hollande, pays de commissionnaires maritimes, faisant pour tous les peuples le commerce des transports, des redevances sur le tonnage des vaisseaux, sur le passage à travers certains canaux ou ports, fournissent la principale source des revenus. En Lombardie, pays agricole, on songe à imposer tout produit de la terre qui se déplace, jusqu'au chariot de foin qui se rend de la ferme au marché. (Je parle ici de ce qui existait antérieurement à 1789, avant que la Révolution française eût contribué à effacer le caractère propre à chaque pays.) Enfin en France, pays qui est à la fois agricole, industriel et commerçant, on voit se former une combinaison de ces divers impôts, et une des plus équitables qui existent dans le monde.

Les impôts ont ainsi le caractère des pays et des lieux : ils sont établis en général là où la richesse se montre. On peut et on doit successivement en rendre la forme plus juste et plus douce; mais il y a danger à vouloir supprimer ceux qu'un long usage a consacrés et convertis en habitude, pour leur en substituer de nouveaux, dont la nature d'un pays longtemps observée n'avait pas suggéré l'idée. C'est chercher l'eau là où elle ne jaillit point. Il faut alors creuser profondément pour la trouver, et tenter de grands efforts pour l'amener à la surface du sol. Une autre remarque très-fondée, c'est que plus ils sont diversifiés, moins ils pèsent. On a reconnu, en fait de gymnastique, qu'un homme qui serait accablé sous un poids réuni en un seul volume le porte aisément s'il est réparti sur tout son corps. La même observation est applicable à l'impôt.

Ce sont des motifs de cette nature qui en général ont dirigé la conduite des gouvernements. On croit que dans tous les temps ils n'ont songé qu'à accabler les peuples, à les pressurer, à décharger le riche pour écraser le pauvre. C'est là une parfaite ignorance de l'histoire. Ils ont cherché à obtenir le plus d'argent avec le moins de souffrance possible, comme dans tous les pays l'homme, cherchant à utiliser la force des animaux domestiques, s'est appliqué à s'en servir de la manière la moins douloureuse pour eux, et qui leur permettait de déployer le plus de force. Ainsi, il attelait le bœuf par la tête, le cheval par le poitrail. On voit que je n'aspire à flatter par ma comparaison ni gouvernements ni peuples. J'aspire à faire saisir la vérité. Les gouvernements, en un mot, ont été oppresseurs le moins qu'ils ont pu. Ils ont cherché à percevoir beaucoup en faisant souffrir peu, parce que chaque souffrance épargnée était, comme je l'ai déjà dit, une ressource économisée pour de nouvelles créations d'impôt. Ce n'était pas le fisc qui avait tort chez eux, c'était leur politique, tour à tour follement belliqueuse ou follement somptueuse, et toujours imprévoyante. Le fisc faisait comme il pouvait, le moins mal qu'il pouvait, sans compter que souvent il était dirigé par des ministres pleins de sagesse comme Sully, ou de génie comme Colbert, ou d'humanité comme Turgot, lesquels s'efforçaient de rendre les hommes heureux en rendant les gouvernements prévoyants et sages.

CHAPITRE V.

DE LA DIFFUSION DE L'IMPÔT.

Que l'impôt se répartit à l'infini, et tend à se confondre avec le prix des choses, au point que chacun en supporte sa part, non en raison de ce qu'il paye à l'État, mais en raison de ce qu'il consomme.

N'ayant point ici pour but d'écrire un traité sur les finances, je n'ai retracé les principales formes de l'impôt que pour indiquer l'esprit dans lequel ont agi les divers gouvernements, et persistant dans le point de vue de mon sujet, je vais rechercher laquelle de ces formes est plus ou moins avantageuse au peuple, c'est-à-dire plus onéreuse au riche, plus légère au pauvre. Je n'hésite pas à déclarer que c'est la dernière qu'il faut sincèrement préférer, par habileté autant que par un genre de bonté qui est dans tous les cœurs honnêtes. Malheureusement il n'y a aucun impôt qui présente véritablement ce caractère. De même que pour nos sens trompés par les apparences, c'est le soleil qui tourne et non la terre, de même tel impôt paraît peser sur une classe, tel impôt sur une autre, sans qu'il en soit rien. L'impôt en réalité le meilleur, même pour le pauvre, est celui qui convient le mieux à la fortune générale de l'État, fortune qui est celle du pauvre beaucoup plus que celle du riche, ce dont on n'est jamais assez convaincu. Quant à la manière dont l'impôt se répartit entre les diverses classes, ce qu'on peut avancer de plus vrai, c'est qu'il se répartit en proportion de ce que chacun consomme, par la raison, fort ignorée j'en conviens, et fort peu comprise, que l'impôt se répercute à l'infini, et de répercussion en répercussion devient en définitive partie intégrante du prix des choses. De la sorte, celui qui achète le plus d'objets est celui qui paye le plus l'impôt. C'est ce que j'appelle la *diffusion* de l'impôt, d'une expression empruntée aux sciences physiques, qui appellent *diffusion* de la lumière ces réflexions innombrables par suite desquelles la lumière, ayant une fois pénétré dans un milieu obscur par la plus légère ouverture, s'y répand en tous sens, et de manière à atteindre tous les objets qu'elle rend visibles en les atteignant. Je n'ai aucun penchant pour les opinions singulières; je n'aime que les opinions communes, tout comme en fait d'esprit je n'aime que le sens commun. Si celle-ci n'était que singulière, elle ne serait pas de mon goût; mais elle est rigoureusement vraie, et je vais l'exposer, pour tâcher de faire cesser beaucoup d'erreurs, fort nuisibles aux classes pauvres, qu'on a tant à cœur de servir.

L'impôt au premier aspect paraît payé, tandis qu'il n'est qu'avancé, par celui auquel on le demande, et qu'il est supporté en réalité par tous dans une proportion que je vais essayer d'indiquer.

Un manufacturier qui fabrique une étoffe est obligé de se conduire de la manière suivante, ou de périr. Il paye l'impôt foncier sur sa fabrique, le droit de douane sur la laine, sur le coton ou le fer, selon qu'il travaille l'une de ces matières, le droit de douane sur les machines qu'il emploie, sur la houille qu'il brûle, le salaire de l'ouvrier qui, s'il est de 3 francs dans l'intérieur de Paris, sera de 2 francs en dehors de la ligne des octrois, parce qu'il faut rembourser sous forme de salaire les impôts qu'a supportés l'ouvrier sur toutes ses consommations. Ce même manufacturier paye sa patente proportionnée à l'importance de son industrie, son impôt personnel et mobilier proportionné à l'étendue des bâtiments qu'il occupe; il paye enfin tous les autres impôts qui pèsent sur les matières qu'il consomme lui-même. Il joint ces divers déboursés aux frais de fabrication, et il en compose le prix de revient, prix auquel il est obligé de vendre le produit manufacturé dont il est le fabricant. Il est possible qu'il ne se rende pas compte à lui-même de tous les éléments qui concourent à former ce prix de revient, et tous les jours, en effet, nous voyons dans les enquêtes industrielles qu'il ne s'en rend pas un compte exact. Mais, sciemment ou non, il n'en obéit pas moins à la nécessité de retrouver dans le prix de ses produits tous ses déboursés, plus un certain bénéfice, n'importe lequel, mais un bénéfice quelconque. Supposez qu'il ait eu l'art d'attirer les acheteurs à lui, et que le goût de ces acheteurs, très-prononcé pour ses produits, lui procure un bénéfice supérieur à ceux qu'on obtient dans d'autres industries : qu'arrivera-t-il? A l'instant même des concurrents se présenteront pour réduire ces bénéfices. Ainsi, un père veut établir ses enfants. Il sait que dans la filature du lin, ou dans la fabrication du sucre, ou dans celle du fer, il s'est fait récemment des profits considérables; il forme pour ses enfants un établissement de ce genre, il augmente la masse du produit qui donnait des bénéfices supérieurs à ceux des autres industries, et finit bientôt par amener la réduction de ces bénéfices. Là où il y avait gain, il y a perte. L'heureux fabricant qui gagnait trop naguère, voit sa prospérité interrompue. Néanmoins il résiste un certain temps, il consent à fabriquer à perte, pour ne pas abandonner son industrie, et il se résigne passagèrement à ne pas recouvrer tous ses frais, impôts et matières premières. Si la perte s'arrête, il persévère; si elle continue, il se retire, afin de ne pas se ruiner. En un mot, il ne persiste dans son industrie qu'autant que d'une manière continue il fait un petit bénéfice, si petit qu'il soit, mais un bénéfice, comprenant tous les déboursés que j'ai énumérés, avec une légère plus-value.

L'impôt avancé par lui doit donc se retrouver toujours dans le prix des marchandises qu'il a fabriquées, et l'acheteur paye cet impôt avec ces marchandises elles-mêmes. L'impôt contribue-t-il à en augmenter le prix au delà du goût de l'acheteur, celui-ci se calme et en demande un peu moins. Son goût est-il supérieur à la cherté, il persiste, et en payant il fait fabriquer en quantité proportionnée à ses désirs la marchandise qui lui a plu. En définitive, l'impôt est partie intégrante du prix des choses, et c'est le penchant de l'acheteur pour ces choses qui le détermine à en payer une part plus ou moins considérable.

En est-il ainsi pour les seuls produits manufacturés? Pas du tout. Le fermier qui sème du blé, qui élève des troupeaux, doit retrouver lui aussi dans le prix des denrées ou des moutons, non-seulement le fermage, la semence, les journées d'ouvriers influencées par les impôts que payent ces ouvriers eux-mêmes, mais son impôt foncier, son impôt personnel, sans quoi il abandonnerait son état de fermier, et de la sorte le pain, le vin, la viande arrivent au consommateur chargés de frais de tout genre, dont l'impôt foncier forme une notable partie. Le premier n'a donc fait, comme tous les autres producteurs, que l'avance de l'impôt, avance dans laquelle il doit rentrer ensuite, s'il veut continuer un métier qui autrement serait ruineux.

L'ouvrier, qui est le plus dépendant des coopérateurs employés à la confection de tous les produits, est lui-même dans une position exactement semblable. Il faut qu'il retrouve forcément dans son salaire le prix des impôts qu'il a payés, car autrement il changerait de profession, ou bien il y mourrait de misère, et si ce n'était lui ce seraient ses successeurs qui abandonneraient une profession devenue impossible pour eux. La preuve qu'il en est ainsi, c'est qu'un ouvrier qui travaille dans l'intérieur de Paris recevra un salaire très-supérieur à celui qui travaillera en dehors, par la seule raison que le premier aura à payer les octrois dont sera dispensé le second. Ainsi encore celui qui travaille à Paris est plus payé que celui qui travaille à Rouen ou à Nevers, la profession bien entendu étant semblable, et le rang dans la profession l'étant aussi.

Celui, par exemple, qui file le coton dans l'intérieur de la ville de Rouen recevra 2 francs, quand celui qui à la campagne se consacre au tissage dans sa petite chaumière, se contente de 30 sous, et s'en trouve même beaucoup plus heureux. Mais est-ce bénévolement que le fabricant paye l'un 40 sous, et l'autre 30? Non sans doute. Il a besoin de l'ouvrier dans l'intérieur de la ville, et il lui paye ses impôts en lui donnant 40 sous au lieu de 30. Un marchand de meubles a intérêt à faire fabriquer des meubles à Paris, parce que la renommée de goût acquise aux fabricants de cette grande capitale assure à leurs produits un prix beaucoup plus élevé. En même temps tout est plus cher à Paris à cause des impôts. Le marchand dont il est question, pour y attirer l'ouvrier, le paye 4 francs au lieu de 2.

Ainsi l'impôt répercuté à l'instant même vient prendre place dans le prix de chaque chose, prix qui est déterminé à la fois et par les charges dont on l'a augmenté, et par le besoin qu'en ont les consommateurs, s'il s'agit de choses nécessaires, ou par leur goût seulement, s'il s'agit de choses de pure jouissance. Mais si l'impôt les a trop fait renchérir, le besoin se restreignant, le goût se contenant, la consommation diminue, et le produit de l'impôt avec elle. En fin de compte, le penchant à se procurer chaque objet détermine son vrai prix, et par suite la participation de chacun de nous à l'impôt. C'est au fisc à ne pas charger certaines productions pour ne pas en éloigner l'acheteur, s'il y a intérêt à les étendre.

Ces répercussions sont encore plus nombreuses qu'on ne pourrait le rendre par la parole, car le pain va se trouver chargé de l'impôt qui a frappé la terre, des portions d'impôt qui ont frappé le vêtement du laboureur et le soc de la charrue; le fer qui a servi à fabriquer ce soc de charrue va se trouver chargé de l'impôt foncier sur la forge, de l'impôt de douane sur la houille et sur les machines, de tous les impôts sur le pain et sur les vêtements. Le vêtement sera frappé à son tour des surenchérissements qui l'atteignent directement ou indirectement par les mille et mille répercussions que je viens de retracer. Plus même un produit sera compliqué, plus il sera produit de luxe, plus il aura passé par de nombreuses mains pour arriver à sa perfection, plus il sera coûteux enfin, et plus il aura reçu de ces renchérissements successifs, résultant des mille coups et contre-coups de l'impôt. Ainsi une voiture de grand prix, dans laquelle il entrera du bois, du fer, des cuirs, des glaces, des soieries, des vernis, qui aura employé des ouvriers de toute espèce, sera plus chargée de ces surenchérissements, provenant de tous les genres de contributions qui représentent la protection sociale. Si on pouvait en un mot soumettre tous les objets dont l'homme se nourrit, se vêt, se pare, se délecte l'âme et le corps, à une analyse morale aussi parfaite que l'est l'analyse chimique, on retrouverait dans leur valeur vénale des portions plus ou moins considérables de tous les impôts, et on les y trouverait en parcelles infiniment divisées. En somme, la valeur d'une chose étant le composé de tous les genres de travail qui ont concouru à la produire, le travail de la protection sociale représenté par l'impôt doit être l'un des éléments essentiels qui sont entrés dans ce composé; dès lors celui qui consomme le plus de toutes choses, est celui qui paye la plus grande part des impôts, et par une loi des plus sages, des plus rassurantes de la Providence, de quelque façon que s'y prennent les gouvernements, le riche est après tout le plus soumis à l'impôt.

De cette théorie rigoureusement vraie faudrait-il conclure que tous les systèmes d'impôt sont indifférents? Dieu me préserve de soutenir une pareille hérésie. D'abord il y a l'égalité de l'impôt, à laquelle on ne pourrait manquer sans produire, avec une injustice criante, de funestes effets. Remontez, par exemple, au temps où toute terre ne payait pas l'impôt : pour celle qui en était dispensée, le blé revenait évidemment à meilleur marché, ce qui ne la privait pas de le vendre aussi cher que le blé provenant de la masse des terres imposées, et ce qui constituait la plus injuste des faveurs. Supposez un fabricant qui aurait un secret pour produire à meilleur marché, celui-là ferait un profit de plus, très-légitime s'il le devait à son génie, illégitime s'il le devait à une faveur. C'était le cas du propriétaire noble. Figurez-vous une localité moins imposée qu'une autre, celle-là aurait également la faveur très-injuste de produire à meilleur marché, quand les autres produisent plus cher, sans être privée de vendre au prix général. Supposez enfin un fabricant qui échapperait par la contrebande au droit sur la matière première, il y aurait encore pour lui une exception consistant à produire à meilleur marché, sans vendre moins cher que ceux qui ne jouiraient pas de l'exception. L'égalité de l'impôt, comme égalité des conditions de la production pour tous, est donc la première de toutes les lois.

Il reste d'autres considérations dont il faut se préoccuper, et qui font que les impôts sont loin d'être indifférents. S'il est vrai que l'impôt rejeté dans le prix des choses ne soit qu'avancé par celui qui le paye, l'avance n'en est pas moins une charge dont il doit être tenu grand compte, car elle peut ne pas rentrer assez vite, elle force souvent les valeurs à des mouvements détournés, et pèse directement sur celui qui la supporte, en attendant que les prix se soient gradués d'après le tarif. L'impôt, par cela seul qu'il se répercute sur toutes les productions, en rend certaines plus chères, et, sous ce rapport encore, il peut avoir des conséquences plus ou moins graves sur la production de celles qu'il fait renchérir. Enfin il peut coûter plus ou moins de vexations ou de dépenses par suite du mode de perception, et, par toutes ces raisons, il mérite une très-grande attention.

L'observation attentive des faits n'en donne pas moins le résultat suivant, c'est que l'impôt, à l'instant où il est acquitté à titre de contribution foncière sur une terre ou sur une usine, à titre de droit de douanes sur une matière première passant aux frontières, à titre d'octroi sur une denrée passant aux portes d'une ville, frappe momentanément celui qui le paye, mais bientôt remboursé avec le prix des choses par l'acheteur, finit par ne retomber que sur l'acheteur même, en proportion de ses achats, et je ne puis mieux comparer ce qui se passe ici qu'à ce magnifique phénomène de la lumière, laquelle commence par tomber en ligne directe sur les objets, et s'appelle dans ce moment *lumière rayonnante*, puis se réfléchit des uns sur les autres, remplit l'atmosphère comme un fluide, atteint et rend visibles les objets mêmes qui ne sont pas exposés à son rayonnement direct, et, dans ces répercussions infinies, qui font que tout objet en a sa part, s'appelle alors *lumière diffuse*. C'est pour cela que j'ai appelé diffusion de l'impôt ce phénomène économique.

Et je vais tout de suite aux conséquences. On dit : il faut augmenter l'impôt sur la propriété parce qu'il frappe le riche, et diminuer l'impôt sur les consommations parce qu'il frappe le pauvre, ou en d'autres termes augmenter l'impôt *direct,* diminuer l'impôt *indirect.* Or en négligeant cette considération que la propriété foncière est dans les mains du pauvre en France, vu que chaque paysan en a un morceau, en la supposant un moment plus concentrée qu'elle ne l'est, je poserai la question qui suit : Est-il vrai oui ou non que l'impôt sur la terre agira plus ou moins sur le prix du blé ou de la viande, selon qu'il sera plus ou moins élevé, par la raison que le fermier qui cultive les céréales ou élève des troupeaux sera obligé de recouvrer ses frais, et que l'impôt sera partie de ces frais? Eh bien! par l'impôt foncier vous faites renchérir le pain et la viande du peuple. Cela vaut-il mieux que de faire renchérir le vin qu'il boit au cabaret? On va frapper un impôt sur tel objet de luxe : on en diminue ainsi la production; les ouvriers qui le produisaient se rejettent sur d'autres professions, dont ils avilissent les salaires. Est-ce encore là un moyen de se rendre utile aux classes pauvres? Les manières d'agir sur l'impôt les plus en vogue aujourd'hui supposent donc des vues très-courtes, et pourraient être bien funestes : c'est ce que je montrerai dans le chapitre suivant.

CHAPITRE VI.

DU BIEN ET DU MAL A PRODUIRE PAR L'IMPÔT.

Que les modifications au système des impôts les plus désirables dans l'intérêt des classes laborieuses, ne sont pas celles qui sont le plus généralement proposées.

On voit donc que le bien, le mal ne sont pas si faciles à faire ou à éviter qu'on le pense, et qu'en prenant la résolution de dégrever les impôts indirects, de grever les impôts directs, on n'a pas plus assuré l'amélioration du sort du pauvre que l'aggravation du sort du riche.

Je ne sais pas un impôt, depuis que la révolution française a établi l'égalité entre tous les citoyens, depuis qu'elle a supprimé la distinction entre les terres nobles et les terres roturières, opéré autant que possible la peréquation entre toutes les parties du territoire, supprimé certaines formes de perception, aboli les exemptions, les faveurs exceptionnelles, je ne sais pas un impôt qui n'ait sa raison, et dont la suppression ne doive entraîner l'aggravation d'autres impôts fort onéreux pour la masse des contribuables.

On se plaint de l'impôt indirect, de celui qui frappe sur le peuple des villes, car c'est ce peuple qui est toujours préféré à l'autre, on voudrait supprimer ou réduire cet impôt, et assurément, si on peut le diminuer, je ne demande pas mieux. Mais déjà nous avons éprouvé, il y a dix-huit ans, que la diminution de l'impôt sur les boissons a profité à quelques cabaretiers plutôt qu'au vrai peuple. Quoi qu'il en soit, j'admets un nouvel essai en ce genre, si on y tient. Mais sur quel impôt reportera-t-on la charge? Sur l'impôt que paye le riche, dira-t-on. Je le veux bien ; le riche s'y résignera volontiers, si ce sacrifice doit lui rendre la bienveillance des classes laborieuses faussement excitées contre lui. Mais comment ferez-vous pour trouver un remplacement? On ne peut guère compter sur la réduction des dépenses de l'État,

quand pour le service seul de l'instruction publique on demande 70 ou 80 millions de plus par an, quand on veut augmenter les établissements de bienfaisance, soutenir au dehors la cause de certains peuples, etc...
Il faut donc d'autres ressources pour remplacer celles qu'on supprimera. Créera-t-on des impôts de luxe, un impôt sur les chevaux, par exemple? J'y consens pour ma part; mais les classes riches sont si peu riches en France, que les impôts de luxe, qui rendent 30 millions en tout et pour tout en Angleterre, ne rendront pas 10 millions en France. Mais, dans l'obligation où l'on est chez nous de suppléer à ce que la richesse ne peut pas faire, faute d'être assez riche, et par suite d'encourager l'éducation des chevaux, on dépense dans les haras de deux à trois millions par an : ne sera-t-il pas singulier d'en dépenser trois d'un côté pour encourager l'éducation des chevaux, et de la décourager de l'autre, en cherchant à en percevoir un ou deux sur ces mêmes chevaux? Soit, je ne dispute pas; mais cinq ou six millions ne sont pas un dédommagement pour les cent ou deux cents millions de réduction à opérer dans le régime de nos impôts. On établira un impôt sur le revenu, soit encore. Mais si vous frappiez le riche, depuis celui qui a dix ou quinze mille francs de revenu, jusqu'à celui qui en a cent mille et au-dessus, vous n'obtiendriez pas quinze millions de produit. Il faut, pour obtenir un résultat digne d'attention, descendre au grand nombre, à la très-petite aisance, au petit marchand, à l'artisan même. Eh bien, les souffrances du patentable, qui en

ce moment expire sous le fardeau de ses contributions, et auquel on est obligé de remettre une partie de la surcharge des 45 centimes, ne vous apprennent-elles pas que tout le monde est à la gêne, que la limite des facultés est partout atteinte, et que ce n'est qu'en s'abstenant de charger chaque contribuable plus qu'il ne l'est, qu'on peut lui rendre l'existence supportable. Le peuple souffre aujourd'hui comme nous ne l'avons jamais vu souffrir. Est-ce par suite de quelque malice des classes supérieures, qui voudraient lui refuser le boire et le manger? Assurément non : c'est parce que les riches, épouvantés, privés de leurs revenus, ne font pas travailler le marchand, le boutiquier, et que ceux-ci, tout aussi gênés, ne font pas travailler le peuple. Attaquer le haut, c'est donc du même coup attaquer le bas. Croyez-vous qu'en frappant l'homme à la tête, vous lui causiez moins de mal qu'en le frappant aux bras et aux pieds?

Enfin remplacerez-vous les impôts abolis en surimposant la propriété? Mais la propriété foncière, en France, est infiniment divisée. Sur 11 millions de cotes foncières, il y en a 5 millions au-dessous de 5 fr., 1751 mille de 5 à 10 fr., 1500 mille de 10 à 20 fr., et 13 mille seulement au-dessus de 1,000 fr. La terre est donc, en France, dans la main du pauvre, bien plus que du riche. Toutefois cette considération n'est pas la plus importante, car après tout l'impôt est remboursé, avec le temps, à celui qui le paye. Mais une production dont on a augmenté les frais reste toujours fort en arrière de celles dont les frais n'ont pas été accrus, et quand vous augmenterez les frais de l'agriculture, c'est à son développement que vous aurez nui. Vous aurez nui et à la culture des céréales, et à l'éducation du bétail ; vous aurez fait que le pain sera plus cher, et surtout que la viande le sera davantage. Vous aurez donc atteint les objets essentiels. On s'étonne souvent, et avec exagération, de l'infériorité de l'agriculture française, par rapport à celle de tel autre pays, l'Angleterre notamment, et on ne veut pas en voir la raison. Il n'y a pas, en Angleterre, d'impôt foncier. Il a été racheté par M. Pitt à 20 millions près. L'agriculture française supporte 280 millions de contribution que ne supporte pas l'agriculture anglaise, sans compter la différence résultant au profit de celle-ci de lois protectrices, récemment abolies en Angleterre, et trop complétement abolies peut-être. On s'en prend à l'ignorance de notre paysan, qu'on dénigre beaucoup trop. Croit-on qu'il ne sache pas que sur une terre qui a donné du froment une année, on peut l'année suivante recueillir une nouvelle récolte, moyennant qu'elle soit d'une autre nature, et qu'on y emploie beaucoup d'engrais? Il est assez instruit pour savoir qu'en variant les cultures, en multipliant les engrais, on peut tous les ans, de toute terre, tirer une récolte, et renoncer aux jachères. Il sait cela ; mais, chargé de frais, il ne peut aisément se procurer de l'engrais, c'est-à-dire du bétail, c'est-à-dire de l'argent. La différence de produit entre un sol et un autre consiste beaucoup moins dans la fertilité naturelle de la terre que dans les capitaux. Vous trouverez, en Afrique et en Orient, des contrées magnifiques qui sont tout à fait improductives, et vous trouverez entre Rotterdam et Anvers, sur des sables stériles, la plus belle culture de l'univers, parce qu'il y a des capitaux en Hollande, et point en Orient et en Afrique. Allez dans les sables des Landes, dans les sables de la Prusse : y a-t-il quelque part un gros bourg, une ville, vous voyez tout autour la fécondité remplacer la stérilité. Trop imposer la terre, c'est frapper non pas tant l'agriculteur que l'agriculture elle-même, en augmentant les frais de celle-ci, bien que l'agriculteur se ressente aussi de l'amoindrissement de son industrie.

Maintenant voudriez-vous puiser à d'autres sources les impôts qu'on désire abolir? Où trouver ces sources? Ce ne serait pas en surimposant les produits étrangers, qui supportent des droits de douane calculés d'après l'intérêt de l'industrie et du commerce. Voulez-vous que je vous indique là une réforme urgente, à laquelle il faudrait songer bien plus qu'à celle qui tendrait à rendre le cabaret plus accessible? Votre grande navigation périt faute de fret, c'est-à-dire de matière à transporter. Vous avez dans une période de trente années perdu peut-être un quart des bâtiments de quatre à cinq cents tonneaux allant aux Antilles, en Amérique, au delà des deux caps. Pourquoi? parce que le sucre, entre autres, fourni en partie par l'agriculture de la métropole, ne l'est plus par les pays d'outre-mer, et que cette matière de grand encombrement manque à notre navigation. On pourrait s'en procurer d'autres, telles que le coton ou la houille, matière de très-grand encombrement, mais il faudrait la disputer aux Américains et aux Anglais, et ce serait commencer une affreuse guerre de tarifs, avec les Américains qui portent le coton, avec les Anglais qui portent la houille. En diminuant le droit sur le sucre, ce qui n'aurait aucun inconvénient pour nos relations commerciales, ce qui les étendrait au contraire, on augmenterait la consommation de cette denrée alimentaire, on donnerait du fret à 2 ou 300 bâtiments, et comme ce sont 3 ou 400 qu'il en faudrait recouvrer pour revenir à l'état désirable et regretté, il s'agirait pour relever notre marine de se résigner à perdre 15, 20 millions sur l'impôt du sucre, car, quoi qu'on en dise, il n'est pas certain que l'augmentation de la consommation rendit prochainement ce qu'on aurait perdu par le changement des tarifs.

Voilà le vrai point de vue duquel il faut considérer les impôts. Il n'est pas vrai que le pauvre paye plutôt ceux-ci que ceux-là, car, ainsi que je l'ai fait voir, l'impôt va se confondre bientôt avec le prix des choses, et c'est l'acheteur qui, en définitive, supporte les charges publiques en proportion de ses consommations. Mais la vérité c'est qu'en affectant le prix des choses, on favorise telle production de préférence à telle autre, et qu'il reste à savoir si dans l'intérêt de l'État, qui, je le répète, est celui du peuple plus que de toute autre partie de la nation, la production qu'on favorise est bien celle qui le mérite davantage. Eh bien, je demanderai si pour diminuer les boissons, il convient de faire augmenter le prix du pain ou de la viande, s'il convient de frapper les objets de luxe, dont la moindre production amène la misère à tel point qu'on est immédiatement obligé de donner des primes à la soierie, à l'ébénisterie, etc.; s'il conviendrait enfin de renoncer à telle ou telle réforme, qui, en ravivant notre marine, rétablirait cette grandeur navale sans laquelle il n'y a point de débouchés assurés. Quant à moi, j'en doute fort; mais enfin il est facile de reconnaître qu'il y a là des intérêts très-divers, très-compliqués, et que le bien n'est pas précisément où il paraît être au premier aspect.

Au surplus je suis frappé d'une considération, c'est qu'ici, comme toujours, on songe exclusivement aux populations agglomérées dans les grandes villes, qu'on s'applique à les flatter, que même on les trompe en les flattant, car elles ne gagneraient pas à la diminution des impôts indirects tout ce qu'on leur promet, et que c'est à elles qu'on sacrifie cet ensemble d'intérêts divers, qui composent l'intérêt général tel que je viens de le décrire. Pour ma part, lorsque les circonstances le permettront, j'aimerais bien mieux diminuer l'impôt du sel, qui pèse principalement sur le peuple le plus intéressant, le plus nombreux, le plus souffrant, celui des campagnes. Et quoique les impôts diminués ne servent pas toujours à ceux qui jouissent en apparence de la diminution, quoique 2 francs par tête gagnés par les paysans ne fussent pas un bien réel, un bien comparable au mal que l'État en recevrait, et qu'ils en recevraient eux-mêmes par contre-coup, je serais assuré de leur procurer, à trois personnes par famille, un don de 6 francs par an. Ces 6 francs je ne suis pas sûr qu'ils en gardassent le bénéfice, mais comme en agriculture tout est lent, très-lent, que les prix ne sont pas prompts à se niveler, cette diminution de leurs dépenses leur profiterait peut-être pendant un certain temps. Et cependant une année de prospérité publique leur vaudrait beaucoup mieux qu'une pareille suppression d'impôt. Qu'est-ce, en effet, que 6 francs par an, même pour la plus pauvre famille de paysans, qui avec le travail du père, de la mère, d'un enfant, ne peut gagner moins de 4 à 500 francs, qui peut même gagner 6 ou 700 francs aux environs de Paris, qu'est-ce que 6 francs, comparés aux avantages d'une année de prospérité publique? Supposez que les denrées ne se vendent pas, que les propriétaires inquiets ou appauvris par les circonstances ne fassent pas travailler, et, bien que les chômages ne soient pas le mal de l'agriculture, cette famille de paysans va perdre vingt, trente ou quarante journées de travail dans l'année, c'est-à-dire 30, 45 ou 60 francs, sur 400 ou 500 composant son revenu. J'ai vu cet été la stagnation du travail s'étendre de Paris dans la campagne environnante jusqu'à plusieurs lieues de distance, et les manouvriers consacrés à la terre condamnés eux-mêmes par suite des circonstances à une sorte de chômage. Et qu'est-ce que la souffrance de ces derniers en comparaison de celle de l'ouvrier des manufactures, pour lequel le travail s'arrête tout à coup lorsqu'une crise commerciale commence? Deux mois, trois mois d'inaction forcée le jettent dans une misère profonde, auprès de laquelle la faculté de payer le vin du cabaret à un ou deux centimes meilleur marché est fort peu de chose. Détruisez l'équilibre des finances de l'État, supprimez une de leurs ressources indispensables, et bien que par quelque moyen de crédit vous puissiez parer un moment à l'insuffisance que vous aurez produite, cette insuffisance se fera bientôt sentir, et alors une crise financière, entraînant, comme cela est toujours arrivé, une crise commerciale, l'ouvrier qui aura gagné quelques francs par une complaisance passagère, ne perdrait-il qu'un mois de travail, aura reçu cent fois plus de mal qu'il n'aura reçu de bien par une suppression d'impôt. Ne voit-on pas aujourd'hui la conséquence des augmentations factices de salaires qu'on lui avait fait espérer? On lui avait promis dix heures de travail au lieu de onze, 4 francs de salaire au lieu de 3, et il en est à considérer comme un bienfait qu'on emploie deux de ses journées sur quatre, n'importe à quel prix. Ce n'est point la cause du riche que je plaide ici, mais celle du pauvre. Ce n'est pas au pauvre que je demande de payer bénévolement les impôts du riche, sous le prétexte que les choses en iront mieux, c'est de la nation tout entière, et en consultant son plus grand intérêt, que je veux obtenir le moyen de suffire aux charges publiques. Si le riche peut payer, qu'il paye. Mais si l'impôt du luxe ne rend rien et atteint certaines industries dont vit le pauvre, si l'impôt sur la terre fait renchérir le pain et accable l'agriculture, si une aggravation de la patente ruine le petit commerçant dont le concours est indispensable à l'ouvrier, si un impôt sur le sucre, par exemple, accable notre marine, déjà si affaiblie, et insuffisante pour nous assurer des débouchés, si tout cela est dans un tel équilibre qu'on n'y peut toucher qu'avec la plus extrême précaution, si les choses sont ainsi disposées qu'une seule classe, celle des riches, jetée en pâture à la faim des masses, ne les nourrirait pas un mois, que l'impôt dès lors ne peut être prélevé que sur le grand nombre, qu'il ne peut l'être qu'avec un soin extrême à ménager tous les genres de production, puisque après tout, c'est telle ou telle production qu'on affecte par l'impôt, plutôt que telle ou telle classe de contribuables, si toutes ces propositions sont incontestables, n'est-il pas démontré qu'on n'a pas le choix entre le riche et le pauvre, qu'il ne dépend pas des gouvernements de reporter à volonté les charges publiques de l'un sur l'autre, et que, dans cette situation, les considérations d'intérêt général doivent l'emporter sur toutes les autres, car l'intérêt général, il faut le répéter sans cesse, c'est l'intérêt du pauvre, mille et mille fois plus que l'intérêt du riche? N'est-il pas évident en effet que le riche, quoique fort gêné, quelquefois ruiné par les circonstances extraordinaires du moment, trouve encore à manger, et que le pauvre dans ces circonstances ne mange que le pain qu'on lui donne?

Diminuer l'impôt indirect pour augmenter l'impôt direct, n'est donc pas un moyen aussi assuré qu'on l'imagine d'améliorer le sort des classes pauvres aux dépens des classes riches. Ce résultat, on ne le peut trouver que dans un équilibre savant, maintenu avec courage. Si même on connaissait les vrais effets de l'impôt, on saurait que si en définitive l'impôt direct, comme l'impôt indirect, se résolvent en une augmentation du prix des choses, le premier est le plus incommode de tous, parce qu'il va chercher le contribuable, pour exiger, à tel jour, à telle heure, une somme que celui-ci n'a pas eu la précaution de mettre de côté, tandis que le second, confondu dans le prix de tout ce qui s'achète, se paye insensiblement, à mesure des consommations, et que le contribuable ne mange, ne boit pas une fois, ne porte pas un vêtement, qu'il ne soit forcé d'acquitter une partie de ses contributions, sans le vouloir et même sans le savoir. Aussi les populations, seulement en cédant à leur propre impulsion, n'hésitent-elles jamais à préférer l'un de ces impôts à l'autre. Dans presque toutes les grandes villes, en effet, on demande à convertir la contribution personnelle et mobilière en octrois. A Paris, notamment, on déclare irrecouvrables trois *millions de francs sur les plus basses cotes de la contribution mobilière*, et on les prend sur les octrois. Insupportable sous forme d'impôt direct, cette charge devient insensible sous forme d'impôt indirect. Les plus grandes villes de France suivent cet exemple. Et ce n'est pas d'aujourd'hui qu'il en est ainsi. Dans l'ancien régime, sous Louis XIV, la banlieue de Rouen était connue des financiers comme un phénomène de prospérité digne d'être imité partout. On y avait converti les tailles en impôts sur les consommations, et Vauban, le plus sage des réformateurs, la proposait comme modèle à Louis XIV, à cause du spectacle de bien-être qu'elle présentait, et qui contrastait avec les pays environnants ruinés par l'impôt direct.

L'impôt indirect est de plus l'impôt des pays avancés en civilisation, tandis que l'impôt direct est celui des pays barbares. La première chose qu'un gouvernement sait faire, c'est de demander à chaque homme, à chaque terre une certaine somme. Les Turcs, le bâton à la main, savent bien percevoir le miri. Mais les gouvernements habiles, dans les pays prospères, savent, avec un prélèvement sur la richesse qui passe, se procurer des revenus abondants; et, tandis que la Turquie vit du miri, l'Angleterre vit de l'excise et des douanes, après avoir aboli l'impôt foncier. Le miri est une espèce d'exaction qu'il faut payer, qu'on le puisse ou non; l'excise et les douanes sont une partie du prix des marchandises, qu'on paye quand on les achète, qu'on paye, il est vrai, car il n'y a aucun art de suffire avec rien aux dépenses d'un grand État, mais qu'on paye au moment où on le peut, et où on le veut, et qu'on proportionne à ses moyens en consommant plus ou moins. Il ne s'élève contre l'impôt indirect qu'une objection, c'est que, étant volontaire en quelque sorte, il fléchit sous la charge qu'on lui impose, et qu'un gouvernement qui voudrait l'augmenter à l'improviste pour des besoins urgents, le verrait diminuer tout à coup. Il se retire-

rait comme un être libre qu'on prétend violenter.
Tandis que l'impôt direct est un esclave, à qui on
peut prendre tout ce qu'il a. On peut, en effet, exiger de la terre et des personnes tout ce qu'on veut,
sauf à être réduit à l'impossibilité de percevoir, et à
l'obligation de vendre ou la terre ou les meubles.
Mais l'impôt indirect, impôt des pays riches et libres, a dans le crédit un admirable auxiliaire. Dans
les pays puissants, où il est ordinairement le plus employé, on demande à l'avenir de secourir le présent,
et l'emprunt dispense d'accabler la consommation, et
de la faire fléchir en l'accablant. On prend ainsi l'argent à ceux qui l'ont, moyennant un intérêt au profit
de ceux qui en font l'avance pour les autres. En un
mot, pays pauvre, pays esclave, et impôt direct, avec
le doublement, le triplement de l'impôt pour ressource extraordinaire, sont des faits toujours unis.
Pays riche, pays libre, et impôt indirect, avec le crédit pour ressource extraordinaire et illimitée, sont
encore des faits tout aussi constamment unis que les
précédents.

La révolution, dans sa première innocence, partagea cette opinion que c'étaient des impôts affreux
que les impôts indirects, qu'il fallait s'en passer,
qu'on le pouvait facilement, qu'avec l'impôt foncier
réparti plus également qu'il n'était alors, avec l'impôt
personnel et mobilier gradué sur le luxe des logements, avec les portes et fenêtres, avec l'enregistrement, le timbre, les douanes réduites aux douanes
extérieures, les postes, le revenu des domaines, on

pourrait vivre. Elle le crut, car elle croyait vite, et agissait encore plus vite. Elle abolit donc les impôts sur les boissons, sur le sel, brûla les barrières, et bientôt passant de l'innocence à la fureur, poursuivant sur les agents de la vieille finance la vengeance d'anciennes douleurs, elle envoya à l'échafaud les fermiers généraux, parmi lesquels se trouvait l'illustre Lavoisier.

Mais tous les impôts conservés, même en y ajoutant du sang, ne procurèrent pas l'argent dont on avait besoin. Ils ne rendirent même à peu près rien, au milieu du désordre général. Heureusement on avait un moyen de suppléer à tout, c'était le papier-monnaie, papier à large base, car il reposait sur plusieurs milliards de superbes biens nationaux. Avec un décret on multipliait les éditions de ce papier, et on avait quelques milliards de ressources. On ne se donnait pas même la peine d'arrêter des budgets. A quoi bon compter, quand on n'avait plus à compter, grâce à la planche aux assignats! Mais bientôt il fallut 400 francs de papier pour avoir une livre de pain, et le papier valut ce qu'il coûtait à créer, c'est-à-dire rien.

L'ordre ayant été rétabli par le restaurateur de la société française, rétabli en finances comme dans toutes les parties du gouvernement, l'argent ayant succédé au papier, la détresse demeurait grande encore. Les perceptions maintenues, qui comprenaient les contributions directes, l'enregistrement, les douanes, les postes, les forêts, et qui, le désordre durant, n'avaient rien produit, et, le désordre fini, produisirent tout au plus 500 millions, ne pouvaient suffire à la dépense, laquelle s'élevait en 1802 à 600 millions, et marchait vers 700. Le général Bonaparte ne savait comment s'y prendre. Le papier-monnaie était aussi discrédité que son compagnon l'échafaud. Bien que le général eût fort relevé le crédit, car il avait porté le 5 pour cent entre 60 et 70, taux auquel ce fonds est aujourd'hui, avec cette différence qu'il l'avait pris à 12, et que nous l'avons trouvé à 120, il n'aurait pu ouvrir un emprunt. C'était le moment de l'organisation des nouvelles administrations financières et de la création d'une foule de charges de finances. Il demanda des cautionnements, et en consomma pour 25 ou 30 millions par an. Comme on croyait à la solidité des acquisitions de biens nationaux, lui durant, il put vendre quelques-uns de ces biens, et on en consomma pour 25 ou 30 millions également. Mais à la rupture de la paix d'Amiens le général Bonaparte se trouvait sans ressource. Savez-vous comment il s'y prit? Il vendit la Louisiane aux Américains pour 80 millions. La Louisiane dévorée, il fut tout aussi embarrassé. Lui, si exact, si ponctuel, se laissa aller à la ressource de l'arriéré, et se livra aux faiseurs d'affaires. Il perdit avec une compagnie fameuse 140 millions, qu'il eut beaucoup de peine à recouvrer, et le jour même d'Austerlitz il avait à Paris une affreuse crise financière, avec suspension des payements de la Banque.

Moyennant Austerlitz et une forte contribution de

guerre sur l'Autriche, il pourvut au plus pressé. Pourtant le déficit existait toujours. Il éprouva une sorte de honte à rester dans un pareil état, ayant sous la main le moyen d'en sortir. Tous les départements consultés avaient déclaré l'impôt direct insupportable. L'enregistrement pesant sur la propriété comme l'impôt foncier, ne pouvait être augmenté. Les produits des douanes, des forêts, des postes, ne pouvaient pas s'accroître par un décret. L'emprunt, le papier-monnaie étaient impossibles. En conséquence, Napoléon prit le parti de rétablir une perception sur les boissons, modique dans la quotité, douce dans la forme, et en peu de temps ses finances refleurirent. Toutefois il y avait un service qui malgré ses efforts était encore fort négligé : c'était celui des routes. Le budget n'y pouvant suffire, on s'en était déchargé, et on y avait pourvu avec un impôt des barrières. Mais cet impôt donnait 14 millions quand il en aurait fallu 28, et comme il était nouveau, il était insupportable, car en matière d'impôt, ainsi qu'en beaucoup de choses qui ne sont pas destinées à plaire, le vieux est encore ce qui déplaît le moins. Il y avait une perception que tout le monde regardait comme très-facile à rétablir, comme très-naturelle, si on ne la rendait ni aussi pesante qu'autrefois quant à la somme, ni aussi vexatoire quant à la forme : c'était la perception du sel. Généralement on la considérait comme très-préférable pour l'agriculture à l'impôt des barrières. Napoléon n'hésita pas. Certes il n'aimait guère la liberté, faute d'y croire, pour la France du moins; mais il aimait le peuple, il tenait surtout à en être aimé : il rétablit donc l'impôt du sel à la suite de celui des boissons, et les routes furent remises dans le plus bel état, et ses finances se trouvèrent définitivement en équilibre.

Telle est l'histoire de la suppression des impôts indirects en France : la banqueroute d'abord, et l'obligation de les rétablir ensuite.

CHAPITRE VII.

CONCLUSION.

DU MAL DANS LE MONDE.

Qu'il y a dans la société une portion de mal que les gouvernements doivent s'attacher à réparer, et qu'il y en a une autre inhérente à la nature humaine, qu'aucune perfection imaginable dans les gouvernements ne saurait épargner aux hommes.

Il y a partout des hommes sincères, je le reconnais, et si parmi les philosophes socialistes il y en a certains qui n'ont cherché qu'à se rendre populaires et à placer dans leurs mains le dangereux instrument de la multitude, il en est d'autres que la vue des maux répandus dans la société a vivement touchés, et qui ont voulu y porter remède. Mais ce remède, l'ont-ils trouvé?

Il y a quelques riches, mais en petit nombre, un

peu plus de gens aisés, mais pas beaucoup encore, enfin un nombre infini de gens qui n'ont que le strict nécessaire, et beaucoup qui ne l'ont même pas. Le peuple des campagnes, comme je l'ai déjà dit, se nourrit de seigle, de pommes de terre, de quelques légumes, d'un peu de lard, mange rarement de la viande, et travaille toute l'année par la pluie, le soleil ou la gelée. Le peuple des villes, moins constamment gêné, a des moments où son salaire double, et où il vit dans une sorte d'abondance; il a même quelques-uns des plaisirs du riche, un habit de drap noir, du linge blanc, les spectacles de la ville, et presque toujours de la viande. Mais à peine l'imprudente industrie, qui se disputait ses bras en les payant cher, s'est-elle aperçue de l'excès de production, qu'elle s'arrête, cesse de l'employer, et il expie dans une misère affreuse et profonde, dans la faim en un mot, dont le paysan est exempt, les quelques beaux jours qu'il a passés. La classe du fabricant, du commerçant, placée au-dessus de la classe ouvrière, s'arrête aussi, voit tous ses gains disparaître. Le riche ne perçoit plus le loyer de ses capitaux, et souffre comme les autres, sans compter que même dans les temps de prospérité mille catastrophes viennent frapper tantôt ceux-ci, tantôt ceux-là; que l'industriel, le commerçant, le fabricant, cédant à une ambition imprudente, ont fait des faillites affreuses; qu'ils ont emporté dans leur chute eux, leurs familles, beaucoup de serviteurs attachés à leur sort, commis, ouvriers, agents de tout genre; que le riche, qui leur avait prêté ses capitaux, est entraîné dans la chute; qu'enfin ce riche lui-même, sans catastrophes commerciales, livré à ses propres impulsions, dominé par ses vices ou trompé par de faux amis, tombe du faite de l'opulence, et finit quelquefois par l'exil, la prison, le suicide ou la misère. Voilà le monde avec la propriété, la famille et la liberté.

Y voulez-vous opérer des changements, des changements qui l'améliorent suivant les évidentes lois de la nature humaine, oh! soyez le bienvenu, apportez-nous vos lumières, vos inventions : nous les discuterons. Nous qui pensons sans cesse à ces divers objets, nous nous sommes fatigués peut-être ou habitués à la souffrance de nous-mêmes et des autres. Venez, vous qui peut-être moins résignés aux nécessités de ce monde, les appréciant moins, aurez trouvé quelque remède, venez, et discutons avec bonne foi. Mais voulez-vous changer les conditions essentielles de cet univers, voulez-vous, pour que l'homme ne soit ni pauvre ni riche, supprimer le stimulant qui le fait travailler; pour qu'il ne souffre pas, supprimer la liberté; pour qu'il n'ait pas les douleurs de la famille, supprimer la famille : nous vous dirons, si vous êtes de bonne foi, que vous n'avez pas connu la nature humaine; nous vous dirons, si vous êtes des factieux qui cherchez des soldats dans ceux qui souffrent impatiemment, nous vous dirons que vous êtes criminels.

Une première observation doit frapper tous les esprits : c'est que ce petit nombre de riches, ce nombre moins restreint mais bien insuffisant encore de gens aisés, comparé à l'immense nombre de ceux qui n'ont que le nécessaire ou moins que le nécessaire, ôte toute idée de pouvoir améliorer le sort de ceux qui ont peu par le partage des biens de ceux qui ont beaucoup. On ne procurerait à aucun le bien-être, et on aurait détruit chez tous l'ardeur à produire, qui a conduit la société de l'état où elle était dans le moyen âge à l'état où elle est aujourd'hui. On ne niera pas, en effet, que le sort de l'espèce humaine ne se soit bien amélioré depuis deux ou trois siècles, même depuis cinquante ans, depuis trente, depuis vingt? Il y a quelques siècles, les moyens de l'agriculture, ceux du commerce qui la supplée quand les saisons lui ont été contraires, étaient tellement insuffisants, que les disettes emportaient des milliers d'hommes. Des quantités innombrables de malheureux périssaient de faim sur les routes ou les places publiques. Nous avons traversé récemment une disette; il y a eu des souffrances, d'inévitables souffrances, mais le peuple des campagnes n'a nulle part manqué de pain, et celui des villes, par les moyens combinés du commerce, du gouvernement et de la bienfaisance des classes aisées, a eu le nécessaire. Dans cette année, l'ouvrier ne s'est pas vêtu à neuf, il ne s'est donné aucun plaisir, et tel dont la santé débile n'aurait pu se soutenir que par l'aisance est mort plus tôt, plus inévitablement que dans une année prospère. Mais cette disette est-elle comparable à celle qui emportait des générations entières?

Le vivre est donc plus assuré. S'agit-il du logement? Voyez dans les vieux quartiers de quelques-unes de nos villes ces maisons construites en plâtras, revêtues de petites tuiles de bois, accumulées comme des fourmilières, humides, obscures, privées d'air, qui rappellent ces cités du moyen âge dont on retrouve encore l'image dans beaucoup d'anciens tableaux, dont la misère, la laideur, la confusion étaient surmontées par le clocher élancé de l'église gothique, car l'homme alors semblait n'avoir dans sa misère songé qu'à Dieu, rappelez-vous, dis-je, ces maisons dont on détruit encore des quartiers entiers à Rouen, et comparez-les aux maisons, petites sans doute, mais saines, construites en briques, revêtues en ardoises, qui les remplacent. N'y a-t-il pas eu une véritable amélioration ?

Regardez dans les champs, et vous verrez partout le toit en tuiles ou en ardoises remplacer le chaume, la construction en pierre remplacer la construction en terre. Regardez au vêtement de l'ouvrier, et vous verrez le drap foulé remplacer la bure, le soulier remplacer le sabot, et sur les épaules de la femme du peuple le fichu de laine remplacer un mouchoir de coton. C'est que, comme je l'ai déjà dit, la journée des champs qui valait, il y a quarante ans, 25 sous en vaut 40, celle des manufactures qui valait 2 francs en vaut 5, et que le fichu qui valait 50 francs en vaut 5 ou 6. Lisez enfin Vauban, lisez les écrivains du grand siècle, et voyez cette peinture des champs abandonnés, des paysans fugitifs, et dites si rien de pareil arrive aujourd'hui, même après les plus horribles guerres!

Et ne croyez pas que je veuille dire que le mal a disparu, qu'il n'y en a plus, moi qui vais au contraire vous prouver qu'il y en a une part, une part inévitable, toujours subsistante, et que cette part est la plus rude à supporter; ne croyez pas, dis-je, que je vous fasse ce tableau du mieux, pour engager ceux qui gouvernent les peuples à s'arrêter, à s'endormir, à s'imaginer qu'ils ont assez fait. Non, Dieu m'en préserve! Je veux seulement calmer le désespoir, qui n'est jamais bon; je veux ensuite vous montrer qu'il y a une incontestable amélioration due à la marche du temps, due à l'ardeur avec laquelle tout le monde travaille, et contribue par son travail à la prospérité générale en même temps qu'à sa prospérité particulière. Ainsi, depuis soixante ans l'argent vaut 4 pour cent au lieu de 6, le vêtement vaut moitié moins, et la journée de l'ouvrier moitié plus. Pourquoi? parce qu'on a beaucoup travaillé, parce qu'il y a plus de blé, plus de toile, plus de drap, plus de matériaux de construction. Énervez le travail, et tout s'arrête. Or ces richesses répandues çà et là au sommet de la société, pour servir d'appât au travail, pour exciter son ardeur, ainsi réunies en quelques amas sensibles, le frappent, l'animent, lui font produire tout le bien qui s'est produit. Partagez au contraire ces richesses entre tous, elles n'ajouteront pas une miette au pain du pauvre. Manquant à l'homme comme récompense, comme stimulant, elles le laisseront découragé, inactif, et cette activité qui nous a amenés des misères atroces du moyen âge à la misère adoucie du temps présent, sera atteinte. Vous vous trompez donc sur les moyens. Ce n'est pas par une misérable distribution entre tous de ce qui sert à exciter l'activité humaine que vous réussirez, c'est bien plutôt en redoublant cette activité pour en doubler les produits. Donnons de meilleures lois à l'agriculture et au commerce, répartissons autrement, s'il est possible, les charges sociales, organisons la bienfaisance publique, excitons la bienfaisance particulière, contribuons tous pour notre part à faire ces choses, et nous obéirons aux lois de notre être, qui sont de viser sans cesse au perfectionnement. Le stationnement c'est la mort : la société doit être ce Juif errant qui marche, marche éternellement vers un bien inconnu. Oui, marchons, mais en marchant évitons les abîmes, ne tournons pas le dos au but qu'il s'agit d'atteindre, et enfin n'ôtons pas à la société le courage de continuer sa route en la poussant au désespoir.

Maintenant, même dans l'état des choses, ne reste-t-il pas beaucoup de mal, et assez pour navrer le cœur des honnêtes gens? Oui sans doute. Eh bien, entre les systèmes nouvellement inventés, y en a-t-il un seul qui pourrait guérir ce mal, le convertir en bien? Est-ce le communisme, qui, en le supposant praticable, en supposant le genre humain disposé à se laisser dépouiller et enfermer au phalanstère, est-ce le communisme qui diminuerait de moitié, de trois quarts la somme du travail humain, en supprimant le motif qui pousse l'homme à travailler? Est-ce l'association du Luxembourg, inventée pour un million d'individus sur trente-six, qui consisterait à fournir à ce million le moyen de spéculer avec l'argent de trente-six, produirait ainsi que le communisme le refroidissement de l'activité humaine, introduirait l'anarchie dans l'industrie, et qui enfin, si elle réussissait, aurait pour effet d'attribuer un monopole à quelques classes d'ouvriers, et de faire payer à toutes les objets de leur consommation au double? Est-ce cette singulière réciprocité, qui aurait pour but de créer le bon marché, en réduisant par décret le prix des choses, et parce que l'or et l'argent ne se donnent qu'en échange de valeurs réelles, prétendrait leur substituer un papier qui se donnerait probablement à qui en voudrait, et vaudrait ce qui se donne pour rien? Est-ce le droit au travail, qui aboutirait tout simplement, ou à constituer l'État filateur, tisserand, bijoutier, fabricant de meubles, marchand de modes, ou à payer à 40 sous par jour, et aux dépens de la masse des contribuables, ceux qui font, défont et refont les révolutions? Serait-ce enfin en bouleversant les impôts, en ruinant les finances, en faisant renchérir le pain pour faire baisser le vin et l'eau-de-vie, qu'on pourrait supprimer les souffrances populaires? Huit mois de misère n'ont-ils pas répondu à ces vaines théories? Ne voit-on pas à travers l'impossibilité naturelle à ces projets leur secret à tous, le secret naïvement factieux, de flatter une classe très-peu nombreuse, aux dépens de l'universalité du peuple? Il y a vingt-quatre millions d'agriculteurs dont la vie se passe en privations, cinq ou six millions d'ouvriers, d'artisans dont la vie moins dure, semée de temps en temps d'abondances passagères, est exposée à des interruptions de travail désolantes, puis des hommes de tous les rangs que la fortune délaisse, beaucoup d'enfants de la bourgeoisie qui, pourvus quelquefois de grands talents, quelquefois aussi en manquant tout à fait, se pressent à l'entrée de toutes les carrières libérales, et pour remède on nous propose de satisfaire un million d'ouvriers des manufactures, tantôt de leur fournir un capital, tantôt de créer un monopole en leur faveur, tantôt de les payer à tant par jour, et si on sort un moment de cette classe privilégiée, si on étend un peu cette sollicitude bienfaisante, c'est pour dire aux locataires, aux fermiers, aux débiteurs, de ne pas payer ce qu'ils doivent. Et on appelle cela favoriser le peuple, améliorer le sort des masses, accomplir une révolution sociale!

Au milieu de cet étalage d'inventions nouvelles, qui donc a découvert le moyen de faire que le paysan mangeât du seigle au lieu de châtaignes, du froment au lieu de seigle, de la viande au lieu de lard? que l'ouvrier des villes n'essuyât jamais un chômage? que les fils de la bourgeoisie trouvassent tous des emplois conformes à leurs talents? Qui a découvert le moyen de doubler le prix de la journée? Personne, car ce secret n'est qu'aux mains de Dieu, et Dieu jusqu'ici n'a dispensé le bonheur qu'on poursuit par des moyens si étranges, qu'aux pays sages, bien gouvernés, respectant les lois de la nature et de la raison.

Nous avons vu avec le temps les maux de la société diminuer, le bien succéder au mal, et ce changement s'opérer plus vite depuis cinquante années, parce que la paix est venue joindre ses bienfaits à ceux de l'égalité civile proclamée par la révolution française. Nous avons vu le travail affranchi de beaucoup de chaînes, éclairé par la science, devenir plus actif, plus fécond, l'intérêt des capitaux descendre de 6 à 4, les objets de consommation diminuer de prix, le salaire de l'ouvrier s'accroître, et le goût de l'économie commencer chez lui. La voie du bien n'est-elle donc pas tracée? Et cette voie quelle est-elle? Un redoublement d'activité dans le travail agricole, commercial, industriel, qui amène la prospérité générale, et qui ne peut résulter que de la sagesse dans le gouvernement, de l'ordre dans l'État, de la paix entre toutes les classes de la société. N'y a-t-il aucun bien inaperçu, négligé jusqu'ici, à ajouter aux améliorations déjà réalisées? Sans doute il en existe. A ces malheureux chômages, qui sont la véritable plaie de l'industrie, n'y a-t-il aucun remède à apporter? Oui, je crois qu'il y en a. Sans faire du gouvernement un bijoutier ou un marchand de dentelles, on peut, en sachant réserver pour les moments de détresse industrielle les grands travaux de l'État, créer de l'emploi aux bras inoccupés. Enfin il est possible de pourvoir à la vieillesse de l'ouvrier infirme et malade. Oui, essayons ces changements, et la société se sera honorée en les essayant, ne dût-elle pas réussir complétement. Mais tout cela n'entraine aucun bouleversement dans les éternelles lois de la société humaine, et ce ne sont pas les socialistes qui l'ont inventé. Enfin l'homme des champs, tant négligé parce qu'il n'est pas l'instrument des factions, ne faut-il rien faire pour lui? Oui; mais par quel moyen? En diminuant l'impôt foncier au lieu de diminuer l'impôt des boissons.

Qu'on entre avec nous dans cette voie, et nous serons tous d'accord. Mais même quand nous aurons fait de notre mieux, quand nous aurons réussi, il restera toujours à faire, et, de même qu'après tous les biens de la première révolution française actuellement réalisés, on vient, après quarante ans d'améliorations certaines, incontestables, nous assaillir d'un cri de malédiction, nous dire que l'humanité souffre, expire dans la douleur, et qu'elle va se soulever contre nous si nous ne la soulageons immédiatement, de même eussions-nous, dans cinquante ans, doublé les salaires par des moyens légitimes, diminué encore des trois quarts le prix des choses nécessaires à la vie, répandu le froment et la viande dans les campagnes, neutralisé le chômage dans les villes, comme nous avons déjà presque neutralisé les disettes dans l'agriculture, qu'on trouverait encore assez de maux pour fournir à des perturbateurs des prétextes suffisants de dire tout ce qu'ils disent aujourd'hui, car avec moitié plus de bien-être qu'en 1789, on invective cent fois plus contre la société qu'à cette époque. C'est qu'il y a toujours dans la condition sociale un fonds irréparable de mal, dont il faut tenir compte, et qu'il ne faut pas exagérer, si on ne veut pas pousser l'homme au désespoir, la société au suicide!

Le principal malheur du temps, veut-on savoir quel il est? C'est qu'on a trompé ce peuple sur la nature du mal qu'il éprouve. Tout ce qu'il ressent, tout ce que le riche ressent comme lui, et plus que lui souvent, la maladie, la fatigue, la privation, le désir contrarié, la déception après le désir satisfait, la vieillesse, la mort, toutes ces souffrances, on lui persuade qu'il pourrait ne pas les endurer, qu'elles pourraient lui être épargnées, que l'état social actuel en est la cause, cet état social fait pour les riches et par les riches, que tout le bonheur enfin dont il est privé, dont il croit qu'il pourrait jouir, on le lui refuse méchamment, afin d'en garder pour soi une plus grande part. Alors la colère se joint à la souffrance, il tue, se fait tuer, et il décuple ses maux. Ces riches qui ne lui veulent aucun mal, qui étaient prêts au contraire à l'employer, s'enfuient ou se cachent, dérobent leurs trésors, lui refusent le salaire, et il expire de faim et de rage à la porte de ces palais mornes, déserts, où il s'imagine que réside la félicité, où il n'y a que tristesse au contraire, qu'effroi, que désespoir aussi, car en présence du pauvre qui se croit opprimé, le riche, se sentant opprimé à son tour, songe à se défendre, et comme il n'est pas moins brave que le pauvre, car l'éducation augmente le courage loin de le diminuer, il est prêt à rendre la mort à qui veut la porter dans sa demeure. Horrible confusion, semblable à celle où les soldats d'une même armée s'égorgent entre eux, trompés par la nuit et par un ennemi perfide, qui poussant dans les ténèbres le cri d'alarme les a portés à se précipiter les uns sur les autres. La nuit, ce sont vos sophismes; l'ennemi perfide, c'est vous, vous qui attaquez l'ordre social sans le comprendre!

Certainement il y a du mal, beaucoup de mal, il faut en diminuer la somme. Il faut convertir ce pain noir en pain blanc, ces légumes arrosés d'un peu de lard en viande, ces haillons en un bon vêtement, cette chaumière fétide en une maison bien bâtie, cette ignorance brutale en douce intelligence des choses, cette stupide envie en une fraternité sincère, mais il faut en prendre le temps, et y procéder par des moyens éprouvés, ce qui n'exclut pas les moyens nouveaux. Il faut pourtant ne pas laisser ignorer à ce peuple, que même après avoir opéré tous ces changements, son cœur restera plein de douleurs quelquefois intolérables. N'est-il pas cent fois mieux que dans le moyen âge, au temps de la lèpre, des contagions, des disettes générales, cent fois mieux que sous Louis XIV, sous Louis XVI, sous Napoléon? Eh bien, entendez les cris de douleur qu'il pousse de toutes parts, entendez-les! supprimez même ces cris, et il restera encore un long et continuel gémissement. Mais ce gémissement quel est-il? C'est celui du cœur humain. Remontez dans les siècles, allez de la féodalité à l'empire romain, sous l'empire romain choisissez la félicité des Antonins, le long repos d'Auguste, allez en Grèce, visitez ses villes si opulentes, la brillante Athènes et la riche Corinthe, redescendez les temps, parcourez les deux hémisphères, de chez l'indolent Indien, de chez le laborieux Chinois, qu'un peu de riz alimente, revenez chez d'autres peuples, passez l'Océan, parcourez d'un pôle à l'autre ces Amériques, s'avançant comme deux grandes îles entre les deux océans, suivez dans ses courses ce sauvage qui, dans les savanes, n'a d'autre risque à courir que d'atteindre ou de manquer le bison dont il mange la chair, et qui, plaçant sa patrie dans les os de ses ancêtres, qu'il porte avec lui enfermés dans des fourrures, a tant réduit les hasards de la vie; revenez sur les bâtiments de l'Américain ou de l'Anglais, admirez l'opulence assise sur les bords de la Tamise ou du Zuiderzée, venez voir enfin les pâtres de l'Oberland, observez en un mot l'universalité du genre humain, écoutez tous les cœurs : n'y a-t-il pas une douleur commune au fond de tous? Entre tant d'hommes si divers, lequel a ce qu'il désire? Lequel n'a pas quelque chose à regretter, quelque chose à craindre? Lequel n'a pas dans le cours de sa vie perdu son père, sa mère, sa femme, son enfant? Lequel n'a pas devant soi ou les peines de la vie qui commence, qui est pleine de labeurs, qui n'a pas encore donné les succès, ou les peines de la vie qui décline vers la mort, comme le soleil vers l'horizon, et aux désirs prêts à s'éteindre joint les vagues appréhensions de la fin qui s'approche, appréhensions amères chez l'être borné, seulement tristes chez l'esprit élevé, mais pour celui-ci mêlées de mille autres chagrins que l'être borné n'a pas? Si vous voulez vous en convaincre, laissez le pauvre qui grelotte, qui a faim, qui a soif; allez chez le riche qui n'a pas faim, qui n'a pas froid, qui couche sur la soie, marche sur la laine émaillée de mille couleurs. Il n'a pas froid, il n'a pas faim, c'est vrai. Il est repu, soit. Mais voyez son front soucieux : savez-vous ce qu'il fait? Il désire, il désire ardemment, plus ardemment que celui qui n'a pas mangé. Il désire avec douleur, quoi, direz-vous? Non pas du pain, non pas des mets délicats, non pas des champs fertiles et riants; il a de ces choses à n'en savoir que faire, car ces mets il les goûte à peine, ces champs il les néglige : mais il désire de nouveaux trésors, de la puissance qu'on lui dispute, peut-être l'honneur qu'un outrage lui a ravi. Ou bien tout ce qu'il avait, il va le perdre. Un coup de vent a précipité sa fortune dans l'Océan. Une fausse spéculation l'a détruite à la Bourse. La faveur publique l'a abandonné. Chagrins peu intéressants, direz-vous, mais chagrins enfin! En voici de plus dignes de votre intérêt. Il a perdu une fille chérie, une femme qu'il aimait. Croyez-vous qu'il aime moins parce qu'il est riche? L'observation de la nature humaine prouve qu'il souffre plus fortement, car son âme moins attirée au dehors par les souffrances physiques, est plus en dedans, et s'y agite, s'y tourmente davantage. Moins on souffre du corps, plus on souffre du cœur.

Cet heureux en apparence, vous ne voulez pas vous intéresser à lui, parce qu'il regrette de l'argent et du pouvoir. J'y consens. Mais le voilà qui commande des armées, qui exerce le noble métier des armes. Il meurt comme Épaminondas à Mantinée, après avoir vaincu à Leuctres; il meurt comme Gustave-Adolphe à Lutzen, après avoir vaincu à Leipzig; ou bien comme Gaston de Foix, à l'entrée même de sa carrière, il meurt à Ravenne, au milieu du plus beau triomphe. Heureux guerrier, tu meurs, tu meurs jeune, tu es heureux de mourir, car tu meurs sur un lit de drapeaux. Mais ce vieux Charles-Quint, à qui tout a réussi, vainqueur de François Ier, dites-moi pourquoi il abdique et finit consumé de tristesse? Annibal, vainqueur vingt ans, le voilà vaincu à Zama, vaincu par qui? Par un jeune homme. Et ce jeune homme, ce Scipion, qui, au début de la vie, a eu cette grande gloire, gloire immortelle, qui n'a jamais été effacée, de vaincre Annibal, ce jeune homme, il passe le reste de sa vie à être jalousé, à déplorer d'avoir un mauvais fils, à se tenir éloigné de Rome en maudissant sa patrie. Et ces heureux que l'histoire appelle Louis XIV et Napoléon, ces heureux qui remplirent l'univers de dépit, l'un pendant cinquante ans, l'autre pendant vingt ans, le premier devenu vieux, de la tendresse de la Vallière passé à la triste domination de madame de Maintenon, des Dunes, de Rocroy à Malplaquet, de Turenne et de Condé à Villeroy, dit un jour à ce dernier : *Monsieur le maréchal, à notre âge on n'est plus heureux.* — L'autre, de Rivoli, de Marengo, d'Austerlitz, de Friedland, passe à Leipzig et Waterloo, des Tuileries, de l'Escurial, de Schœnbrunn, de Potsdam, du Kremlin à Sainte-Hélène! Il meurt seul, sans une épouse, sans un fils, lié comme Prométhée sur son rocher. Et vous qui avez vu tomber Charles X et Louis-Philippe, tomber branche sur branche, trône sur trône, croyez-vous donc qu'il n'y ait pas de douleurs en haut, en bas, partout, et plus en haut qu'en bas! Inutile divagation, me direz-vous, à travers le champ des douleurs universelles! Je vous parle des douleurs de la bure, et vous me répondez par celles de la pourpre. Ah! votre vue serait bien courte, si vous ne voyiez pas que cette pourpre, cette bure sont un voile insignifiant jeté sur l'âme humaine, et que sous l'éclat éblouissant de l'une, sous la couleur terne de l'autre, il y a une terrible égalité de souffrance. Dieu mit dans tous ce même ressort de l'âme humaine, qui, pressé par le monde, résiste, plie, se relève, plie encore, ne cesse de gémir dans ces mouvements divers, mais agit toujours, et fait avancer l'humanité à travers une épreuve visible, vers un but invisible. Soit, me dira-t-on, l'auteur de tout cela est un tyran, et ce régime imposé à tous, c'est l'égalité de la tyrannie.

Tyran, si l'on veut, mais la tyrannie est égale en tout cas, et s'il est un tyran, loin de nous diviser sous sa tyrannie, unissons-nous au contraire pour la surmonter. Cette tyrannie, si tyrannie il y a (je demande pardon d'un tel blasphème), se manifeste par la nature extérieure qu'il faut combattre, vaincre, soumettre à nos besoins, adapter à notre bien-être. Unissons-nous donc pour la vaincre, au lieu de nous égorger sur son sein. Au lieu de ravager ces moissons pour nous les disputer, unissons-nous pour les défendre, et en assurer la possession à celui qui les fit naître. Demandons-lui la part du pauvre, sans la lui arracher.

Mais ce prétendu tyran, auteur universel des choses, qui sait? vous ne l'avez peut-être pas compris. Cette douleur par lui imposée à tous, c'est une épreuve peut-être, épreuve inévitable, nécessaire, et suffisamment récompensée ailleurs. Arrêtons-nous un instant devant lui, et il se pourra que nous soyons plus justes à son égard, comme nous le sommes davantage pour l'ordre social après l'avoir examiné et compris.

Il faut trois angles à un triangle ; ceci est inévitable, comme il est inévitable que l'espace soit étendu. Ce Dieu ne serait, il me semble, ni impuissant, ni méchant, parce qu'il aurait ou institué, ou admis ces conditions de la nature des choses. Si, pour lui, deux et deux font quatre, en est-il moins puissant, moins bon? Eh bien, ne se pourrait-il pas que ce fût une condition de même nature que celle de la douleur pour l'âme humaine? Qu'est-ce en effet que sentir? Est-ce éprouver une sensation indifférente, comme serait celle d'une couleur succédant à une autre, et ne causant à celui qui la voit aucun sentiment de plaisir ou de peine? Mais alors je ne remuerais pas, je resterais inactif. Je ne commence à sentir véritablement que si je suis affecté, agréablement ou désagréablement; alors il y a peine, mais plaisir aussi; il y a mouvement pour fuir la peine, pour atteindre le plaisir, il y a action, il y a vie. Dites-moi que mieux vaudrait ne pas être, ou être moins, et descendre, par exemple, de l'homme qui sent beaucoup à l'abeille qui ne sent qu'en proportion du mobile nécessaire à sa vie, de l'abeille au polype, au végétal, à la pierre, au néant. Je l'admets, mais c'est du suicide. Ou bien me direz-vous qu'il faut, au lieu de descendre, monter plus haut, s'élever là où l'on ne sent plus le mal, où l'on se repose dans le sein de Dieu. Je l'admets encore. Néanmoins je vous dirai : C'est trop tôt. La religion allant plus loin que la philosophie, la religion tirant des besoins de l'âme humaine une sublime conjecture, qui est un désir pour celui qui ne croit pas complétement, une certitude pour celui qui a la foi entière, la religion vous dit : Souffrez, souffrez avec humilité, patience, espérance, en regardant Dieu qui vous attend et vous récompensera. — Elle fait ainsi de toute douleur l'une des traverses du long voyage qui doit nous conduire à la félicité dernière. Et alors la douleur n'est plus qu'une des peines de ce voyage inévitable, et si elle fait souffrir, elle est suivie d'une consolation immédiate, qui est l'espérance. Aussi cette puissante religion qu'on appelle le Christianisme exerce-t-elle sur le monde une domination continue, et elle le doit, entre autres motifs, à un avantage que seule elle a possédé entre les religions. Cet avantage, savez-vous quel il est? C'est d'avoir seule donné un sens à la douleur. L'esprit humain a eu plus d'une contestation avec elle sur ses dogmes, mais aucune sur sa morale, c'est-à-dire sur sa manière d'entendre le cœur humain. Le paganisme ne put résister au premier regard de Socrate ou de Cicéron, car cette religion consistant en légendes fabuleuses, gracieuse poésie plutôt que religion, histoire des passions, des amours, des plaisirs, des chagrins des dieux, n'était qu'une histoire de rois placée dans les cieux. Comme histoire elle n'était qu'une fausse chronique, comme morale un scandale. Mais celle qui vint et qui dit : Il n'y a qu'un Dieu, il a souffert lui-même, souffert pour vous ; celle qui le montra sur une croix, subjugua les hommes, en répondant à leur raison par l'idée de l'unité de Dieu, en touchant leur cœur par la déification de la douleur. Et chose admirable, ce Dieu souffrant, présenté sur une croix dans les angoisses de la mort, a été mille fois plus adoré des hommes que le Jupiter calme, serein, et si majestueusement beau de Phidias. Les arts l'ont rendu sublime, bien autrement sublime que le Jupiter des anciens. Et c'est là tout le secret de la différence qui existe entre l'art ancien et l'art moderne : le premier supérieur par la forme, le second par le sentiment ; l'un doué d'un corps, l'autre d'une âme.

Aussi, tandis que le paganisme n'a pu supporter un moment l'examen de la raison humaine, le Christianisme dure après que Descartes a posé le fondement de la certitude, après que Galilée a découvert le mouvement de la terre, après que Newton a découvert l'attraction, après que Voltaire et Rousseau ont renversé les trônes. Et tous les politiques sages, sans juger ses dogmes, qui n'ont qu'un juge, la foi, souhaitent qu'il dure.

Parlez donc au peuple comme la religion. Sans affaiblir en lui le juste sentiment de ses droits, sans flatter l'inertie ou la mauvaise volonté de ceux qui le gouvernent, dites-lui cependant qu'il y a pour tous une somme inévitable de douleur, qui est dans l'essence même de l'âme humaine, que le riche ne lui a pas envoyée, que Dieu seul mit en lui comme le ressort qui devait le tirer de l'inaction, pour le précipiter dans l'action, c'est-à-dire dans la vie. Dites-lui cela, si vous ne voulez doubler sa douleur et la changer en une fureur impie, qui se retournera contre lui, comme une arme placée dans une main imprudente détruit et ceux qu'elle frappe, et ceux qui s'en servent. Ce n'est pas l'indifférence aux maux du peuple que j'invoque, c'est la juste appréciation de ces maux, et le discernement, l'application des vrais remèdes.

FIN DE LA PROPRIÉTÉ.

MAXIMES ET PENSÉES

EXTRAITES

DE L'HISTOIRE DU CONSULAT ET DE L'EMPIRE

DE

M. THIERS.

« La clarté orne les pensées profondes. »
(VAUVENARGUES.)

AVERTISSEMENT.

Nous avions souvent entendu dire que M. Thiers n'était que l'historien des batailles et des budgets. Le moyen de ne pas parler guerre et finances quand on raconte en vingt volumes les événements de l'Empire! Toutefois, on peut trouver dans cette histoire autre chose que des coups de canon, des levées d'hommes et d'impôts.

Nous étions de loisir, et nous avions sous la main les vingt volumes. Nous nous mîmes à les lire, ou plutôt à les dévorer : car, une fois qu'on est entré dans cette lecture, on ne marche pas, on court. On pourrait comparer le style de l'historien de l'Empire à un fleuve parfaitement encaissé, coulant avec rapidité, sans fracas et sans trouble; ne débordant jamais, mais n'étant jamais à sec; réfléchissant dans sa limpidité les mille accidents de ses rives; enfin, dans ses nombreux détours, revenant souvent en arrière, comme pour mesurer l'étendue du chemin qu'il a parcouru.

Que dans la masse des événements qu'il décrit l'historien eût négligé les réflexions morales qui sont comme l'essence de l'histoire, que le moraliste eût disparu sous le narrateur, c'est ce que nous ne pouvions admettre. M. Thiers a dit que l'historien ne doit pas seulement raconter, mais encore juger. Toutefois, les jugements sur les hommes et les choses, ces vues d'ensemble qui caractérisent une époque, tracent un caractère ou résument une situation, ce n'était pas là toujours ce qui nous frappait. Sans les chercher expressément, nous notions en passant ces courtes phrases qui renferment une pensée, une vérité d'un caractère général; ces traits rapides jetés, comme sans y songer, à la fin d'un récit ou d'un portrait, et s'appliquant à l'humanité tout entière. C'est ainsi que nous trouvions le moraliste sous l'historien. Nous admirions comment M. Thiers formule sa pensée en un tour vif et sentencieux, et bien qu'elle semble jaillir naturellement du sujet et faire corps avec le récit, il nous plaisait de l'en détacher un moment pour l'examiner à notre aise, pour voir ce qu'elle valait ainsi dépouillée de son entourage, semblable au lapidaire qui prend l'une après l'autre les pierres d'un collier pour les soumettre à l'épreuve décisive de la balance et de la loupe.

Et naturellement nous nous rappelions La Rochefoucauld, ce moraliste plus malin que morose, qui a déposé dans un tout petit livre les trésors de son expérience ; et nous nous souvenions d'autant plus du moraliste de la Fronde, qu'il nous semblait retrouver dans quelques-unes des sentences de M. Thiers le tour épigrammatique et fin des *Maximes* :

« Il n'y a rien qui ne s'oublie devant les services, non pas rendus, mais à rendre. »

« Le premier besoin qu'on éprouve après avoir commis des fautes, c'est de ne pas les avouer. »

« On a autant et même plus besoin de satisfaction lorsqu'on a tort que lorsqu'on a raison. »

« Les ennemis découvrent le mal parce qu'ils le souhaitent ; les amis se le cachent parce qu'ils en sont importunés. »

« La conscience humaine sent tous les reproches qu'elle a mérités, surtout quand on les lui épargne. »

« La fatalité, dieu silencieux, que les hommes accusent volontiers, parce qu'il ne répond pas. »

Nous pourrions citer d'autres réflexions d'un tour aussi fin, d'une forme aussi heureuse ; mais, il faut se hâter de le dire, tel n'est pas le caractère général, le ton habituel des pensées de l'historien de l'Empire. Comme il voit l'humanité de haut, il la juge avec indulgence. S'il croit, avec Balzac, que l'homme se corrige peu, il croit aussi, avec Condorcet, qu'il est susceptible d'un certain progrès social. Sa morale nous semble tout entière dans cette phrase :

« Des leçons de l'expérience il reste peu de chose, oui, bien peu, moins qu'il n'a coûté de sang, moins qu'il n'a été ressenti de douleurs! Mais ce peu, accumulé de génération en génération, finit par composer ce qu'on appelle la sagesse des siècles, et fait que les hommes, sans devenir des sages, ce qu'ils ne seront jamais, deviennent successivement moins aveugles, moins injustes, moins violents les uns envers les autres. Il faut donc persévérer et chercher dans les événements, même les plus douloureux, de nouveaux motifs de conseiller aux hommes et aux partis la raison, la modération, la justice. »

Si nous essayons de formuler notre jugement sur la morale de M. Thiers, telle qu'elle est renfermée en ces maximes diverses, nous dirons que le bon sens, la finesse d'observation, rarement une pointe de malignité, le plus souvent une indulgente bonté, fruit d'une longue expérience, en sont les qualités essentielles; et par là il se rapprocherait plutôt de Vauvenargues, son compatriote. La mauvaise humeur, l'esprit chagrin, ne se trahit presque jamais; point de diatribes ni de boutades. Pour lui, l'histoire n'est pas un pamphlet; elle est l'école de l'expérience, grande et sérieuse comme l'expérience elle-même. Il sait que les leçons sévères corrigent peu, que les admonitions douces sont sans portée, et les conseils le plus ordinairement inutiles. Que reste-t-il donc à faire au moraliste? L'exposé vrai, sincère, complet, de nos fautes et de leurs conséquences. Montrer à l'homme qu'il est d'abord de son intérêt d'être bon, humain, généreux, véridique, c'est encore ce qu'il y a de mieux à faire.

Cette leçon ressort à chaque ligne des pensées qui suivent. Le lecteur saura bien l'y trouver. Ces pensées, pour la plupart, ont pour objet nos fautes et nos passions; d'autres roulent plus habituellement sur la fortune qui aveugle les hommes; il y en a beaucoup sur la politique, sur la guerre (1), sur le génie qui s'égare, la multitude qu'il faut tantôt suivre, tantôt contenir, les princes qui s'aveuglent, les courtisans qui les perdent par leurs flatteries, et les sages qui les compromettent par leur silence.

Bien que ces maximes ainsi détachées du texte

---

(1) Nous avons composé à part un petit recueil de Maximes de guerre éparses dans les vingt volumes de l'*Histoire du Consulat et de l'Empire*. Ce petit recueil se trouve placé à la fin de ce volume.

vivent de leur vie propre et se soutiennent toutes seules, indépendamment de ce qui les précède ou de ce qui les suit, on en trouvera bon nombre qui se rapportent si directement à Napoléon qu'il n'y a plus qu'à écrire son nom à la fin de chacune d'elles. D'autres paraîtront d'une vérité un peu relative : ce sera au lecteur à se représenter les circonstances qui les ont fait naître, et sans beaucoup de peine il y parviendra; il y trouvera même le motif d'un petit exercice qui tournera au profit de son jugement et de sa mémoire.

Nous n'avons adopté d'autre ordre pour ces pensées que celui dans lequel nous les avons lues.

Enfin, nous n'avons pas jugé à propos de signer. Ce n'est pas à la fin d'un livre sur la *Propriété* qu'il conviendrait d'attacher notre nom à un recueil de pensées que nous admirons, mais qui ne nous appartiennent pas.

Avril 1868.

MAXIMES ET PENSÉES.

1.

L'excès du mal amène souvent le retour du bien, à une condition toutefois : c'est qu'il reste des forces au corps malade dont on attend la guérison. (T. I, p. 19.)

2.

Le général Bonaparte préférait chez ceux qui le servaient l'exactitude et l'intelligence à l'esprit. C'est le goût des génies supérieurs, qui ont besoin d'être compris et obéis, et point suppléés. (T. I, p. 27.)

3.

Pour être modéré avec honneur et avec fruit, il faut être puissant. (T. I, p. 51.)

4.

Les sentiments des princes absolus, malgré leurs prétentions au secret, éclatent aussi vite que les sentiments des peuples libres. Les uns, en effet, ne se contiennent guère plus que les autres. (T. I, p. 60.)

5.

On voit quelquefois un faux mérite, qui a su capter un moment le public, fasciner les esprits et leur arracher les plus incroyables exagérations; mais quelquefois aussi il arrive au mérite vrai, au génie, d'inspirer cette sorte de caprice, et ce caprice devient alors une passion. (T. I, p. 71.)

6.

A l'égard d'un esprit systématique, adopter toutes ses idées moins une, c'est lui causer presque autant de chagrin que si on les rejetait toutes. (T. I, p. 95.)

7.

Les hommes se trompent plus souvent eux-mêmes qu'ils ne trompent les autres. (T. I, p. 221.)

8.

Il n'y a que les âmes fortes et les esprits vraiment élevés qui peuvent surmonter les épreuves de la politique. (T. I, p. 248.)

9.

L'âme humaine, dans les moments où elle éprouve des désirs ardents, est portée à la bonté; elle fait le bien comme une manière de mériter celui qu'elle sollicite de la Providence. (T. I, p. 376.)

10.

On dirait à voir les choses d'ici-bas que la fortune aime la jeunesse, car elle seconde merveilleusement les premières années des grands hommes. N'allons pas toutefois, comme les poëtes anciens, la faire aveugle et capricieuse. Si elle favorise si souvent la jeunesse des grands hommes à la façon d'Annibal, de César et de Napoléon, c'est qu'ils n'ont pas encore abusé de ses faveurs. (T. II, p. 97.)

11.

La fortune, cette maîtresse capricieuse des grands hommes, n'est donc point aussi capricieuse qu'on se plaît à la faire. Tout n'est point caprice quand elle les favorise, caprice quand elle les quitte ; et dans ces prétendues infidélités, les torts le plus souvent ne sont pas de son côté. Mais parlons un langage plus vrai, plus digne de ce grave sujet : la fortune, ce nom païen donné à la puissance qui régit toutes choses ici-bas, c'est la Providence favorisant le génie qui marche dans les voies du bien, c'est-à-dire dans les voies tracées par sa sagesse infinie. (T. II, p. 98.)

12.

Il n'y a pas de miracle en ce monde ; mais il n'y a d'autre cause aux succès réels que le bon sens, secondé par une volonté forte. (T. II, p. 153.)

13.

Il faut, quand on réforme, se contenter de réformer pour détruire des souffrances réelles, pour rétablir la justice là où elle manque ; mais réformer pour le plaisir des yeux ou de l'esprit, pour mettre la ligne droite là où elle n'est pas, c'est trop exiger de la nature humaine. On crée à volonté les habitudes d'un enfant, on ne refait pas celles d'un homme mûr. Il en est de même pour les peuples ; on ne renouvelle pas les habitudes d'une nation qui compte quinze siècles d'existence. (T. II, p. 166.)

14.

Il y a dans tous les partis deux portions : l'une nombreuse, sincère, qu'on peut amener à soi en réalisant les vœux du pays ; l'autre peu nombreuse, inflexible, factieuse, qu'on désespère en réalisant ces vœux, loin de la contenter, parce qu'on lui ôte ses prétextes. (T. II, p. 172.)

15.

Il arrive quelquefois à la haine de deviner juste, parce qu'elle aime à supposer des fautes, et que malheureusement les fautes sont toujours ce qu'il y a de plus probable. (T. II, p. 181.)

16.

Ce sont toujours les tentatives des partis contre un pouvoir naissant qui hâtent ses progrès et l'encouragent à oser tout ce qu'il médite. (T. II, p. 203.)

17.

La Providence ne fait rien à demi : à un grand génie elle procure une grande œuvre, et à toute grande œuvre un grand génie. (T. II, p. 360.)

18.

Si les nations veulent s'outrager les unes les autres, elles ont toutes dans leur histoire de quoi s'offenser. (T. II, p. 436.)

19.

La vérité est le premier devoir de l'histoire ; elle est la plus utile, la plus puissante des leçons, la plus capable d'empêcher le renouvellement des scènes tragiques. (T. II, p. 436.)

20.

Le bien est difficile à exécuter, même quand il est nécessaire, même quand il est un besoin réel et pressant, car malheureusement, de ce qu'il est un besoin, il n'en résulte pas qu'il soit une notion claire, évidente, non susceptible de contestation. (T. III, p. 226.)

21.

Tout ce qui fait connaître les hommes, les petitesses déplorables même des plus grands, est digne de l'histoire; car tout ce qui peut instruire lui appartient. On ne saurait trop avertir les personnages considérables de la futilité des motifs qui les brouillent souvent, surtout quand leurs divisions deviennent celles de la patrie. (T. III, p. 330.)

22.

En ce monde la sagesse est plus rare que l'habileté, plus rare même que le génie; car la sagesse suppose la victoire sur ses propres passions, victoire dont les plus grands hommes ne sont guère plus capables que les petits. (T. III, p. 411.)

23.

C'est une affreuse invention de la discorde que l'exil : elle rend l'exilé malheureux, elle dénature son cœur, elle le met à l'aumône de l'étranger, elle promène au loin l'affligeant spectacle des troubles du pays. De toutes les traces d'une révolution, c'est celle qu'il faut effacer la première. (T. III, p. 454.)

24.

L'énergie mise au service de la prudence est le plus beau des spectacles que puisse présenter la politique. (T. IV, p. 242.)

25.

La jeunesse élevée dans la dissipation est ordinairement légère dans son langage. La jeunesse élevée d'une manière sérieuse est volontiers dogmatique; car ce qu'il y a de plus difficile à la jeunesse, c'est la mesure. (T. IV, p. 399.)

26.

C'est l'ordinaire punition de ceux qui s'engagent dans des conspirations, de s'arrêter trop tard : souvent ils sont découverts, saisis, punis, quand déjà la conscience, la crainte commençant à leur ouvrir les yeux, ils allaient rétrograder dans la voie du mal. (T. IV, p. 541.)

27.

Il faut avoir vu des esprits tendus par la recherche d'une conspiration, surtout si une passion quelconque les dispose à croire ce qu'ils soupçonnent, pour comprendre à quel point les inductions sont promptes, et pour bénir cent fois les lenteurs de la justice, qui sauvent les hommes de ces fatales conclusions tirées si vite de quelques coïncidences fortuites. (T. IV, p. 592.)

28.

Le plus transcendant génie ne sauve pas des fautes les plus vulgaires, quand on abandonne aux passions, même pour un seul instant, le gouvernement de soi-même. (T. IV, p. 610.)

29.

Les fautes d'un adversaire sont une triste compensation aux fautes qu'on a pu faire. (T. V, p. 16.)

30.

Il n'y a rien de plus triste à voir que la faiblesse malhabile s'embarrassant dans le labyrinthe de la politique et se compromettant à force de vouloir parer à tout, comme un faible oiseau qui se prend dans un filet à force de s'agiter pour en sortir. (T. V, p. 27, 28.)

31.

Le plus souvent ce sont les ennemis d'un gouvernement qui, par leurs attaques imprudentes, lui font faire les progrès les plus rapides. (T. V, p. 51.)

32.

En tout pays déchiré par des factions, menacé par des ennemis extérieurs, le besoin d'être gouverné et défendu amènera tôt ou tard le triomphe d'un personnage puissant, guerrier comme César à Rome, riche comme les Médicis à Florence. (T. V, p. 55.)

33.

Au moment de prendre un pouvoir qui ne lui appartient pas naturellement, tout génie, quelque audacieux qu'il soit, hésite au moins, s'il ne tremble pas. Dans ces situations, une involontaire pudeur saisit l'ambition la plus ardente, et on n'ose pas avouer tout ce qu'on désire. (T. V, p. 61.)

34.

C'est l'ordinaire disposition des hommes d'exploiter l'ambition qu'il leur est impossible de combattre avec succès, et de se consoler de l'envie par l'avidité. (T. V, p. 65.)

35.

La république n'est pas nécessairement la liberté, comme la monarchie n'est pas nécessairement l'ordre. On rencontre l'oppression sous la république, comme on rencontre le désordre sous la monarchie. Sans de bonnes lois, on doit trouver l'une et l'autre sous tous les gouvernements. (T. V, p. 92.)

36.

Le régime aristocratique est le port où sont allées se reposer les républiques qui n'ont pas fini par le despotisme. (T. V, p. 113.)

37.

On grandit toujours le gouvernement, le parti ou l'homme qu'on tente de détruire par des moyens criminels. (T. V, p. 151.)

38.

Indépendamment des grands malheurs, la Providence cache toujours quelque amertume anticipée dans le bonheur même, comme pour avertir l'âme humaine et la préparer aux infortunes éclatantes. (T. V, p. 152.)

39.

Les peuples ont tous dans le cœur un sentiment confus mais profond de la Divinité. Peu importe la forme sous laquelle on la présente à leur adoration, pourvu que cette forme soit très-anciennement admise, et qu'au-dessus d'eux on leur donne l'exemple de la respecter. (T. V, p. 255.)

40.

Il faut s'attacher aux grandes vérités sur lesquelles repose la société humaine et s'y fixer, car il n'y a ni dignité ni repos dans ces caprices d'un jour qu'on embrasse, qu'on quitte avec une précipitation déshonorante. (T. V, p. 260.)

41.

On ne songe pas à abaisser les hommes, même en les estimant peu, quand on veut leur demander de grandes choses. (T. V, p. 276.)

42.

La haine éclaire quelquefois, si elle aveugle souvent. (T. V, p. 345.)

43.

Les plus grands génies ont beau vouloir, leur volonté, si puissante qu'elle soit comme volonté d'homme, est à peine un caprice sans force, quand la Providence veut autrement. (T. V, p. 400.)

44.

Ce qui répugne le plus aux âmes ardentes et fortes, ce sont les situations incertaines. (T. V, p. 463.)

45.

La chaîne qui lie entre eux les événements de ce monde est quelquefois bien étrange! Souvent ce qui est sage combinaison échoue, ce qui est faute réussit. C'est une raison de modestie, non d'abaissement, pour la sagesse humaine. (T. VI, p. 4.)

46.

L'esprit humain supporte quelquefois le malheur sans faillir, rarement la prospérité sans commettre de grandes fautes. (T. VI, p. 369.)

47.

La conscience humaine sent tous les reproches qu'elle a mérités, surtout quand on les lui épargne. (T. VI, p. 394.)

48.

On n'a des alliés, comme des amis, qu'à la condition de ménager leur orgueil autant que leur intérêt, à la condition, en apercevant leurs torts, même en les sentant vivement, de ne pas s'en donner de pareils à leur égard. (T. VI, p. 394.)

49.

Les hommes sont esclaves de la fortune, et ils prennent volontiers pour éternels ses caprices d'un moment. (T. VI, p. 431.)

50.

Les cours sont bien capricieuses. Elles ne le sont pas plus que les grandes assemblées délibérantes. (T. VI, p. 433.)

51.

Il faut au génie des passions pour qu'il ait de la puissance. (T. VI, p. 435.)

52.

A quoi seraient bonnes les forces des nations, sinon à essayer de dominer les unes sur les autres? Les vastes dominations sont dans les desseins de la Providence. Ce qu'un homme de génie est à une nation, une grande nation l'est à l'humanité. Les grandes nations civilisent, éclairent le monde, et le font marcher plus rapidement dans toutes les voies. Seulement il faut leur conseiller d'unir à la force la prudence qui fait réussir la force, et la justice qui l'honore. (T. VI, p. 435.)

53.

C'est un mélange de faux et de vrai qui compose ordinairement tous les bruits, et il s'y mêle toujours assez de vérité pour accréditer le mensonge. (T. VI, p. 549.)

54.

Jamais il ne s'est vu de délire pareil que là où la multitude mène les sages, que là où les cours mènent les rois faibles. (T. VI, p. 558.)

55.

On a autant et même plus besoin de satisfaction lorsqu'on a tort que lorsqu'on a raison. (T. VI, p. 567.)

56.

On ne veut voir chez les cabinets que des calculs, jamais des passions. Ils en ont cependant, et ces irritations subites qui dans la vie privée s'emparent quelquefois de deux hommes et leur mettent le fer à la main, sont tout aussi souvent, plus souvent même qu'un intérêt réfléchi, la cause qui précipite deux nations l'une sur l'autre. (T. VII, p. 6.)

57.

Heureux les gouvernements quand il se rencontre de sages amis pour apporter un retard à leurs rigueurs! Il n'est pas nécessaire que ce retard soit bien long pour qu'ils aient cessé de vouloir les actes auxquels ils se portaient d'abord avec le plus de véhémence. (T. VII, p. 180.)

58.

L'orgueil humain aime de la puissance le titre autant que la puissance même. (T. VII, p. 197.)

59.

Le génie, après avoir désespéré l'envie par ses succès, se charge lui-même de la consoler par ses fautes. (T. VII, p. 206.)

60.

Il est un instant, un seul, où la raison ne vaut pas l'entrainement des passions : c'est celui où le dévouement, même aveugle, est la condition nécessaire du salut d'un peuple. (T. VII, p. 275.)

61.

La loi vaut mieux qu'aucune volonté humaine, quelle qu'elle soit. (T. VII, p. 431.)

62.

Lorsque le moment d'une chose est venu, il semble que tout la favorise, même les accidents les plus imprévus. (T. VII, p. 641.)

63.

La mode, puissance légère et fantasque, qui partage avec la sainte puissance de la conscience le privilége d'échapper au pouvoir, mais qui cependant obéit volontiers à la gloire. (T. VIII, p. 131.)

64.

Quoi qu'on fasse ou qu'on ne fasse pas, le grand guerrier, le grand magistrat, le savant illustre, lègueront à leurs descendants une considération qui les fera distinguer de la foule, et qui leur épargnera, quand ils auront du mérite, la plus sérieuse des difficultés que rencontre le mérite en ce monde, celle d'attirer le premier regard du public. (T. VIII, p. 135.)

65.

Ce ne sont pas les lois écrites, c'est la nature qui a produit l'aristocratie de tous les pays, et surtout celle des républiques. (T. VIII, p. 135.)

66.

La volonté peut tout chez les hommes, excepté de changer les temps, et les temps peuvent plus sur le génie des nations que toute la volonté des gouvernements. (T. VIII, p. 147.)

67.

Il faut reconnaître, pour l'honneur de la nature humaine, que ce qui l'attire le plus, c'est la gloire. (T. VIII, p. 187.)

68.

Qui dit imitateur dit corrupteur, car tout imitateur corrompt ce qu'il imite en l'exagérant. (T. VIII, p. 187.)

69.

Il n'y a pas pour la puissance de flatteur plus dangereux que le courtisan disgracié qui veut recouvrer sa faveur. (T. VIII, p. 251.)

70.

Le génie n'est pas plus dispensé que la médiocrité elle-même de loyauté et de bon sens. (T. VIII, p. 658.)

71.

Si la multitude ne voit pas, elle sent, et dans les occasions fort rares où il faut fermer les yeux et obéir à son cœur, elle est non pas un conseiller à écouter, mais un torrent à suivre. (T. IX, p. 5.)

72.

Il tendait chaque jour à s'effacer davantage, ce qui est facile en tout temps, car les acteurs pressés sur la scène du monde ne sont jamais fâchés qu'on leur laisse la place vide. (T. IX, p. 9.)

73.

Ainsi va la fortune à la guerre, comme dans la politique, comme partout en ce monde, monde agité, théâtre changeant, où le bonheur et le malheur s'enchaînent, se succèdent, s'effacent, ne laissant, après une longue suite de sensations contraires, que néant et misère! (T. IX, p. 162.)

74.

Pendant cette vie même, il y a déjà dans les événements une certaine rémunération du bien et du mal. Manquer au bon sens, à la raison, à la justice, rencontre bientôt ici-bas un juste et premier châtiment. Dieu, sans doute, se réserve de compléter ailleurs le compte ouvert aux maîtres des empires comme au plus humble gardeur de troupeaux. (T. IX, p. 242.)

75.

Les hommes même les plus obligés à la dissimulation ne sont jamais aussi faux, aussi dépourvus de sensibilité que l'imagine la finesse du vulgaire, qui croit être profonde en ne supposant partout que du mal. (T. IX, p. 346.)

76.

A mesure qu'il prend des années, le pouvoir devient singulièrement complaisant pour lui-même, quelque grand qu'il soit par l'esprit. C'est une faiblesse de la durée. (T. XI, p. 222.)

77.

Les exagérations apaisent la douleur comme les larmes elles-mêmes. (T. XI, p. 345.)

78.

Les ennemis découvrent le mal parce qu'ils le souhaitent; les amis se le cachent parce qu'ils en sont importunés. (T. XII, p. 5-6.)

79.

On dirait qu'avant de perdre les hommes, la Providence, en mère indulgente, les avertisse plusieurs fois, et les invite en quelque sorte à réfléchir afin de s'amender. (T. XII, p. 7.)

80.

Les peuples, ennuyés de la monotonie de leur vie, s'empressent toujours d'accourir au-devant des princes qui passent, quels qu'ils soient, et souvent les applaudissent à la veille même d'une catastrophe. (T. XII, p. 129.)

81.

La vérité, quelque forme qu'on emploie pour la faire arriver aux oreilles des souverains, quand leur esprit s'y refuse, est un bruit inutile et importun fait à une porte qui ne veut pas s'ouvrir. (T. XII, p. 145.)

82.

La fortune aveugle vite même les hommes de génie, quand ils se prennent à vouloir soumettre non pas leurs désirs à la nature des choses, mais la nature des choses à leurs désirs. (T. XII, p. 506.)

83.

Les pays libres font attendre parfois la justice, mais ils l'accordent tôt ou tard, parce que la contradiction les éclaire; tandis que le plus souvent elle irrite sans les éclairer les souverains habitués à jouir d'une autorité absolue. (T. XII, p. 646.)

84.

Le premier besoin qu'on éprouve après avoir commis des fautes, c'est de ne pas se les avouer. (T. XII, p. 697.)

85.

Tel est l'ordinaire inconvénient du pouvoir illimité et non contredit : par l'habitude de la soumission, il supprime jusqu'à la pensée de la résistance, même chez les esprits les plus éclairés et les plus fermes. (T. XII, p. 701.)

86.

C'est un sujet d'éternelle surprise de voir combien on est sage quand on conseille les autres, en l'étant si peu quand il s'agit de se conseiller soi-même. (T. XIII, p. 33.)

87.

Taire la vérité aux princes, c'est cacher le mal sans l'arrêter. Ses ravages secrets sont d'autant plus dangereux qu'ils se révèlent tous à la fois, et quand il n'est plus temps d'y remédier. (T. XIII, p. 34.)

88.

Quel bienfait de la Providence d'avoir caché à l'homme son lendemain! Mais quel écueil aussi pour sa prudence, chargée de deviner ce lendemain et de le conjurer à force de sagesse! (T. XIII, p. 106.)

89.

Si grand, si puissant que soit le génie d'un homme, il y a quelque chose de plus grand que lui : c'est l'univers, qui lui échappe quand à lui seul il veut l'embrasser tout entier. (T. XIII, p. 226.)

90.

En toutes choses les sacrifices les plus grands, sans le dernier qui doit les accomplir, restent stériles. (T. XIII, p. 237.)

91.

Il raisonnait comme certains cœurs enfoncés dans l'habitude du vice, sentant qu'il en faut sortir, le désirant sincèrement, mais remettant de jour en jour, si bien que la vie finit pour eux avant qu'ils aient trouvé le temps de s'amender. (T. XIII, p. 458.)

92.

Singulier spectacle que celui du monde! C'est d'ordinaire un assaut de fautes dans lequel ne succombe que celui qui en commet le plus! Et ces fautes, ce sont bien souvent les gouvernements les plus habiles qui les commettent, quand la passion s'est emparée d'eux : car l'esprit n'est plus rien là où la passion règne. (T. XIII, p. 473.)

93.

Rois ou peuples, les hommes sont peu généreux pour le malheur, et ils n'aiment que la force, la gloire et l'éclat. Le malheur déchirant les touche comme un spectacle; le malheur triste et discret les trouve froids, négligents, soigneux de l'éviter. (T. XIII, p. 530.)

94.

L'âge tempère, lorsque la vie a été un mélange de succès et de revers; il enivre, au contraire, il aveugle, lorsque la vie n'a été qu'une longue suite de triomphes. (T. XIV, p. 52.)

95.

De même que l'extrême oppression provoque la révolte, l'esprit supérieur qui abuse de sa supériorité provoque quelquefois de justes reparties, auxquelles, pour sa punition, il ne trouve pas de répliques. (T. XIV, p. 58.)

96.

Les humiliations sont, en général, ce qu'on les fait soi-même par la manière de les prendre. Si on se montre blessé, elles blessent; si on les accepte comme une simple condition des choses, elles relèvent souvent au lieu d'abaisser. (T. XIV, p. 84.)

97.

On remarquait chez lui les progrès de cette humeur despotique, fantasque et intempérante, qui ne tient pas plus compte du caractère que des éléments, qui traite les hommes, la nature, la fortune, comme des sujets trop heureux de lui obéir, bien impertinents de ne pas le faire toujours, prenant même chez les hommes du plus grand génie quelque chose de l'enfant qui désire tout ce qu'il voit, veut tout ce qu'il désire, le veut sur-le-champ, sans admettre un délai ni un obstacle, et crie, commande, s'emporte ou pleure quand il ne l'obtient pas. C'est là bien plus que la déchéance de l'esprit, c'est celle du caractère, gâté par le despotisme. (T. XIV, p. 91.)

98.

Se faire écouter au milieu du chaos des volontés discordantes, tempérer les violents, exciter les tièdes, concilier les jaloux, amuser les chimériques, amener enfin, à force de souplesse et de vigueur, la masse étourdissante et étourdie à des volontés sensées, fortes, uniformes, est un art supérieur, que la nature seule ne suffit pas à donner si l'expérience ne l'a pas mûri, et qui ne s'acquiert que dans les pays libres. (T. XIV, p. 98.)

99.

On ne commande véritablement qu'en proportion des volontés qu'on est capable de concevoir et d'exécuter. Le grade, le rang n'y font rien, et le maître le plus absolu sur le trône, le plus redouté, n'est souvent que le valet d'un valet qui sait ce que son maître ignore. Le génie seul commande, parce qu'il voit et veut, et lui-même il dépend des bons conseils, car il ne saurait tout voir, et si, aveuglé par l'orgueil, il écarte ces conseils, il aboutit à la folie, et, par la folie, à la ruine! (T. XIV, p. 124.)

100.

Les fleuves, comme les hommes, sont humbles au début de leur carrière. (T. XIV, p. 204.)

101.

Dans les malheurs publics, il faut qu'on s'en prenne à quelqu'un, et la multitude choisit souvent pour victime le bon et courageux citoyen qui seul sert utilement le pays! Ces misères ne sont pas particulières aux États libres, elles appartiennent à tous les États où il y a des masses aveugles, et il y en a sous le despotisme au moins autant qu'ailleurs. (T. XIV, p. 296.)

102.

Ce ne sont pas des égaux que la Providence oppose au génie, quand elle a résolu de le punir, mais des inférieurs, instruments bien choisis de la force des choses. Comme si elle voulait le châtier davantage en le faisant succomber sous des adversaires qui ne le valent pas. (T. XIV, p. 297.)

103.

Dans notre monde fini, le mal, même excessif, ne s'achève pas plus que le bien. (T. XIV, p. 385.)

104.

La domination d'une seule idée rend un homme fou, ou capable de choses extraordinaires, et produit souvent les deux résultats à la fois. (T. XIV, p. 524.)

105.

On ne menace pas facilement l'existence d'un État libre, parce qu'il y a mille contradicteurs à rencontrer à chaque pas dans un pays où tout homme raisonne et discute ses devoirs. Dans un État despotique, le téméraire qui met la main sur le ressort essentiel du gouvernement est le maître, et c'est ce qui donne naissance aux conspirations de palais, signe honteux de la caducité des empires voués au despotisme. (T. XIV, p. 532.)

106.

Le despote qui trouve les caractères énervés les a le plus souvent énervés lui-même, en abusant de leur dévouement, et ressemble à l'imprudent cavalier qui a tué de fatigue le cheval destiné à le porter. (T. XIV, p. 598.)

107.

C'est le châtiment du génie de sentir ses fautes plus que la médiocrité, et d'en être plus puni dans le secret de sa conscience. (T. XIV, p. 677.)

108.

C'est abaisser la nature humaine que d'abaisser le génie ; il faut le juger, le montrer à l'univers, avec les véritables causes de ses erreurs, le donner en enseignement aux nations, aux chefs d'empire, aux chefs d'armée, en faisant voir ce que devient le génie livré à lui-même, le génie entraîné, égaré par la toute-puissance. (T. XIV, p. 679.)

109.

Le rire ne raisonne pas plus que la colère. (T. XV, p. 162.)

110.

Après la multitude soulevée, outrageant bassement les princes vaincus, il n'y a rien de plus triste à voir que ces grands corps prosternés aux pieds du pouvoir, l'admirant d'une admiration qui croît avec ses fautes, lui parlant avec chaleur de leur fidélité, déjà prête à s'évanouir, et lui jurant enfin de mourir pour sa cause la veille même du jour où ils vont féliciter un autre pouvoir de son avénement. Heureux les pays solidement constitués, et auxquels sont épargnés ces spectacles si méprisables! (T. XV, p. 170.)

111.

Tel est l'effet des fautes en politique, et surtout des grandes! Outre le mal qu'elles entraînent, elles ont pour résultat d'ôter le sens à celui qui les a commises, à ce point que, dans l'agitation qu'elles produisent, le génie lui-même ne semble plus qu'un enfant en colère. Il s'en prend de ses fautes à ceux à qui elles sont le moins imputables et qui souvent en souffrent le plus. (T. XV, p. 171.)

112.

La punition de l'orgueil qui a trop entrepris sur autrui, c'est précisément de ne pouvoir céder, alors même qu'il le trouverait juste et nécessaire! Il est cloué à ses folles prétentions comme Prométhée à son rocher : exemple terrible pour ceux qui, n'écoutant que leurs désirs, se font un jeu des droits et de la dignité des hommes (T. XV, p. 520.)

113.

Un homme sage, même en se défiant de la fortune, ne sait pas toujours la repousser. (T. XV, p. 585.)

114.

Ainsi sont faites les cours où l'on n'ose pas parler : souvent on dit à tout le monde ce qu'il faudrait ne dire qu'au maître. (T. XVI, p. 64.)

115.

On doit se garder de pousser les hommes au désespoir; car, en provoquant ce sentiment chez eux, on leur donne des forces surnaturelles qui déjouent tous les calculs et surmontent parfois la puissance même de l'art le plus consommé. (T. XVI, p. 359.)

116.

Funestes illusions de la haine! on s'envie, on se hait, on se poursuit en croyant heureux l'adversaire qu'on déteste, tandis que tous, la tête courbée sous le fardeau de la vie, on marche au milieu des mêmes

douleurs à des malheurs presque pareils! (T. XVI,
p. 361.)

117.

Les hommes s'envieraient moins s'ils savaient combien, avec des apparences différentes, leur fortune est souvent égale, et au lieu de se diviser sous la main du destin, s'uniraient, au contraire, pour en soutenir en commun le poids accablant! (T. XVI, p. 362.)

118.

Si la prospérité aveugle, l'adversité, au contraire, procure en certains moments une étrange clairvoyance, et l'on dirait qu'alors, pour mettre le comble à la punition, la Providence rémunératrice lève tous les voiles de l'avenir. (T. XVI, p. 635.)

119.

Les hommes, même les plus honnêtes, doivent se défendre des passions politiques, car elles peuvent les conduire à des actes abominables. (T. XVI, p. 670.)

120.

Les hommes portent dans leur caractère une destinée qu'ils cherchent autour d'eux, au-dessus d'eux, partout, en un mot, excepté en eux-mêmes, où elle réside véritablement, laquelle, suivant qu'ils cèdent à leurs passions ou à leur raison, les perd ou les sauve, quoi qu'ils puissent faire, quelque génie qu'ils puissent déployer. Et lorsqu'ils se sont perdus, ils s'en prennent à leurs soldats, à leurs généraux, à leurs alliés, aux hommes, aux dieux, et se disent trahis par tous, quand ils l'ont été par eux seuls! (T. XVI, p. 685.)

121.

La vérité qu'on n'a pas voulu écouter, lorsqu'il était temps de l'entendre utilement, on la retrouve plus tard, sous les formes les plus poignantes, non-seulement dans le cri des peuples, mais dans l'affliction des amis sincères, dans l'humeur silencieuse des amis intéressés, et souvent même dans l'insolence des plus vils courtisans, chez lesquels le désespoir d'une fortune perdue a fait évanouir le respect. (T. XVII, p. 44.)

122.

Quand on parle rarement ou trop tard aux nations, on est exposé à être écouté avec défiance ou mal compris. (T. XVII, p. 57.)

123.

Les passions pour s'allumer n'attendent la permission ni de Dieu ni des hommes; elles s'allument comme ces feux qui ravagent les cités ou les campagnes sans qu'on en sache l'origine. (T. XVII, p. 114).

124.

Lorsqu'un homme supérieur sort du pays où il est né, il y laisse ou des amis ardents ou des jaloux implacables. (T. XVII, p. 114.)

125.

Dieu *lui* avait accordé un genre de génie aussi admirable que celui des batailles, de l'éloquence ou des arts, le génie de la politique, c'est-à-dire cette sagacité qui démêle les événements humains dans leurs causes, leur enchaînement, leurs conséquences; qui découvre comment il faut s'en garder ou s'y mêler; génie rare que les grandes âmes appliquent à leur pays, les petites à elles-mêmes, qui perd en grandeur ce qu'il gagne en égoïsme, mais qui reste l'un des dons les plus précieux de l'esprit, et ne laisse presque jamais inaperçu, oisif ou inutile, le mortel qui en est doué. (T. XVII, p. 114.)

126.

Ceux qui prennent l'habitude de marchander à un pays la connaissance de ses affaires, devraient se demander s'il n'y aura pas un jour où il faudra les lui révéler en entier, et si ce jour ne sera pas justement celui où il faudrait avoir le moins d'aveux pénibles à faire. (T. XVII, p. 169.)

127.

Il n'y a rien qui ne s'oublie devant les services, non pas rendus, mais à rendre. (T. XVII, p. 396.)

128.

Les partis n'ont que la mémoire qui leur convient. Selon le besoin du jour, ils ont tout oublié ou se souviennent de tout. (T. XVII, p. 396.)

129.

Ordinairement on s'en prend d'une trop longue soumission à celui qui vous l'a imposée, et loin d'être un embarras pour la pudeur, elle est, au contraire, un prétexte pour l'ingratitude. (T. XVII, p. 652.)

130.

Droit, rude, sensé, *il* n'avait pas cette science des hommes qui ôte toute colère en ôtant toute surprise. (T. XVII, p. 652.)

131.

Il y a un terme à tout, même au dévouement, surtout quand on n'en voit plus la cause légitime et qu'on se croit sacrifié aux passions d'un maître insensé. (T. XVII, p. 678.)

132.

La vanité mécontente est, dans les moments de crise, un but vers lequel l'intrigue peut se diriger avec grande probabilité de succès. (T. XVII, p. 680.)

133.

Il y a des jours, tristes jours! où le devoir est obscur et où les cœurs les plus honnêtes sont perplexes. (T. XVII, p. 696.)

134.

Bien que la vérité ne dépende pas des lieux, que vérité ici, elle ne soit pas mensonge là, il nous semble que la manière de l'envisager peut dépendre des situations, et que le devoir peut différer suivant le lieu où l'on se trouve. (T. XVII, p. 696.)

135.

La reconnaissance enchaîne l'intérêt personnel, mais n'enchaîne pas le devoir. (T. XVII, p. 718.)

136.

Il y a des temps où la fortune après vous avoir tout pardonné ne vous pardonne plus rien, et vous punit non-seulement de vos fautes, mais de celles d'autrui. (T. XVII, p. 733.)

137.

Tristes jours que ceux de réaction, où l'esprit public profondément troublé perd les notions les plus élémentaires des choses, bafoue ce qu'il avait adoré, adore ce qu'il avait bafoué, et prend les plus honteuses contradictions pour un heureux retour à la vérité! (T. XVII, p. 766.)

138.

L'infaillible justice des choses serait odieuse à contempler si on ne la considérait que dans les vils instruments qu'elle emploie; mais elle paraît bientôt, si l'on élève la vue jusqu'à elle, aussi profonde que terriblement rémunératrice. Il ne reste aux grands esprits qui l'ont provoquée par leurs fautes, qu'un honneur, une consolation, c'est de la reconnaître, de la comprendre et de se résigner à ses arrêts. (T. XVII, p. 835.)

139.

S'il est permis de rire des choses humaines, souvent risibles, en effet, c'est quand on les regarde, ce n'est jamais quand on les dirige. (T. XVII, p. 854.)

140.

C'est quelque chose, c'est même beaucoup que de satisfaire l'intérêt des hommes. Ce n'est rien si on les humilie, car heureusement il y a dans le cœur humain autant d'orgueil que d'avidité. (T. XVII, p. 855.)

141.

Le calcul raffiné est permis, mais à la condition de réussir. Quand il échoue, il vaut à ceux qui se sont trompés le titre de renards pris au piége. (T. XVII, p. 861.)

142.

Un homme devrait être plus facile à contenir que la multitude. Malheureusement, l'exemple le prouve, un homme entraîné par l'orgueil, l'ambition, le sentiment de la victoire, ne sait guère plus se dominer que la multitude elle-même. (T. XVII, p. 867-868.)

143.

La liberté, pour qu'elle soit possible, exige que gouvernement, partis, individus, se laissent tout dire avec une patience inaltérable. C'est à peine s'ils en sont capables, lorsque, n'ayant rien de sérieux à se reprocher, ils n'ont à s'adresser que des calomnies. (T. XVII, p. 886.)

144.

L'élan ne manque jamais ni aux individus ni aux nations, surtout aux grandes nations et aux grands individus. Ce qui leur manque, c'est la retenue, la raison, le gouvernement d'eux-mêmes. Pour les hommes, privés ou publics, ordinaires ou extraordinaires, pour les nations, pour les révolutions surtout, qui ne sont le plus souvent qu'un élan irréfléchi vers le bien, se contenir est le secret pour être honnête, pour être habile, pour être heureux, pour réussir en un mot. Si on ne sait se contenir, c'est-à-dire se gouverner, on perd la cause que dans l'excès de son amour on a voulu faire triompher par la violence ou la précipitation. Ayons toujours trois exemples mémorables sous les yeux : la Convention a perdu la liberté; Napoléon, la grandeur française; la maison de Bourbon, la légitimité, c'est-à-dire ce qu'ils étaient spécialement chargés de faire triompher! Mais nous disons trop quand nous disons perdu, car les nobles choses ne sont jamais perdues en ce monde, elles ne sont que compromises. (T. XVII, p. 899.)

145.

Quand on voit les embarras qui viennent assaillir tout gouvernement nouveau surgi d'une révolution, on est effrayé, et il semble qu'il ne puisse s'établir sans un génie prodigieux. Mais le génie n'est jamais nécessaire pour commencer, parce qu'une sorte de bonne volonté générale seconde les gouvernements à leur début, et c'est seulement d'après la sagesse qu'ils déploient plus tard, alors que les moments les plus difficiles semblent passés, qu'il convient de les juger. (T. XVIII, p. 55.)

146.

Fort accommodant pour les choses, *il* le fut beaucoup moins pour les personnes, car les vieux préjugés cèdent plutôt aux uns qu'aux autres. Les choses n'ont pas de visage, les personnes au contraire en ont un qui souvent réveille des impressions pénibles ou des rancunes implacables. (T. XVIII., p. 83-84.)

147.

Ce que dans leurs maux les hommes goûtent autant, quelquefois plus que le soulagement ou la guérison, c'est la plainte. La plainte les console, et d'autant plus qu'elle est plus amère. (T. XVIII, p. 195.)

148.

Lorsqu'on se décide à introduire les assemblées dans le gouvernement, il ne faut pas le faire à moitié, car elles forcent les portes qu'on ne voudrait qu'entr'ouvrir. Il faut, si on les admet, les admettre franchement, agir à leur égard avec confiance et résolution, et on parvient ainsi à les conduire, si on sait ce qu'on veut, si ce qu'on veut est avouable, si on le veut fortement, et si on a le talent de communiquer par la parole sa volonté aux autres. Alors les assemblées s'associent au gouvernement, s'y intéressent, se passionnent pour lui, et d'obstacles qu'elles étaient deviennent une force véritable. (T. XVIII, p. 265.)

149.

Les joies sont courtes, car elles ne consistent le plus souvent qu'à se figurer des félicités impossibles. (T. XVIII, p. 341.)

150.

Un parti au pouvoir, c'est un enfant méchant dans les mains duquel on a remis la foudre. (T. XVIII, p. 349.)

151.

Il faut aux passions irritées plus que la justice, il leur faut la vengeance, et elles la cherchent par tous les moyens. (T. XVIII, p. 353.)

152.

C'est quelque chose que d'éprouver le besoin de donner des apparences honnêtes à son ambition. Tant d'autres s'inquiètent si peu de ce soin, occupés qu'ils sont à la satisfaire, sans songer à la colorer! (T. XVIII, p. 427.)

153.

Le prisme du désir montre toujours les choses telles qu'on les veut voir. (T. XVIII, p. 429.)

154.

Le tempérament s'évanouit devant les passions, et tel qui paraît le plus flegmatique des hommes devient le plus impétueux dès qu'il a senti l'aiguillon de l'amour-propre ou de l'ambition. (T. XVIII, p. 444.)

155.

Démocratie ne veut pas toujours dire justice, et on a vu quelquefois la démocratie aussi entêtée des préjugés du passé que l'aristocratie elle-même. (T. XVIII, p. 530.)

156.

A entendre les hommes lorsqu'ils souffrent d'un vice chez autrui, à écouter leur indignation généreuse contre ce vice, contre ceux qui s'y abandonnent, on dirait que jamais ils ne s'y livreront eux-mêmes : langage de la veille, hélas! qui ne devient pas toujours la conduite du lendemain. (T. XVIII, p. 627.)

157.

Quand cette opinion fatale qu'un gouvernement ne peut pas durer vient à se répandre, les indifférents, déjà froids, se refroidissent davantage; les intéressés tournent les yeux ailleurs; les amis effarés commettent encore plus de fautes, et les fonctionnaires chargés de la défense hésitent à se compromettre pour un pouvoir qui ne pourra les récompenser ni de leurs efforts ni de leurs dangers. (T. XIX, p. 20.)

158.

C'est le propre des esprits supérieurs de savoir se soumettre aux sévérités du sort, surtout quand ils les ont méritées, et de s'intéresser aux petites choses, parce qu'elles ont leur profondeur comme les grandes. (T. XIX, p. 50-51.)

159.

Dans les partis, les entêtés, les fous, lorsqu'ils sont obligés de choisir entre leurs adversaires, pardonnent plus volontiers aux extrêmes, qui leur ressemblent, qu'aux modérés, avec lesquels ils n'ont pas plus de rapports de caractère que d'opinion. (T. XIX, p. 130-131.)

160.

Les gouvernements sortent de tous les hasards des révolutions, et il est difficile d'assigner à quels signes précis leur origine peut les rendre légitimes. (T. XIX, p. 316-317.)

161.

Il n'y a pas au monde de juge plus infaillible qu'un grand esprit qui a failli, qui sent ses fautes et qui voudrait les réparer. (T. XIX, p. 391.)

162.

Un pouvoir couvert par le silence peut tout, et qui peut tout est tenté de tout faire : de sorte qu'en y regardant bien, on se trouve placé dans cette alternative, ou laisser dire, ou laisser commettre des indignités. (T. XIX, p. 409.)

163.

En politique comme en toutes choses, il ne suffit pas que les remèdes soient bons, il faut qu'ils soient appliqués à temps. (T. XIX, p. 446.)

164.

Si les fautes sont expiables devant Dieu, elles sont irréparables devant les hommes. Dieu voit le repentir, et il s'en contente. Les hommes n'ont ni sa vue ni sa clémence; ils n'aperçoivent que les fautes, et à leur rude justice il faut le châtiment matériel, complet, éclatant! (T. XIX, p. 452.)

165.

L'inconvénient de la liberté donnée trop tard, c'est qu'on en fait presque toujours le difficile essai dans les circonstances périlleuses où le pouvoir a peur d'elle, où elle a peur du pouvoir, et où ils se combattent au lieu de s'unir pour le salut commun. (T. XIX, p. 595.)

166.

Les hommes, hélas! ne rendent pas leur confiance quand ils l'ont une fois retirée, et Dieu seul accueille le repentir, parce que seul il peut en juger la sincérité. (T. XIX, p. 618.)

167.

Il n'est pas rare qu'on devienne timide pour avoir été jadis trop hardi. (T. XX, p. 47.)

168.

L'historien est juré, il doit chercher la vérité, et quand il l'a trouvée, la dire, en la laissant ensuite devenir ce qu'elle peut. La vérité est sainte, et aucune cause juste n'en peut souffrir. (T. XX, p. 53.)

169.

Le résultat est un dieu de fer que les hommes adorent. (T. XX, p. 284.)

170.

Le génie impuissant devant la raison méconnue, ou trop tard reconnue, est un spectacle non-seulement plus vrai, mais bien autrement moral qu'un capitaine qui a vieilli, et qui commet une faute de métier! Au lieu d'une leçon digne du genre humain qui la reçoit, de Dieu qui la donne, ce serait un thème bon à discuter devant quelques élèves d'une école militaire. (T. XX, p. 297.)

171.

Si les petits événements peuvent dépendre des causes matérielles, les grands événements ne dépendent que des causes morales. Ce sont elles qui les produisent, les forcent même à s'accomplir, en dépit des causes matérielles. L'esprit gouverne et la matière est gouvernée; quiconque observe le monde et le voit tel qu'il est, n'y peut découvrir autre chose. (T. XX, p. 297, 298.)

172.

Quand la Providence prépare de grands événements, elle semble ne négliger aucune des circonstances accessoires qui peuvent contribuer à les produire! (T. XX, p. 332.)

173.

En ce monde, les fautes des uns engendrent les fautes des autres, et on périt par celles qu'on a commises et par celles qu'on a provoquées. (T. XX, p. 348.)

174.

C'est le privilége des grandes situations d'élever les orateurs en les forçant à mettre de côté les considérations accessoires, pour se renfermer dans les considérations vraies et fondamentales. (T. XX, p. 357.)

175.

Dans les assemblées, lorsqu'on approche de certaines vérités qui sont dans les cœurs sans être sur les bouches, il suffit d'un mot pour les faire jaillir. (T. XX, p. 360.)

176.

Il y a dans certains moments des noms que la multitude poursuit machinalement d'une haine dont elle serait bien embarrassée de donner les motifs. (T. XX, p. 449.)

177.

Le défaut de lumières conduit jusqu'aux approches du mal des âmes qui, si elles le voyaient distinctement, s'en éloigneraient avec horreur! (T. XX, p. 453.)

178.

Ces voix secrètes qui décident le cœur des hommes dans les grandes circonstances, avaient parlé, et lui, avaient dit que le citoyen devait ici être plus écouté que le soldat. (T. XX, p. 494.)

179.

Les révolutions, donnant la parole à tout le monde, convertissent pour un moment les cours elles-mêmes en républiques. (T. XX, p. 510.)

180.

En fait de liberté, il faut la prendre de toute main, sauf à en user le mieux possible. (T. XX, p. 523.)

181.

Avec les grands esprits on dispute moins qu'avec les petits, parce que les contestations se réduisent aux points essentiels. (T. XX, p. 523.)

182.

Il est révoltant pour un honnête homme de faire du mal, beaucoup de mal, pour que d'autres n'en fassent pas davantage. (T. XX, p. 529.)

183.

Des leçons de l'expérience il reste peu de chose, oui, bien peu, moins qu'il n'a coulé de sang, moins qu'il n'a été ressenti de douleurs! Mais ce peu, accumulé de génération en génération, finit par composer ce qu'on appelle la sagesse des siècles, et fait que les hommes, sans devenir des sages, ce qu'ils ne seront jamais, deviennent successivement moins avengles, moins injustes, moins violents les uns envers les autres. (T. XX, p. 530.)

184.

Quand on a le courage du bien, il faudrait en avoir la fierté. Pourtant mieux vaut encore le faire, lors même que, par faiblesse ou intérêt, on n'a pas la force de s'en vanter. (T. XX, p. 534.)

185.

Le droit de légitime défense s'arrête au danger même, et, où le danger cesse, le droit cesse aussi. (T. XX, p. 563.)

186.

On fait au vaincu qu'on cherche à humilier le devoir de résister à l'humiliation. (T. XX, p. 567.)

187.

Le moment du départ est un moment de trouble qui étourdit le cœur et l'esprit, et ne leur permet pas de sentir dans toute leur amertume les séparations les plus cruelles. C'est lorsque le calme est revenu et qu'on est seul, que la douleur devient poignante et qu'on apprécie complétement ce qu'on a perdu, ce qu'on quitte, ce qu'on ne reverra peut-être plus. (T. XX, p. 575.)

188.

La fatalité, dieu silencieux que les hommes accusent volontiers parce qu'il ne répond pas. (T. XX, p. 578.)

189.

L'âme humaine se défend longtemps avant de déposer toute espérance, et il n'y a presque pas d'exemples dans l'histoire d'une grande âme dans laquelle l'espérance se soit complétement éteinte. Marius sur les ruines de Carthage, Pompée après Pharsale, Annibal après Zama, espéraient encore et avaient des motifs d'espérer. (T. XX, p. 583.)

190.

L'âme humaine ou quitte cette terre, ou, si elle y demeure, finit par s'attacher à quelque objet, et peut parfois trouver un dernier plaisir à arroser des plantes ou à régler des horloges, comme Dioclétien ou Charles-Quint. (T. XX, p. 584.)

191.

Il est aisé de parler des maux d'autrui et d'enseigner comment il faudrait les supporter. (T. XX, p. 594.)

192.

Le corps humain n'est pas bon à voir dans les convulsions de la douleur physique; l'âme humaine n'est pas meilleure à voir dans certains instants de la douleur morale, et il faut jeter sur elle le voile d'une compassion respectueuse. (T. XX, p. 595.)

193.

Il faut non-seulement l'excuse de la légalité, il faut aussi celle de la nécessité, pour laisser couler le sang humain. (T. XX, p. 640.)

194.

Il ne faut pas laisser passer le temps de faire le bien; car, une fois passé, il ne revient plus. (T. XX, p. 651.)

195.

L'âme humaine, à défaut d'espérances fondées, se repaît de chimères, tant il lui est impossible de ne pas espérer. (T. XX, p. 659.)

196.

La mort est l'espérance de qui n'en a plus. (T. XX, p. 697.)

197.

La politique est caractère encore plus qu'esprit. (T. XX, p. 719.)

198.

Qui dit politique dit respect et lent développement du passé; qui dit révolution, au contraire, dit rupture complète et brusque avec le passé. (T. XX, p. 720.)

199.

Aucune carrière ici-bas n'est complète, pas même la plus vaste, la plus remplie; aucune vie n'est heureuse jusqu'à son déclin, celle même qui a le plus mérité de l'être. (T. XX, p. 788.)

200.

Si grand, si sensé, si vaste que soit le génie d'un homme, jamais il ne faut lui livrer complétement les destinées d'un pays. (T. XX, p. 794.)

201.

La toute-puissance porte en soi une folie incurable, la tentation de tout faire quand on peut tout faire, même le mal après le bien. (T. XX, p. 795.)

202.

Il ne faut jamais livrer la patrie à un homme, n'importe l'homme, n'importent les circonstances! (T. XX, p. 796.)

203.

Il ne faut jamais aliéner sa liberté, et pour n'être pas exposé à l'aliéner, n'en jamais abuser. (T. XX, p. 796.)

FIN DES MAXIMES ET PENSÉES.

MAXIMES DE GUERRE

EXTRAITES

DE L'HISTOIRE DU CONSULAT ET DE L'EMPIRE.

MAXIMES DE GUERRE.

1.

Pour les esprits supérieurs, mais pour ces esprits seulement, la guerre est une excellente école : on y apprend à commander, à se décider, et surtout à administrer. (T. I, p. 23.)

2.

C'est le goût des esprits supérieurs d'être compris et obéis, et point suppléés. (T. I, p. 28.)

3.

Ce qu'il y a de plus difficile et de plus long dans la composition d'une armée, c'est l'organisation de l'artillerie. (T. I, p. 253.)

4.

Le plan du général ***, comme il arrive souvent aux plans des hommes de second ordre, n'avait que les apparences de la prudence, mais il pouvait réussir par l'exécution; car, il faut le redire sans cesse, l'exécution rachète tout; elle fait quelquefois échouer les meilleures combinaisons et réussir les plus mauvaises. (T. I, p. 261.)

5.

Dans la vie militaire, comme dans la vie civile, on se jalouse, on s'accuse, on se calomnie. Les passions humaines sont partout les mêmes, et la guerre n'est pas capable assurément de les refroidir, de les modérer, de les rendre justes. (T. I, p., 320-321.)

6.

Rien de ce qui peut contribuer au succès des opérations, à la sûreté du soldat, n'est au-dessous du génie ou du rang des chefs qui commandent. (T. I, p. 365.)

7.

Le général *** semblait abandonner son principe ordinaire, celui de concentrer ses forces la veille d'une grande bataille. Si une telle concentration passe pour un chef-d'œuvre de l'art quand elle s'opère à propos, au moment d'une action décisive et dans le cas de deux adversaires qui marchent l'un vers l'autre, il en est tout autrement lorsque l'un des deux veut fuir, et que l'art consiste à le saisir avant de le combattre. (T. I, p. 420.)

8.

C'est à leur manière d'appliquer suivant les circonstances un principe vrai, mais général, qu'on reconnaît les hommes d'action supérieurs. (T. I, p. 421.)

9.

Pour amener à temps sur le point où se décident les destinées toutes les parties dont se compose une armée nombreuse, il faut une prévoyance supérieure que les plus grands hommes possèdent seuls, et sans laquelle on peut être encore un excellent général. (T. II, p. 243.)

10.

Dans les plus belles œuvres des hommes il y a des taches, dans les plus belles victoires il y a des fautes que la fortune répare et qu'il faut admettre comme un accompagnement ordinaire des grandes actions guerrières. (T. II, p. 255.)

11.

Quel spectacle que la guerre, quand la vie des hommes, quand le sort des États sont confiés à des chefs incapables ou divisés, et que le sang coule à proportion de l'ineptie et de la mauvaise volonté de ceux qui commandent! (T. III, p. 92.)

12.

C'est quelque chose que de retarder une capitulation. On semble, en apparence, ne défendre que son honneur, et souvent, en réalité, on sauve son pays. (T. III, p. 101.)

13.

Dans l'ignorance des services qu'on peut rendre en prolongeant une défense, il faut écouter la voix de l'honneur, qui commande de résister jusqu'à la dernière extrémité. (T. III, p. 101.)

14.

On devine plus difficilement un adversaire irrésolu qu'un adversaire résolu, et si l'incertitude ne devait vous perdre le lendemain, elle vous servirait la veille à tromper l'ennemi. (T. VI, p. 96.)

15.

Aux grands généraux il faut de grands soldats, car les plus illustres capitaines ont souvent besoin que leurs troupes réparent par leur héroïsme, ou les hasards de la guerre, ou les erreurs que le génie lui-même est exposé à commettre. (T. VI, p. 106.)

16.

Dans les situations difficiles, les subordonnés deviennent hardis et discoureurs; ils blâment les chefs et ont des avis. (T. VI, p. 108.)

17.

L'ordinaire effet de la contradiction sur un esprit agité est de l'affaiblir encore et d'amener des demi-partis, toujours les plus funestes de tous. (T. VI, p. 108.)

18.

Après la victoire, l'honneur des armes est le plus précieux résultat à obtenir. (T. VI, p. 116.)

19.

L'expérience enseigne que dans certaines situations critiques l'âme humaine abattue, quand elle a commencé à descendre, descend si bas, qu'entre tous les partis elle prend le plus mauvais. (T. VI, p. 118.)

20.

Des soldats qui sont résolus à mourir peuvent toujours sauver leur honneur, et réussissent souvent à sauver leur liberté et leur vie. (T. VI, p. 257.)

21.

Les plus intimes secrets sont bientôt pénétrés par la malice des ennemis. (T. VII, p. 21.)

22.

Ce n'est pas en vingt jours qu'on parviendrait à mettre sur le pied de guerre une armée nombreuse, les régiments qui devraient la composer fussent-ils complétement organisés chacun de leur côté. La réunir sur le point principal du rassemblement, la distribuer en brigades et divisions, lui former un état-major, lui procurer des parcs, des équipages, du matériel en tout genre, exigerait encore une suite d'opérations longues et compliquées. (T. VII, p. 34-35.)

23.

Napoléon appréciait fort les sujets fournis par les écoles militaires; il les trouvait non-seulement instruits, mais braves, car l'éducation élève le cœur autant que l'esprit. (T. VII, p. 37.)

24.

Une retraite qu'on peut imputer au calcul n'a jamais compromis la réputation d'une armée. (T. VII, p. 76.)

25.

Les batailles offrent des scènes terribles, dont l'aspect serait intolérable, si le génie, si l'héroïsme déployés n'en rachetaient l'horreur, et si la gloire, cette lumière qui embellit tout, ne venait les envelopper de ses rayons éblouissants. (T. VII, p. 127.)

26.

Le malheur, qui aigrit les âmes, diminue le respect envers les chefs. C'est l'effet habituel des grands revers et quelquefois aussi des grands succès, car la victoire a son désordre comme la défaite. (T. VII, p. 188.)

27.

Singulière conséquence du bouleversement des États! les mouvements précipités que ce bouleversement entraîne désorganisent le vaincu et le vainqueur! (T. VII, p. 188.)

28.

On ne parvient pas à tout savoir à la guerre. Le plus habile des généraux est celui qui, à force d'application et de sagacité, arrive à ignorer un peu moins que de coûtume les projets de l'ennemi. (T. VII, p. 346.)

29.

On court dans toute grande combinaison autant de périls qu'on en fait courir à son adversaire. (T. VII, p. 348.)

30.

Telle est la difficulté de l'offensive! Plus on avance, plus la fatigue, la dissémination, la nécessité de se garder, diminuent la force des armées. (T. VII, p. 557.)

31.

Rendons grâce à la nature des choses, qui a voulu que l'attaque fût plus difficile que la défense. (T. VII, p. 558.)

32.

Les exemples d'armées assaillies à l'improviste dans leurs quartiers d'hiver ont tous été fournis par des troupes qui s'étaient disséminées pour se loger et pour vivre. Une armée vivement attaquée dans cette position peut, avant d'avoir eu le temps de se rallier, perdre en nombre une moitié de sa force, et en territoire des provinces et des royaumes. (T. VII, p. 559.)

33.

L'énergie de l'esprit militaire, énergie qui varie à l'infini, s'élève ou s'abaisse non-seulement par la victoire ou la défaite, mais par l'activité ou le repos, par toutes les circonstances enfin qui tendent ou détendent l'âme humaine, comme un ressort. (T. VII, p. 559.)

34.

Rien n'est plus difficile que d'évaluer avec une exactitude rigoureuse les forces d'une armée le jour d'une bataille. Rarement on a des états authentiques, et quand on a pu s'en procurer, il est plus rare que ces états s'accordent avec la réalité. (T. VII, p. 604, *note.*)

35.

Dans une lutte acharnée, les fautes s'enchaînent, et il est rare que les torts de l'un ne soient promptement balancés ou surpassés par les torts de l'autre. (T. VIII, p. 202.)

36.

L'art profond de disposer des troupes est la partie la plus élevée peut-être de la science de la guerre. (T. VIII, p. 309.)

37.

Un corps militaire est un tout qui a ses proportions naturelles, son architecture, si on peut ainsi parler, qu'on s'expose à dénaturer en voulant trop l'étendre. (T. VIII, p. 403.)

38.

Ainsi va la fortune à la guerre, comme dans la politique, comme partout en ce monde, monde agité, théâtre changeant, où le bonheur et le malheur s'enchaînent, se succèdent, s'effacent, ne laissant, après une longue suite de sensations contraires, que néant et misère. (T. IX, p. 162.)

39.

A la guerre, le dernier acte efface toujours les précédents, et c'est sur le dernier qu'on est jugé. (T. IX, p. 170.)

40.

Telle est la guerre! le salut de tous constamment placé au-dessus du salut de quelques-uns, endurcit les cœurs ou les dispose du moins à une continuelle résignation au malheur les uns des autres. (T. IX, p. 178.)

41.

A la guerre, quand la sagesse le conseille, le général doit braver la défaite, comme le soldat doit braver la mort. (T. IX, p. 526.)

42.

Chez les vieilles nations militaires qui ont dégénéré de leur ancienne valeur, les armes savantes sont toujours celles qui se maintiennent le plus longtemps. (T. IX, p. 554.)

43.

Au milieu des horreurs de la guerre, on ne songe qu'à ses propres souffrances et on ne se figure pas assez celles de l'ennemi, ce qui empêche d'apprécier exactement la situation. (T. IX, p. 581.)

44.

Telles sont les tristes conséquences du choc des grands empires! Les princes, les peuples se trompent, a dit un ancien, et des milliers de victimes succombent innocemment pour leur erreur. (T. IX, p. 586.)

45.

Telle est la triste condition de toute opération offensive au milieu de populations soulevées, quand ces populations sont féroces et résolues à se défendre. Chaque malade ou blessé exige un soldat valide pour le garder, et la guerre de postes étant celle qui met le plus d'hommes hors de combat, on peut aisément se figurer ce que deviennent bientôt les armées régulières dans une invasion de quelque étendue et de quelque durée. (T. XI, p. 31.)

46.

Pour rétrograder à propos, il faut autant de résolution que pour s'avancer hardiment, et ce n'est, à la guerre comme ailleurs, que le privilége des esprits fermes et clairvoyants. (T. XI, p. 68.)

47.

Lorsqu'on veut faire une surprise, le chemin qui mène le plus vite au but est non-seulement celui qui promet le plus de succès, mais celui qui promet le plus de sûreté. (T. XI, p. 196.)

48.

Les états-majors ne contiennent pas moins de flatteurs que les cours. (T. XII, p. 306.)

49.

Les âmes fortes, pour surmonter les grands périls, n'ont souvent de l'insensibilité que les dehors; elles se dominent, sans éprouver moins que d'autres les angoisses des situations difficiles. (T. XII, p. 319.)

50.

Son esprit, propre à tout, aux fonctions de l'ingénieur comme à celles du général en chef, et de plus infatigable, ne se reposait que lorsqu'il avait découvert la solution cherchée. Or il est rare, quelle que soit la situation, que cette solution n'existe pas, à la guerre comme ailleurs. Seulement il faut l'esprit qui la trouve, et de plus l'ardeur de caractère qui ne s'arrête qu'après l'avoir trouvée. (T. XII, p. 574.)

51.

Les hommes habitués au danger le bravent toutes les fois qu'il le faut, mais à condition qu'il ne soit pas sorti de leur pensée et qu'ils y aient à l'avance disposé leur âme. (T. XII, p. 654.)

52.

Résister à la menace de l'assaut, le recevoir, et ne se rendre qu'à l'assaillant victorieux, est le dernier terme des obligations imposées aux commandants des places. (T. XIII, p. 357.)

53.

A chaque époque, lorsqu'un homme supérieur s'inspirant, non pas d'une théorie, mais des circonstances, exécute de grandes choses, les esprits imitateurs viennent à la suite, et mettent des systèmes à la place des grandes choses que le vrai génie a faites naturellement. Dans le dix-huitième siècle, tout le monde voulait faire l'exercice à la manière de Frédéric, et, depuis la bataille de Leuthen, construisait des systèmes sur l'ordre oblique, auquel on attribuait tous les succès du monarque prussien. A partir de l'année 1800 et des campagnes du général Bonaparte, qui avait su avec tant d'art manœuvrer sur les ailes et les communications de ses adversaires, on ne parlait que de tourner l'ennemi. A Austerlitz, les conseillers d'Alexandre avaient voulu tourner Napoléon, et on sait ce qu'il leur en avait coûté. En 1810, un homme de sens et de caractère, lord Wellington, secondé par les circonstances et un bonheur rare, venait de faire une campagne brillante en Portugal, et on ne parlait plus en Europe que d'agir comme lui. Se retirer en détruisant toutes choses, se réfugier ensuite dans un camp inexpugnable, y attendre l'épuisement d'un ennemi témérairement engagé, enfin revenir sur cet ennemi, l'assaillir, l'accabler, était devenu pour certains esprits, depuis Torrès-Védras, toute la science de la guerre. (T. XIV, p. 15, 16.)

54.

Dans la vie commune, et plus encore dans la vie militaire, on tient compte de ses propres embarras, et très-peu des embarras d'autrui. (T. XIV, p. 74.)

55.

On voit ici cette fatale guerre marquée au coin d'un double caractère, celui d'une conception téméraire et d'une exécution incertaine ; du génie, en un mot, qui commence les fautes, s'en repent aussitôt après les avoir commencées, et échoue par l'hésitation même que ce repentir produit dans son action. (T. XIV, p. 154.)

56.

A la guerre, ce n'est pas toujours le succès cherché qui se réalise, mais, s'il y en a un et qu'il soit grand, peu importe que ce ne soit pas celui qu'on a prévu et désiré. (T. XIV, p. 210.)

57.

Les généraux, comme les hommes politiques, ont besoin de courage civil, et doivent savoir dédaigner les vains propos de la soldatesque, qui a aussi souvent perdu les armées que la multitude a perdu les États libres quand on l'a écoutée. (T. XIV, p. 270.)

58.

La multitude, dans les camps comme sur la place publique, est toujours la même : lui accorder ce qu'elle désire, est presque un moyen de l'en dégoûter. (T. XIV, p. 285.)

59.

La fortune doit être de moitié dans toutes les entreprises extraordinaires, à condition cependant qu'on ne lui laisse à faire que le moins possible. (T. XIV, p. 526.)

60.

Il n'est pas donné à tous les hommes d'être de fer, mais il leur est permis de l'être pour autrui, quand ils le sont d'abord et surtout pour eux-mêmes. (T. XIV, p. 546.)

61.

A la guerre, c'est déjà quelque chose que d'entrevoir seulement les desseins de l'ennemi ; les deviner complétement et sur-le-champ n'est que le propre du génie supérieur. (T. XV, p. 63.)

62.

Il faut sans doute y regarder avant de disséminer ses forces dans de petites garnisons destinées à se rendre l'une après l'autre ; mais quand elles coûtent autant de monde à l'ennemi et vous font gagner autant de temps, il n'y a pas de regrets à concevoir. (T. XV, p. 82.)

63.

Dans l'action, la justesse des idées vaut mieux que l'abondance. L'abondance des idées, en effet, sans un jugement ferme et prompt, éblouit au lieu d'éclairer. (T. XV, p. 84.)

64.

Le bonheur, à la guerre, qualité indéfinissable, est-il une vaine superstition des hommes, ou bien une réalité? Est-ce une faveur du sort capricieux, donnant à l'un pour les refuser à l'autre ces circonstances de froid, de chaud, de pluie, de soleil, d'arrivées imprévues, qui font souvent réussir des combinaisons habiles? ou bien n'est-ce pas plutôt un ensemble bien proportionné de qualités qui, même sans des facultés supérieures, inspire ces déterminations simples et fortes qui sauvent les armées et les empires? (T. XV, p. 85.)

65.

A la guerre, l'effet moral des événements est la plupart du temps fort supérieur à leur effet matériel. (T. XV, p. 99.)

66.

Par son génie particulier, la nation française se prêtait merveilleusement aux fautes de Napoléon, et était même une séduction pour l'entraîner à les commettre. Cette nation prompte, intelligente et héroïque, qui depuis les premiers temps de son histoire n'a cessé d'être en guerre avec l'Europe, qui pendant vingt-deux ans de révolution, de 1792 à 1815, ne s'est pas reposée un jour, tandis que les nations avec lesquelles elle était successivement aux prises se reposaient tour à tour, est la seule peut-être au monde dont on puisse en trois mois convertir les enfants en soldats. (T. XV, p. 440.)

67.

Telle est la guerre! On s'émeut un instant, puis, entraîné par le torrent des événements, on court des funérailles de la veille à celles du lendemain, s'excusant par l'oubli de soi-même de l'oubli d'autrui. (T. XV, p. 586-587.)

68.

A la guerre, le simple bon sens présent sur les lieux, et exclusivement appliqué à son objet, vaut souvent mieux que le génie absent ou distrait par des entreprises exorbitantes. (T. XVI, p. 141-142.)

69.

En trois jours, plus de 40,000 Français, plus de 60,000 Allemands et Russes, furent atteints par le feu! Ah! disons-le bien haut, en présence de cet horrible carnage, la guerre, quand elle n'est pas absolument nécessaire, n'est qu'une criminelle folie! (T. XVI, p. 608.)

70.

Il faut chercher la cause de ces déplorables résultats dans les illusions de l'orgueil, dans le besoin de regagner d'un coup une immense fortune perdue, dans la difficulté de s'avouer assez vite sa défaite, dans tous les vices, en un mot, qu'on aperçoit en petit et en laid chez le joueur ordinaire, risquant follement des richesses follement acquises, et qu'on retrouve en grand et en horrible chez ce joueur gigantesque qui joue avec le sang des hommes comme d'autres avec leur argent. (T. XVI, p. 626.)

71.

De même que les joueurs perdent leur fortune en deux fois, une première pour ne pas savoir la borner, une seconde pour vouloir la rétablir d'un seul coup, de même Napoléon compromit la sienne à Moscou pour la vouloir faire trop grande, et dans la campagne de Dresde pour la vouloir refaire tout entière. (T. XVI, p. 626.)

72.

A la guerre, la chaîne des événements s'allonge si aisément, qu'on ne doit jamais renoncer à une sage précaution par la crainte qu'elle ne soit tardive. (T. XVII, p. 364.)

73.

Tant il est vrai qu'à la guerre la passion a souvent tous les effets du génie, parce qu'elle supplée à la puissance de l'esprit par la puissance de la volonté. (T. XVII, p. 378.)

74.

Étrange changement de fortune, qui prouve tout ce qu'un homme de caractère et de génie, en sachant persévérer à la guerre, peut quelquefois faire sortir de chances imprévues et heureuses d'une situation en apparence désespérée. (T. XVII, p. 385.)

75.

Le génie de la politique consiste le plus souvent à savoir attendre, celui de la guerre à voir vite le côté où l'on peut frapper, et à frapper sur-le-champ. Aussi, tandis que les plus grands politiques ont été patients, les plus grands capitaines ont été prompts. (T. XX, p. 15.)

76.

A la guerre comme en politique, il faut n'être pas esclave de la vraisemblance, et tout en lui accordant la préférence dans ses calculs, avoir l'esprit ouvert à toutes les éventualités. (T. XX, p. 151.)

77.

Les indices à la guerre, de même que dans la politique, troublent l'esprit par leur multiplicité même, si par une raison à la fois sagace et ferme on ne sait pas les rapprocher et les concilier. (T. XX, p. 174.)

78.

Si en politique on a raison de ne jamais se presser, en guerre, au contraire, on ne saurait jamais trop se hâter, car plus tôt le résultat est acquis, et plus tôt on est soustrait aux caprices de la fortune. (T. XX, p. 275.)

79.

Ce qu'on appelle communément la grande guerre n'a pas souvent apparu dans le monde, parce qu'il faut à la fois de grandes nations, de grands événements et de grands hommes. (T. XX, p. 731.)

80.

Ce n'est pas tout de suite que l'on tire les conséquences d'un principe, et surtout ce n'est pas durant la guerre qu'on profite des leçons qu'elle a données : c'est au milieu du silence et des méditations de la paix. (T. XX, p. 745.)

81.

Dans une armée, si le mécanisme importe beaucoup, le moral n'importe pas moins, et sans le moral l'armée la mieux organisée est une habile machine dépourvue de moteur. (T. XX, p. 747.)

82.

A la guerre ainsi que dans tous les arts, chaque individu prend le goût d'une manière particulière de procéder. (T. XX, p. 753.)

83.

Ce n'est pas avec des hommes levés à la hâte que l'on fait des cavaliers, des artilleurs, des sapeurs du génie; mais dans un pays essentiellement militaire, qui a l'orgueil et la tradition des armes, on peut en faire des fantassins. (T. XX, p. 757.)

84.

On ne serait pas général si on ne l'était dans l'adversité comme dans la prospérité, car la guerre est une telle suite d'alternatives heureuses ou malheureuses, que celui qui ne saurait pas suffire aux unes comme aux autres ne pourrait pas commander une armée quinze jours. (T. XX, p. 770.)

85.

L'infanterie est l'expression du développement des peuples. (T. XX, p. 777.)

FIN.

TABLE DES MATIÈRES.

Avant-propos. 1

LIVRE PREMIER.
DU DROIT DE PROPRIÉTÉ.

Chapitre Ier. — *Origine de la controverse actuelle.* — Comment il a pu se faire que la propriété fût mise en question dans notre siècle. 7

Chapitre II. — *De la méthode à suivre.* — Que l'observation de la nature humaine est la vraie méthode à suivre pour démontrer les droits de l'homme en société. 12

Chapitre III. — *De l'universalité de la propriété.* — Que la propriété est un fait constant, universel, dans tous les temps et dans tous les pays. 17

Chapitre IV. — *Des facultés de l'homme.* — Que l'homme a dans ses facultés personnelles une première propriété incontestable, origine de toutes les autres. . . 26

Chapitre V. — *De l'emploi des facultés de l'homme ou du travail.* — Que de l'exercice des facultés de l'homme il naît une seconde propriété, qui a le travail pour origine, et que la société consacre dans l'intérêt universel. 34

Chapitre VI. — *De l'inégalité des biens.* — Que de l'inégalité des facultés de l'homme naît forcément l'inégalité des biens. 40

CHAPITRE VII. — *De la transmission de la propriété.* — Que la propriété n'est complète que si elle est transmissible par don ou hérédité. 46

CHAPITRE VIII. — *Du don.* — Que le don est l'une des manières nécessaires d'user de la propriété. 49

CHAPITRE IX. — *De l'hérédité.* — Que du don résulte pour le père la faculté de donner à ses enfants, pendant sa vie ou à sa mort. 54

CHAPITRE X. — *De l'influence de l'hérédité sur le travail.* — Que la faculté de transmettre la propriété du père au fils rend infinie l'ardeur au travail, et complète le système de la propriété. 57

CHAPITRE XI. — *Du riche.* — Que les agglomérations de biens résultant de la propriété tant personnelle qu'héréditaire composent ce qu'on appelle la richesse, laquelle remplit dans la société plusieurs fonctions indispensables. 64

CHAPITRE XII. — *Du vrai fondement du droit de propriété.* — Qu'il résulte de tout ce qui précède que le travail est le vrai fondement du droit de propriété. . . 81

CHAPITRE XIII. — *De la prescription.* — Que si la fraude et la violence sont quelquefois l'origine de la propriété, la transmission pendant quelques années, sous des lois régulières, lui rend le caractère respectable et sacré de la propriété fondée sur le travail. 88

CHAPITRE XIV. — *De l'envahissement des choses par l'extension de la propriété.* — Que l'univers, loin d'être envahi par l'extension croissante de la propriété, est au contraire chaque jour plus approprié aux besoins de l'homme, plus accessible à son travail, et que la propriété civilise le monde au lieu de l'usurper. . . . 98

LIVRE DEUXIÈME.

DU COMMUNISME.

Chapitre Ier. — *Du principe général du communisme.* — Que la discussion du *communisme* est pour la propriété ce que les mathématiciens appellent la preuve par l'absurde. 127

Chapitre II. — *Des conditions inévitables du communisme.* — Que le communisme entraîne inévitablement, et sous tous les rapports, la vie en commun. 129

Chapitre III. — *Du communisme par rapport au travail.* — Que le communisme éteint toute ardeur pour le travail. 143

Chapitre IV. — *Du communisme par rapport à la liberté humaine.* — Que le communisme est la négation absolue de la liberté humaine. 147

Chapitre V. — *Du communisme par rapport à la famille.* — Que la propriété et la famille sont indissolublement unies, qu'en détruisant l'une le communisme détruit l'autre, et abolit les plus nobles sentiments de l'âme humaine. 155

Chapitre VI. — *Du cloître ou de la vie commune chez les chrétiens.* — Que le communisme est une imitation à contre-sens de la vie monastique, impliquant des contradictions qui la rendent impossible. 166

LIVRE TROISIÈME.

DU SOCIALISME.

Chapitre Ier. — *Du socialisme.* — Que les adversaires de la propriété, n'osant pas toujours la nier absolument, ont abouti, pour en corriger les effets, à divers systèmes, qui sont l'*association*, la *réciprocité*, le *droit au travail*. 173

Chapitre II. — *Des souffrances sociales.* — Quelles sont les véritables souffrances sociales auxquelles il serait désirable de pourvoir. 179

Chapitre III. — *De l'association et de son application aux diverses classes ouvrières.* — Que l'association est applicable seulement à quelques populations agglomérées, qu'elle a été imaginée pour elles seules et sous leur influence. 186

Chapitre IV. — *Du capital dans le système de l'association.* — Que le capital de l'association, s'il est fourni par l'État, est injustement dérobé à la masse des contribuables, et, s'il est retenu sur le salaire des ouvriers, est un emploi imprudent de leurs économies. 195

Chapitre V. — *De la direction des entreprises dans le système de l'association.* — Que la direction des entreprises, dans le système de l'association, est impossible, et tend à substituer au principe de l'intérêt personnel, qui convient seul à l'industrie privée, le principe de l'intérêt général, qui n'est applicable qu'au gouvernement des États. 210

Chapitre VI. — *Du travail à la tâche.* — Que par l'abolition du marchandage on a détruit le seul moyen pour les ouvriers de participer aux bénéfices du capital. 225

Chapitre VII. — *De la suppression de la concurrence.* — Que la concurrence est la source de toute amélioration dans le sort des classes pauvres, et que la concurrence écartée il ne resterait que le monopole au profit des ouvriers associés, au détriment de ceux qui ne le seraient pas. 235

Chapitre VIII. — *De la réciprocité.* — Que le bon marché ne saurait être produit par les lois, et que le numéraire ne pourrait être remplacé avec sécurité que par un papier aussi difficile à obtenir que le numéraire lui-même. 254

CHAPITRE IX. — *Du droit au travail.* — Que l'obligation imposée à la société de fournir du travail aux ouvriers qui en manquent ne saurait constituer un droit. . . . 272

CHAPITRE X. — *Du caractère général des socialistes.* — Que les socialistes, en réalité, attaquent autant la propriété que les communistes eux-mêmes, et ne s'occupent que d'une petite partie du peuple, de celle qui est agglomérée dans les villes. 286

LIVRE QUATRIÈME.

DE L'IMPOT.

CHAPITRE Ier. — *De la manière d'atteindre la propriété par l'impôt.* — Qu'il n'est pas vrai que les gouvernements aient eu pour vue principale, dans tous les siècles, de décharger une classe aux dépens des autres, et qu'ils ont eu pour but essentiel de prendre l'argent où il était plus facile de le trouver. 293

CHAPITRE II. — *Du principe de l'impôt.* — Que l'impôt doit atteindre tous les genres de revenus, ceux de la propriété comme ceux du travail. 296

CHAPITRE III. — *De la répartition de l'impôt.* — Que l'impôt doit être proportionnel et non progressif. 302

CHAPITRE IV. — *Des diverses formes de l'impôt.* — Que l'impôt, avec le temps, a pour tendance essentielle et utile de se diversifier à l'infini. 313

CHAPITRE V. — *De la diffusion de l'impôt.* — Que l'impôt se répartit à l'infini, et tend à se confondre avec le prix des choses, au point que chacun en supporte sa part, non en raison de ce qu'il paye à l'État, mais en raison de ce qu'il consomme. 328

CHAPITRE VI. — *Du bien et du mal à produire par l'impôt.* — Que les modifications au système des impôts les plus désirables dans l'intérêt des classes laborieuses ne sont pas celles qui sont le plus généralement proposées. 338

Chapitre VII. — Conclusion. — *Du mal dans le monde.* — Qu'il y a dans la société une portion de mal que les gouvernements doivent s'attacher à réparer, et qu'il y en a une autre inhérente à la nature humaine, qu'aucune perfection imaginable dans les gouvernements ne saurait épargner aux hommes. 355

MAXIMES ET PENSÉES EXTRAITES DE L'*HISTOIRE DU CONSULAT ET DE L'EMPIRE.*

Avertissement. 379
Maximes et pensées. 385
Maximes de guerre. 429

FIN DE LA TABLE.

www.ingramcontent.com/pod-product-compliance
Lightning Source LLC
Chambersburg PA
CBHW070539230426
43665CB00014B/1751